Epistolario

Epistolario

Edición y notas de Leonardo Sarría

Julián del Casal

 ALMENARA

© Leonardo Sarría, 2017
© Almenara, 2017

www.almenarapress.com
info@almenarapress.com

Leiden, The Netherlands

ISBN 978-94-92260-10-9

Imagen de cubierta: Jacques Fabien Gautier d'Agoty, *circa* 1750.

Nota introductoria

Distinta suerte a la de su poesía y su prosa ha corrido el epistolario de Julián del Casal. El esfuerzo de José Lezama Lima y Manuel Altolaguirre por reunir en un volumen la correspondencia del poeta se frustró y, a excepción de varias cartas publicadas aisladamente en revistas y ediciones de su obra, el corpus epistolar casaliano ha permanecido oculto durante más de un siglo.

Hasta 1963, según se comprueba en la valiosa Edición del Centenario (Consejo Nacional de Cultura, La Habana), solo se conocía un escaso número de misivas de Casal, entre las que se contaban las siete dirigidas a Esteban Borrero Echeverría y la respuesta de este, del 27 de mayo de 1891, que José María Chacón y Calvo había dado a la luz, en 1958, en el *Boletín de la Academia Cubana de la Lengua*; así como las dos epístolas y trozos insertos por José Antonio Fernández de Castro en su «Sobre Julián del Casal» (1933). En 1972, Robert Jay Glickman publicó en la *Revista Hispánica Moderna* las doce cartas del autor a Gustave Moreau, atesoradas en la casa museo del artista en París, y unos años después, en 1977, Sandra González presentaría tres nuevas cartas –dos a Ezequiel García Enseñat y una a Eulogio Horta– en el *Anuario L/L* del Instituto de Literatura y Lingüística. Fragmentos de algunas de sus epístolas, como los recogidos por Emilio de Armas en su compilación de la *Prosa* (1979), más datos e informaciones disímiles, permitían suponer asimismo la amplitud y riqueza de esa correspondencia, pero las cartas parecían esquivas.

La presente edición, continuadora de aquel proyecto trunco de Lezama y Altolaguirre, ofrece ahora el epistolario conservado por años en poder de la familia Peláez-Casal y donado, en enero de 2008, junto con centenares de documentos del poeta, a la Biblioteca Nacional José Martí. A él se suman, a su vez, doce cartas remitidas a Magdalena Peñarredonda, que guarda el archivo de la Oficina de Asuntos Históricos del Consejo de Estado y cuyo hallazgo debo a la generosa ayuda de Carlos Valenciaga Díaz, quien fuera, por otra parte, el primero en dar noticia del extraordinario fondo que ha hecho posible este libro[1].

La mayoría de las misivas recopiladas aquí son cartas que Casal recibió entre 1890 y 1893, a partir de las cuales puede tenerse una idea siquiera aproximada no solo de las proporciones de su correspondencia íntegra, sino también de cuanto se ha perdido y acaso queda aún por encontrar[2]. La carta más antigua que conozco del poeta, escrita a su hermana Carmela, por entonces alumna de la Academia de la Visitación, en Estados Unidos, data presumiblemente de 1880; pero el epistológrafo Casal debió de comenzar a manifestarse en verdad hacia finales de esa década, etapa en la cual ya estaba inmerso en la vida cultural habanera y colaboraba con las principales publicaciones periódicas de la urbe. De 1889 son, amén de las mencionadas a Ezequiel García Enseñat, las primeras misivas que poseemos de su intercambio con Magdalena Peñarredonda y, al menos por las cartas de sus correspondientes, cabe aseverar que de 1890 en adelante su cultivo del género fue sistemático y profuso.

A través de la epístola, Casal mantuvo, desde luego, comunicación con familiares y amigos, pero, sobre todo, tejió una nutrida red de vínculos con importantes figuras del mundo artístico-literario latinoameri-

---

[1] Carlos Valenciaga Díaz: «El que nace siempre en poesía. Julián del Casal en Colección Cubana» en <http://librinsula.bnjm.cu/secciones/322/tesoros/322_tesoros_1.html>.

[2] José María Chacón y Calvo se refería, por ejemplo, a la posibilidad de recuperar igualmente las cartas a Francisco Asís de Icaza –tentativa que no llegó a concretarse–, y es muy probable que, como esas, existan otras muchas dispersas en archivos o fondos particulares.

cano y europeo (Rubén Darío, Enrique Gómez Carrillo, Gonzalo Picón Febres, Ismael Enrique Arciniegas, Francisco Asís de Icaza, Martín García Mérou, Salvador Rueda, Emilia Pardo Bazán, Joris-Karl Huysmans, Gustave Moreau, *et al.*), como parte de una estrategia de circulación y «colocación» de su obra, contrastante en cierto modo con la imagen del escritor que hemos heredado. Sus poemas, artículos y libros acompañan sus cartas, se abren a nuevos ámbitos, ganan admiración y comento tanto entre los directores de la colombiana *Revista Gris* como en las páginas del *Mercure de France*. Doroteo Fonseca lo invita a hacerse miembro de la Sociedad científico-literaria La Juventud Salvadoreña; Ricardo Palma lo felicita por sus composiciones de *Hojas al viento*; Salvador Rueda le remite el juicio crítico que sobre *Nieve* ha publicado en la prensa española. Sus relaciones y las puertas que toca, ora reclamando la atención de su majestad el emperador don Pedro 2º, ora solicitando envíos y favores de Judith Gautier, Alfred Vallette, Juliette Lamber, hablan de una intencionada proyección resuelta a trascender las fronteras de la Isla.

En esa dinámica de intensa actividad intelectual, de lecturas y novedades editoriales, de contactos, simpatías y búsquedas más o menos comunes, que informan igualmente el panorama letrado de una época, nos introduce este epistolario; desde el autor de estro exquisito que sus contemporáneos reconocieron enseguida en él, y la persona cercana e íntima, cándida, aguda, mordaz y noble a un tiempo que sus propias misivas nos revelan.

En aras de dar al conjunto una estructuración lo más sencilla y clara posible, las cartas se han organizado en tres secciones, reservando la primera a las enviadas por Casal, la segunda a aquellas de las que fue destinatario, y la tercera, a una serie de epístolas posteriores a su muerte, en las que podrán hallarse múltiples referencias en torno al trágico desenlace acaecido en la casa de Francisco Santos de Lamadrid y a las gestiones emprendidas por Enrique Hernández Miyares para salvaguardar la memoria del poeta.

De enorme interés resultan particularmente las cartas de Casal a Carmela y Magdalena Peñarredonda, por la dimensión humana, entrañable, familiar, que nos entregan; las cartas de Rubén Darío, que permiten seguir el curso del coloquio imantador entre ambos escritores; las de Enrique Gómez Carrillo, Éduoard Cornélius Price, Gustave Moreau y Joris-Karl Huysmans, desde las que asoma algo de la recepción francesa de Casal, horizonte, como se sabe, hacia el que este enrumbó no pocos de sus afanes; las de Bonifacio Byrne, depositarias de la devota gratitud que sintió por Casal el entonces recién estrenado autor de *Excéntricas*; y las más de veinte cartas de Eduardo Rosell y Malpica, testimonios de la singular amistad que, sobre el placer de la comunión estética, las pasiones y textos compartidos, se afianzó entre estos seres presas del *spleen*, amantes de lo refinado y exótico.

Acerca de la correspondencia con Magdalena Peñarredonda es preciso aclarar que, por error, párrafos sueltos de algunas de sus misivas aparecieron en la revista *Social*, en 1923, como fragmentos de cartas dirigidas a Nieves Xenes[3], y en la Edición del Centenario, como «Cartas a don Esteban Borrero Echeverría»[4]. Con la restitución a su verdadera receptora, la «buena e inolvidable amiga» de Julián, a la cual confesaría su deslumbramiento ante el general Antonio Maceo o su malograda idea de marcharse a vivir a Nueva York, se subsana, pues, un equívoco larga y lamentablemente extendido.

En el proceso de transcripción de los originales se ha actualizado y unificado la ortografía de las cartas, indicando, entre corchetes o en notas a pie, términos ininteligibles y erratas, así como segmentos mutilados, para los cuales se sugieren vocablos y giros probables a partir del sentido

[3] En la nota que precedía los cinco fragmentos de cartas publicados en *Social* (vol. III, n° 3, marzo de 1923: 13) se aseguraba que fueron escritas por Casal a la «exquisita poetisa Nieves Xenes, y aunque los originales se han perdido, se conservan estos fragmentos que aquí reproducimos, copiados en un álbum que hoy guarda la familia de la poetisa». En la página siguiente la revista publicaba también un comentario de José Antonio Fernández de Castro a propósito de los fragmentos, titulado «Glosa a unas líneas de Casal».

[4] Así en la sección «Epistolario» del tomo III; inexplicablemente, además, los mismos párrafos que en el tomo I de esa edición se habían ofrecido como «Pensamientos. Fragmentos de una correspondencia de Julián del Casal», con fechas incluso distintas.

general de la oración donde se encuentran. De igual forma, con el propósito de suministrar al lector una más detallada información biográfica, histórica, se han incorporado a las notas precisiones y apuntes complementarios, y se reproducen en Apéndice las cartas del poeta publicadas con anterioridad, textos diversos e imágenes de documentos y retratos pertenecientes casi todos al fondo de la Biblioteca Nacional.

Aprovecho este espacio para agradecer a los trabajadores de dicha institución y de la Oficina de Asuntos Históricos del Consejo de Estado: Nancy Machado, Ana Gloria Valdés, Carlos Valenciaga Díaz, José Antonio Doll Pérez, Celeste Delgado, Mabiel Hidalgo, María Teresa Puentes, Taisuki Villa, Ana Margarita Oliva, Elizabetta Costa Ramírez, Eugenio Suárez, Jorge Luis Aneiros y Elsa Montero, que facilitaron el préstamo y la digitalización de los materiales; a Laura Arañó Arencibia, Mayelín González Hernández y Yurisnel Fonseca Figueredo, traductores de las cartas en francés; a Reynaldo González y José Antonio Baujin, Norberto Codina y Arturo Arango, que acogieron gentilmente en *La siempreviva* y *La gaceta de Cuba* sendos dossiers anticipos del libro; a Virginia Trueba, Cira Romero, Emilio Cueto y Julie Cuyaubere, por su apoyo oportuno e incondicional, y a William Gattorno Rangel, historiador, cómplice y consultante de lujo.

«Nuestro escandaloso cariño te persigue / y por eso sonríes entre los muertos» rezan los versos de José Lezama Lima en su «Oda a Julián del Casal». Del misterio de esa presencia que nos continúa seduciendo dan renovada fe estas cartas.

Leonardo Sarría

Remitente Casal

A Carmela del Casal[1]

[Sin fecha, ¿1880?][2]
Queridísima hermana: Grata fue la impresión que recibí al leer tu primera y bien redactada carta, en la cual manifestabas las emociones que habían cautivado tu ánimo en presencia del caudaloso río Mississippi. Lo primero atestigua tus rápidos progresos, y lo segundo la grandeza de tu espíritu al contemplar las maravillas de la Creación. Respecto al estilo te diré: que debes poner en él toda tu mayor atención, pues como dijo Buffon: «El estilo es el Hombre»[3], y es una creencia muy absurda el pensar que una carta está bien escrita cuando la letra es buena. En toda obra hay una forma y un fondo, la forma es la manera de revestir la materia de que se trata, el fondo constituye la idea, la expresión que la inmortaliza. Luego, decir que una carta es buena por su forma de caracteres, equivale

---

[1] Véase «De los correspondientes».

[2] Esta carta figura en el Fondo Casal de la BNJM en una única hoja [C. M., Casal, t. 9, n.° 4] junto con otras tres: 1) de Carmela del Casal a su padre, del 3 de noviembre de 1880, enviada desde la Academia de la Visitación, Estados Unidos; 2) de la propia Carmela a Julián del Casal, del 5 de diciembre de 1880, también desde Academia de la Visitación; y 3) del joven poeta a la Sra. D. Inés Goyri, condesa de Balboa, del 24 de noviembre de 1881. Sin embargo, las cartas de Casal no están escritas con su letra. Tal parece que fueron copiadas por alguien, quizás la misma Carmela, con la intención de irlas reuniendo. Al dorso de la hoja se lee, en igual caligrafía: «Copias».

[3] Buffon, conde de [Georges Louis Leclerc] (1707-1788). Naturalista y escritor francés. Autor de *Histoire naturelle* y *Époques de la Nature* (1778). La frase citada por Casal pertenece al discurso de ingreso de Buffon a la Academia Francesa, conocido como *Discours sur le style*.

a creer que las más absurdas y disparatadas doctrinas son admisibles siempre que estén con perfecta y elegante escritura. Además la razón es el hombre, lo demás es el animal; y en el estilo refleja la inteligencia de los seres. Algunas personas que entienden las cosas materialmente, creerán que te digo esto, para que te abandones y de esa manera llegues a tener una letra tan mala como la mía pero, lejos de ser ese mi pensamiento, me place en alto grado ver tus adelantos y lo único que me cela es el talento, pues lo demás como vulgarmente se dice «Es Humo».

Aplícate mucho[,] hermana mía, no desmayes un solo instante y pretende mucho que el que no pretende nada alcanza.

Esto anhela y desea tu hermano de corazón. –Julián

La Habana, diciembre 26 de 1890

Mi queridísima Carmela:

Hoy, después de Noche Buena, te escribo esta carta, sin tener ninguna tuya a la cual responder, para que veas que te quiero y me acuerdo mucho de ti, sí, mucho más que de nadie.

Anoche cené en casa de Hubert de Blanck[4] y me acordé mucho de ustedes, porque hubiese deseado pasar esa noche en compañía de vosotros. Esto no es mentira. Hasta de Julia[5], a quien apenas reconoceré el día que la vea, me he acordado muchísimo mientras me servían pavo con trufas y otras cosas buenas que no me sabían a nada, porque pensaba en ustedes. Pero no sigo, porque no quiero que te entristezcas.

---

[4] Hubert de Blanck (1856-1932). Músico cubano de origen holandés. Estudió en el Conservatorio de Lieja, en Bélgica, y se radicó en La Habana a partir de 1883. Fundó el Conservatorio de Música y Declamación, y escribió, entre otras, *Paráfrasis del Himno nacional, Himno a Martí, Habanera, Capricho cubano y Marcha heroica*. Una hermosa muestra del aprecio que Hubert de Blanck manifestó por Casal se encuentra en el número homenaje de *La Habana Elegante*, del 29 de octubre de 1893, donde se incluye la musicalización –una romanza para piano– que el compositor realizó de los versos introductorios de *Hojas al viento* (1890).

[5] Sobrina de Casal.

Antes de que se me olvide, te recomiendo encarecidamente que le escribas a Malpica[6] felicitándole las Pascuas y haciendo extensiva a toda la familia la felicitación. Hazlo hoy mismo.

Ya tengo *El Fígaro Ilustrado* y espero que el sábado venga el *París Navidad* para mandarte los dos. Como tienen muy bonitas las cubiertas, te los mandaré en un paquete certificado para que en el correo no se los vayan a coger. Si viene el sábado el *Paris Noel* se los envío el lunes. Estate alerta. Tus cartas tardan seis o siete días en venir. No sé lo que tardará mi certificado.

Siento mucho el percance de la mudada y espero que, al recibir esta, todo se haya arreglado. Yo iré tan pronto como pueda. No atribuyas la demora de mi viaje más que a falta de dinero y a exceso de trabajo. Temo perder el destino de *La Caricatura* que es casi más seguro que el de *El País*. Este quiebra el día menos pensado, porque el partido autonomista tiene pronto que morir y aquel periódico sube cada día más.

¿Te ha escrito Delmonte?[7]

Escríbeme pronto y reciban todos el cariño que es capaz de contener mi corazón.

Julián del Casal

&

La Habana, enero 26 de 1893

Queridísima Carmela:

Ya suponía que me había llegado un tercer sobrino de París, por lo mucho que tardabas en escribirme, cuando recibí esta mañana tu agradable carta que, como todas las tuyas, me ha llenado de satisfacción.

Nada me extraña lo que me dices del frío, porque este año lo está haciendo aquí intenso y hasta cruel. No creas, por eso, que estoy falto

---

6 Domingo Malpica. Véase «De los correspondientes».

7 Ricardo del Monte (1828-1909). Escritor e intelectual cubano. Dirigió a mediados de 1853 *La Aurora de Matanzas* y redactó, con Bachiller y Morales, el *Faro Industrial de La Habana*. A él dedicó Casal su primer libro de poemas.

de abrigo, pues tengo uno forrado de pieles que me regaló Llellena[8] y buenas mantas para dormir.

Me alegro que te haya gustado *La Habana Elegante*, cuyo texto, sin ser de primera, es superior al de *El Fígaro*, que está todo lleno de insulseces. Ya no me lo mandan y por eso te ha faltado el número que dices. No obstante, te lo compraré siempre. El número que te falta es uno solo, el extraordinario, pues en ese se han refundido tres. Va con los periódicos de hoy.

Siento que no te haya gustado el *Paris Noel*, pero te aseguro que es superior al *Fígaro Yllustré*.

Gracias a Pancho Zayas[9] que la asiste, Llellena está mucho mejor.

Ana María[10] está de un día a otro para dar a luz.

Viven con ella Patricio y Piedad.

Villa está muy bien y el matrimonio le ha salido perfecto, pues su marido es muy bueno, honrado y trabajador.

Deseo que los niños, a quienes besarás, sigan bien y que Manolo[11] continúe ganando mucho dinero.

Hasta la próxima se despide tu hermano que mucho te quiere

Julián del Casal

¿No te contestó Josefina?

&

---

[8] Según García Galán (1951: 14) era el apodo de Magdalena Peñarredonda. Véase «De los correspondientes».

[9] Francisco Zayas Jiménez (1827-1919). Notable médico de la época, que atendió a Casal en su enfermedad y del que el poeta escribió un elogioso texto en 1893.

[10] Ana María Cardín Peñarredonda, sobrina de Magdalena Peñarredonda y esposa de Francisco Santos de Lamadrid.

[11] Manuel Peláez y Laredo. Véase «De los correspondientes».

La Habana, febrero 26 de 1893

Queridísima Carmela:

Esperando carta tuya, he estado sin escribirte, más de una semana, pero no sin recordarte, como de costumbre, todos los días.

Yo creí que habías salido de tu cuidado, pero desde anoche supe que todavía no, pues estando en casa de Llellena le trajeron una carta de parte de Chaguaceda[12], carta que me dijo que era tuya, pero que no me dio a leer, sin duda por las mentiras que se diría de mí y a las que tú debiste responder.

Una de ellas, es la de que yo padezco de calenturas. Si esto es cierto, te aseguro que no me he dado cuenta de ello. De lo que yo padezco es de neuralgias, de neuralgias como las que he tenido siempre, aunque no tan agudas. Además, ya debías saber que ella es muy buena, pero que le gusta pasarse de lista muchas veces.

Respecto al sermón que me echas, nada te quiero decir, porque supongo estará inspirado en la carta de Llellena. Solo te diré que no me creo el más desdichado de los hombres, ni tampoco me cuento en el número de los felices, sino solamente en el de los que participan de las cualidades de ambos.

¿Has recibido dos copias, una en *La Habana Elegante* y otra en *El Fígaro* del cuadro de Menocal[13]? Te hago esta pregunta, porque tienes la costumbre de pedirme las cosas y después que las recibes te callas, dejándome con la duda de si llegaría o no a tu poder.

---

[12] Rafael Chaguaceda, cuñado de Magdalena Peñarredonda, casado con Isabel Peñarredonda en 1887.

[13] Armando García Menocal (1861-1942). Pintor cubano. Gran retratista y paisajista, hizo un retrato al óleo de Casal. Participó en la Exposición Universal de París en 1900 y fue presidente de la sección de pintura de la Academia de Artes y Letras. Ganó por concurso la ejecución de los paneles decorativos del Aula Magna de la Universidad de La Habana y, asimismo, la decoración del techo del salón de recepciones del Palacio Presidencial. Tres textos del poeta sobre Menocal, «Dos cuadros de Menocal», «Armando Menocal» y «Armando Menocal. Nuevos retratos», se publicaron respectivamente en *La Discusión* el 27 de diciembre de 1889, el 13 de febrero de 1890 y el 3 de marzo de 1890.

Dime qué otras cosas te ha dicho Llellena, pues me extrañó mucho que no me diera tu carta a leer.

Mucho me extraña que Julia no se haya dejado retratar, pues la niña de Valdivia[14] que tiene menos edad, se [ha] retratado más de diez veces.

Yo creo que habrá de[pendido] del fotógrafo. De todos modos, tan pronto como puedas mándame los retratos de los dos, aunque salgan mal.

¿Y Pelayo? Hace mucho que no lo encuentro por ahí y antes lo encontraba con frecuencia.

Abraza a Manolo, besa a los niños y sabe que mucho te quiere tu hermano

Julián del Casal

Compré este papel, creyendo que era bueno y no puedo escribir en él.

La Habana, mayo 8 de 18[¿92?]

Queridísima Carmela:

Tanto me ha conmovido tu última carta que, como todas las tuyas, está muy bien escrita, que me he puesto a hacer las diligencias para conseguir un pasaje gratis, pues de otra manera creo que no podré ir. El libro no me ha producido ni para cubrir los gastos de imprenta[15]. Solo he vendido treinta y un ejemplares y creo que en todo este mes no llegaré a los cien, con cuyo importe cubriré la edición. Ya habrás leído los juicios que te mandé y, como habrás visto, son muy benévolos. Espero los de [Varo]na[16], Sanguily[17] y

---

[14] Aniceto Valdivia, *Conde Kostia* (1857-1927). Poeta, dramaturgo y periodista cubano. Dirigió *El Palenque Literario* y colaboró en *La Lucha*, *La Habana Elegante*, *El Fígaro*, *El Triunfo* y *Revista Cubana*. Fue académico de número de la sección de Literatura de la Academia Nacional de Artes y Letras.

[15] Se refiere a *Nieve* (1892).

[16] Enrique José Varona. Véase «De los correspondientes».

[17] Manuel Sanguily (1848-1925). Escritor, crítico, orador e intelectual cubano. Fundó, en unión de Enrique Piñeyro, la revista *Hojas Literarias* y colaboró en diversas

algunos o[tros] escritores, principalmente el de los literatos sur-americanos a quienes les mandé el ejemplar.

Como lo esperaba, te ha conmovido mucho, lo mismo que a mí, la muerte de María Elena. Pero no es eso lo peor. Matití[18] ha tenido que irse a Matan[zas] porque no se le quitan las fiebres. Además, según me dijo el marido de Matila, César está con una fiebre tifoidea y el médico decía que si no amanecía hoy mejor, había que temer por su vida. Todas estas cosas me afectan mucho, pues [si] bien no simpatizo mucho con César compadezco a su [fami]lia que se quedará [en la] más absoluta miseria [y] sé que Matití también se [ha]brá de afectar.

Otro tanto me sucede con respecto a lo que me dices de Luis Escobar.

En cambio me causa verdadera satisfacción el buen estado de mis sobri-nitos, a quienes quiero muchísi[mo] más de lo que ustedes se imaginan.

De Josefina no he vuelto a saber nada, pero supongo que está bien. Me han dicho que la ven de noche, con Rosita y Ramón Pío, por Los Helados de París[19].

Abraza a Manolo, besa a los niños y sabes que, [como] a nadie, te quiere [tu her]mano

Julián del Casal

P.S. Lo que les pasa a ustedes con mi silencio algunas veces, me pasa también a mí y repito frecuentemente: ¿qué será de ellos?

publicaciones como *La Estrella Solitaria*, *La Independencia*, *El Triunfo*, *La Habana Literaria*, *El País*, *Revista de Cuba* y *Revista Cubana*. Fue director del Instituto de La Habana y decano honorario de la Facultad de Letras y Ciencias de la Universidad Nacional.

[18] Matilde de la Lastra, Matití, también apodada Matila. Véase «De los correspondientes».

[19] Heladería que estuvo situada en la concurrida Acera del Louvre. Véase Franqueza 1833: 21.

La Habana, mayo 14 de 1893

Queridísima Carmela:

Días pasados, tuve el gusto de recibir, como sabes, la visita del señor cura de Yaguajay[20], quien traía instrucciones de ustedes para la remoción de nuestros antiguos negocios. Yo le dije todo lo que sabía, pero como esto no era nada, resultó infructuosa la presentación al abogado. Este me dijo que me enterara y fuese luego a verlo. Para complacer a ustedes he estado buscando a Perico, el único que me podía dar datos, pero he averiguado que se ha ido a España, temeroso de que lo metieran en la cárcel los acreedores suyos, pues parece que lo mismo que Restitulo, había tomado dinero a muchas personas, todo a cuenta del negocio de los negros.

Yo creo que debes escribirle a María Luisa Govín[21], con motivo del nacimiento de mi nueva sobrina y preguntarle si sabe algo sobre el particular.

Pasando a otra cosa, debo decirte, en primer lugar, que no me escriban más a *El País*, sino a *La Habana Elegante*, Compostela 69, porque allí se me demoran las cartas. A la hora en que voy no está el muchacho que va al correo y nunca me las da más que cuando se encuentra conmigo.

No te olvides de esta recomendación.

Por lo que me dijo el señor cura veo que están todos muy bien, no solo de salud, sino de intereses, lo cual me regocija en alto grado.

Yo también estoy... como me dices.

Como verás por los periódicos, La Habana entera está revuelta, con motivo de la llegada de los Infantes[22]. Yo no he ido a ninguna parte,

---

[20] Eduardo Martínez Esparíz fue párroco interino de la parroquia San José de Yaguajay entre 1892 y 1901.

[21] Hija de Antonio Govín y Torres (1849-1915), abogado, fundador y secretario del Partido Autonomista. María Luisa fue esposa del millonario José Miguel Tarafa y socia, en la República, de la Institución Hispanocubana de Cultura.

[22] Los Infantes arribaron a La Habana el 8 de mayo de 1893, como parte de un periplo mayor que los conduciría a Chicago, y solo permanecieron una semana en la Isla. Véase sobre esa visita Borbón 1949 y 1958.

porque cada día tengo menos ganas de divertirme, pero ya estoy fatigado de oír hablar tanto de ellos.

Aunque el señor cura me preguntó si quería algo para ustedes, no me fue posible mandarles nada, porque estaba muy arrancado en esos días. Yo lo sentí por los niños, especialmente por Julia y por Mario[23], a quienes les hubiera mandado de buena gana un par de juguetes.

Pero otro día se los remitiré.

Dale [sic] muchos besos, abraza a Manolo y sabe que mucho te quiere tu hermano

Julián del Casal

&

La Habana, julio 17 de 1893

Queridísima Carmela:

Acabo de entregar, en el almacén, una caja para ustedes, conteniendo las siguientes cosas:

Mi retrato, por Menocal

Una papelera, para Manolo

Un busto de Victor Hugo, para el mismo.

Una caja con seis tazas y seis platos

Otra, con el retrato de María Elena, un ómnibus para Mario, un abanico *pieto* para Julia y el busto aquel.

Otra con un cerquillo, una redecilla y una pulsera de oro y plata para Julia.

Un abanico rosado para la pared.

El de nácar de mamá

Y una cajita para la señora de Méndez, con dos alforzadores, uno nuevo y el que me dio.

---

[23] Sobrino de Casal.

Aunque el nuevo es mayor se lo remito porque no los hay de otro tamaño y porque me han dicho en la casa de máquinas que le tiene que servir.

No te he podido mandar antes la caja, porque el portero estaba ocupadísimo y no me la podía hacer.

Tampoco te mando *El Gólgota*[24] porque el envase me costaba seis pesos.

Ya te lo llevaré en diciembre.

Tan pronto recibas la caja, escríbeme de seguida y dime si todo ha llegado bien.

Desde que estoy aquí, los extraño mucho. No me ha pasado nada extraordinario, como no sea que el sábado recibí la visita de D. Mariano Artiz que se embarcaba para New York. Me dijo que venía a pagarme la que le hice yo en Yaguajay[25] y a preguntarme si se me ofrecía alguna cosa. Ya ves que no es tan orgulloso, como Manolo me lo pinta. Dile a este que, al recibir la caja, no se ponga nervioso y vaya a romper algo, que las acciones de Cárdenas y Júcaro dan el 8 por 100 anual, que perdone la pobreza de lo que mando y que siga haciendo dinero para que venga a esta capital, donde podrá, de seguro, triunfar.

Al Padre, muchas memorias y que no se olvide de venirme a ver.

Para Julia, Mario y Celia[26] muchos besos, como también un abrazo para Manolo y para ti de tu hermano

Julián del Casal

P.S. Dentro del ómnibus, hay un muñeco que se sienta en el pescante y hace de cochero.

---

[24] Parece que se trata de una reproducción del cuadro *Golgotha Consumatum est* (1867), del pintor francés Jean-León Gérome (1824-1904). En «Recuerdos de La Habana. El general Lachambre», Rubén Darío refiere que en la habitación de Casal había una reproducción del Calvario de Gérome.

[25] En junio de 1893 Casal había estado –afirma Gustavo Duplessis– «unos cuantos días en Yaguajay [...] para reponerse un poco» (Duplessis 1944: 73).

[26] Sobrina de Casal.

&

La Habana, julio 30 de 1893

Queridísima Carmela: Temo que la niña siga mal, porque no le has contestado su carta a Malpica. Este les escribió el domingo y yo el lunes. En el intermedio pusieron un telegrama, al cual habrán recibido ya contestación. Por ella habrás visto, no que sigo mejor, sino que estoy ya bien. El tumor se me va cicatrizando y, según el Dr. Zayas, de aquí a unos quince días, estaré libre por completo, no solo de él, sino de todo género de enfermedades. Hasta cree que voy a tener una segunda naturaleza y que voy a ser un hombre distinto del de antes.

Aquí le han preguntado si debía irme al campo y les dijo que hasta tanto no variase la estación no lo debía hacer.

Después de hecho el examen de los microbios que se encontraban en mis esputos, ha resultado que aquellos eran microbios comunes. El tumor fue, pues, un tumor sencillo, no sifilítico, ni producido por el contagio de un animal, según se creyó al principio.

Ya no tomo medicinas y en la semana próxima podré salir. Entonces te mandaré los periódicos de esta semana y los de la anterior, que te dejé de mandar.

Celebro que hayan gustado tanto las cosas que mandé, pero me figuro que, excepto el retrato, lo demás carece de valor. Las tazas tienen vista y me figuro que hasta cierto punto son finas. Tu cerquillo no me costó 50 cents, porque de ese precio no los hay, sino $2.50. ¿Te ha servido? Y el alforzador ¿sirvió también?

Yo quería enviarle a Manolo *La lección de Anatomía* de Rembrandt[27], pero me costaba dos centenes. ¿Sigue haciendo tanto dinero? Y la casa ¿ya está concluida o en el mismo estado en que la dejé?

---

[27] Se refiere a una reproducción del famoso cuadro del artista holandés (1609-1669), pintado en 1632.

Como nada me dices del nombramiento del Padre, supongo que se quedará en Yaguajay. El Obispo se marchó el 20 a la Península y debió haber firmado antes los nuevos nombramientos.

Malpica, quien todos los día me dice que les va a escribir de nuevo, diciéndoles lo bien que estoy, cosa que no hace, porque Conchita no le quiere servir de amanuense, no estaba en casa el día de la visita de Artiz. Este vino, bajo un aguacero torrencial, dos horas antes de embarcarse y por ese motivo no lo pude ir a ver.

Dime cómo sigue Celia, besa a Julia y Mario, abraza a Manolo y no dejes de escribir a tu hermano que mucho te quiere

Julián del Casal

P.S. ¿No les ha escrito Enrique[28] esta vez?

&

La Habana, agosto 7 de 1893

Queridísima Carmela:

No te he vuelto a escribir, porque esperaba tener carta tuya, de un día a otro. Como no he tenido contestación a la segunda de las mías, ni tampoco Malpica, he aplazado el escribirte. Ya te mandé, en el intermedio, los periódicos. Al fin hoy, temiendo que mi silencio te ponga intranquila, me decido a escribirte, para manifestarte, en primer lugar, que continúo perfectamente bien. El tumor ha seguido cicatrizándose y estoy en camino, según el Dr. Zayas, de llegar a una curación radical, sin peligro de reproducción. Lo que he tenido se llama una vómica. Manolo te dirá que es. Parece que esos tumores salen más bien en el estómago que en otra parte, pero se dan casos, como el mío, de que aparezcan en los bronquios. En fin, no hablemos más de él. Ya entro y salgo, subo y bajo, sin cansancio alguno.

---

[28] Enrique Hernández Miyares. Véase «De los correspondientes».

Con la leche de burra que estoy tomando, aunque me cuesta un capital, pues cada copa vale 25 cents en plata, me estoy poniendo muy fuerte. Pienso seguirla tomando todo este mes y desde el entrante guardar todo lo que pueda para irme a fines de año quince días a esa localidad.

¿Cómo sigue la niña? Y Manolo ¿gana mucho dinero y tiene siempre un plan nuevo a cada hora del día?

Dime cuánto le cobraron por la caja, pues a veces me figuro que han pagado por ella mucho más de lo que valía su contenido.

La carta de Manolo gustó mucho. Yo temía que se hubiese extraviado, pues la tuya llegó un día antes. Afortunadamente conservaba todavía en mi poder aquella en que me hablas de la enfermedad de Celia y decía que a esto se debía achacar la demora en la contestación.

Escríbeme pronto, abraza a Manolo, besa a los niños y recibe ambas cosas de tu hermano

Julián del Casal

&

La Habana, agosto 10 de 1893

Queridísima Carmela:

Acabo de recibir, este momento, una carta tuya, donde te muestras tan alarmada, sin motivo alguno, por mi estado de salud, que, a pesar, de haberte escrito el martes, te vuelvo a escribir hoy, para decirte que me encuentro perfectísimamente bien.

Manolo también le escribió a Malpica una carta magistralmente hecha, pero toda llena de temores y aprensiones.

El Dr. Zayas me asegura que no me repite el ataque y hoy que me he pesado, como lo hago cada diez días, por recomendación de él, he visto que he aumentado cuatro libras desde el primero de agosto. Desde hoy, te escribiré, como antes, todos los miércoles, mandándote los periódicos. ¿No has recibido ya tres paquetes?

A la pregunta que me haces sobre si Chaguaceda estuvo aquí, debo decirte que, no solo vino, sino que su visita es más de agradecer que ninguna, porque tenía a la niña con una fiebre de 40 grados. Además, Elica está para salir de su cuidado y aquel día también se encontraba mal. Todas las noches, al volver de *El País,* me detengo siempre a verlos.

Yo no quiero ir al campo, porque ahora me siento bien y deseo aprovechar el tiempo que he perdido en estos meses. El Doctor tampoco quiere que vaya hasta el invierno. Me ha dicho que el cuarto que tengo, dada su altura y su ventilación, es el mejor sitio que podía haber encontrado para vivir.

Doña Fernanda[29] se encontró esta mañana un retrato suyo del año pasado y me lo ha dado para ustedes. Te lo mando hoy mismo en paquete certificado. Tan pronto como lo recibas, ponle algunas frases en la carta primera que me escribas.

Si alguna vez te se [sic] presenta ocasión de mandarme perdices, no dejes de hacerlo, así como también avísame si viene de allá alguna persona que, al regreso, les pueda llevar a ustedes algo de mi parte.

Saluda al Padre, abraza a Manolo, besa a los niños y no me vuelvas a escribir carta como la última, porque eso sí enferma a tu hermano que mucho te quiere

Julián del Casal

&

La Habana, agosto 19 de 1893

Queridísima Carmela:

Como me debías contestación a tres cartas, no te he escrito hasta hoy, porque esperaba de un momento a otro tener contestación a alguna de ellas. Supuse que mi silencio no te inquietaría, porque el miércoles te remití un paquete de periódicos. Además, creo que ya debes perder por

---

[29] Esposa de Domingo Malpica. De ella se reproduce en la Edición del Centenario un retrato que perteneció a la colección privada de Concha Valdivia de Santo Tomás.

completo el temor a esta enfermedad, puesto que no hay motivo para tenérselo, toda vez que se encuentra vencida. Cada día estoy más fuerte. La única medicina que tomo es la leche de burra, la cual me sienta muy bien.

Doña Fernanda está muy contenta por lo que le has puesto a su retrato en una de tus cartas.

Mucho me agrada saber que Manolo abriga el proyecto de venir a establecerse en la Habana de aquí a cuatro o cinco años[30]. Creo que con su elocuencia, con su talento y con su inagotable repertorio de cuentos llegará a abrirse paso en muy poco tiempo. También me ha alegrado la noticia de que Celia está ya bien. De Julia y de Mario nada me dices, pero que me figuro que estarán como siempre, es decir, a reventar.

La niña de Chaguaceda se ha puesto buena y Elica está para dar a luz. Mina y Panchito siguen en Marianao. A Llellena se la espera de un momento a otro, pues ha escrito que vendrá a fin de mes.

Lo que no entiendo de tu carta, es lo que me dices del retrato de María Elena. ¿No te lo encontraste en la caja de cartón en que iba la guagua? Yo supongo que a ese te referías, pues el de nuestra prima María Elena no lo tengo, ni te lo he prometido.

Dale muchos besos a los niños, abraza a Manolo y sabe que mucho te quiere

Julián del Casal

Saluda al Padre y a todos.

&

La Habana, septiembre 1 de 1893

Queridísima Carmela: Tus cartas no se demoran, como te figuras, en la redacción de *La Habana Elegante,* porque el cartero las echa en un buzón y este lo registro yo todos los días.

---

[30] La familia Peláez-Casal no se mudó a La Habana hasta 1915. Véase Seoane Gallo 1987: 13.

Creo que más bien se detendrán en el bolsillo de Federico o en la mesa de Manolo, cosa que te disculpo, pues yo sé todo el trabajo que te dan los muchachos.

Ya vi en el periódico el nombramiento del Padre para el curato de Palmira y, si es de los buenos o mejor que el de Yaguajay, dale mi felicitación.

Lo que decía *El País* de mi soneto, es lo mismo que te dijo el sordo, de cuyo cartón grasiento no me puedo olvidar.

Llellena vino el sábado y me trajo media docena de camisetas. Anticipó su regreso, porque Elica está para salir de su cuidado. Además de estar en estado, dice Pancho Zayas que tiene albuminuria y que, aunque esto se le presente a las embarazadas, la de ella se le puede quedar.

Siento que Celia esté delicada, pero supongo que, conforme vaya creciendo, se irá poniendo bien. De los otros dos nada te digo, porque me imagino que estarán hechos unos toros, lo mismo que Manolo, a quien supongo ya bien de sus fiebres, reumatismos y demás achaques.

De mi enfermedad, ni una palabra más. Estoy bien y engordando todos los días.

A pesar del tiempo aciclonado, no temas por mi palomar, pues ha resistido firme, según me han dicho, cuatro ciclones.

Mucho me alegro de que pronto se ponga el vapor de Caibarién a Yaguajay.

Según dicen aquí, Artiz debe a Bellido, el que se suicidó en Matanzas, como sabrán, por estar quebrado, la suma de $500.000.

Llellena les manda memorias y se ha alegrado mucho de saber que estaban tan bien.

Besos a los niños, abrazos a Manolo y para ti ambas cosas de tu hermano

Julián del Casal

[A continuación y en otra tinta, aunque con la misma caligrafía:]

Huevos 10
Azúcar 20

Pollo 30
Huevos 10
Pollo 40
Huevos 10
Pollo 40
Pollos 50
Azúcar 50
    2. 60

La Habana, septiembre 22 de 1893

Queridísima Carmela: Acabo de recibir, en este momento tu segunda carta, donde me preguntas si recibí la primera y me dices que aguardabas mi contestación. Esta no te la he podido enviar hasta hoy, porque, aunque estoy bien ya, me siento débil, sumamente débil.

No sé cuándo podré ir para allá, porque el Dr. Zayas quiere que me dé ahora unos veinte baños de agua templada, yodo y sal. No ha sido un médico, sino un padre. El Sr. Malpica le pidió la cuenta, en nombre de ustedes, y dijo que a mí no me cobraba nada. Lo mismo dijo el Dr. Desvernine, que fue llamado en consulta. Solo falta pedir la cuenta al Dr. Vicente B. Valdés. Creo que, si se entera de que los otros no me han cobrado, tampoco me cobrará él.

Yo siento mucho haber tenido que pedir dinero al pobre Manolo, a quien tanto trabajo le cuesta ganarlo y porque sé que se lo quito a mis sobrinos. Pero no me ha quedado otro remedio, porque tengo muchos gastos pequeños. Así, pues, dile a Manolo que me dispense.

Matití, al saber por los diarios que yo estaba malo, vino corriendo para acá. Vive en casa de César y viene a pasarse el día conmigo. Te va a escribir a continuación.

La familia de Malpica se porta como siempre y me quiere cada vez más.

Abraza a Manolo, besa a los niños y hasta muy pronto se despide tu hermano

Julián del Casal

[A continuación, en la misma hoja, la carta de Matilde a Carmela]

Querida Carmela:

Mucho me alegrará que esta te encuentre bien[,] lo mismo Manolo y tus niños. Por los periódicos supe la gravedad de Julito y al día siguiente me puse en camino pª esta[,] sorprendiéndome encontrarlo mejor de lo que yo esperaba[;] esta mejoría ha seguido y espero q. con el favor de Dios seguirá hasta su completo restablecimiento. Así esté en aptitud de completa convalecencia me volveré a marchar a Matanzas[,] donde tanto tú como Manolo tienen su casa en Contreras nº 18.

Sin más[,] recibe un abrazo cariñoso[,] sin olvidar tus niños y Manolo. Tuya siempre

Matití

&

La Habana, octubre 1 de 1893

Queridísima Carmela: Hace más de una semana, tuve el gusto de escribirte, en unión de Matití, que se encontraba a mi lado, una breve carta, dándote cuenta de la gran mejoría que acababa de experimentar.

Pensando que me contestarías de seguida, no te volví a escribir, hasta que hoy, viendo que no tengo carta tuya, me decidí a ponerte estos renglones, que Manolo debe tomar por suyos, para decirte que estoy en plena convalecencia y que cada día me siento mejor.

Ya llevo tomados siete baños, de los veinte que el Dr. Zayas me ha mandado tomar. Me han sentado muy bien y aunque todavía no salgo a la calle, razón por la cual no te he mandado los periódicos, ya bajo a la casa de Dª. Fernanda y me doy largos paseos por la azotea para quitarme la debilidad de las piernas.

Después que tome los baños, es probable que me vaya a casa de Matití un mes, porque el Dr. quiere verme cada diez días por lo menos. Dice que el viaje a Yaguajay no lo puedo hacer todavía. Donde él quiere que me vaya es a la Víbora, pero como no puede ser, dice que es preferible que me quede en La Habana o me vaya a Matanzas. Además, como estoy imprimiendo un libro que tenía escrito[31], según verás en los periódicos, necesito estar aquí o cerca de aquí para corregir las pruebas.

Con lo que saque de él, tendré para hacer el viaje a Yaguajay, adonde iré por cariño y gratitud a ustedes, pero nada más. No creas que voy a dejar de ir. Tengo ganas de verlos a todos y probarles con mi presencia que ha habido mucha exageración en todo esto de mi enfermedad.

Por escrito no lo hago, porque sería el cuento de nunca acabar.

Abraza a Manolo, besa a los niños y no dudes que a ti te quiere más que a nadie tu hermano

Julián del Casal

&

[Escrito en otra tinta, en el sobre: «Última».]

La Habana, octubre 13 de 1893

Queridísima Carmela: Yo no te he dicho, como te figuras, ni tampoco te he dado a entender, que no iba nunca a Yaguajay, sino que hasta fines de año no podría ir, primero, porque el Dr. Zayas, único a quien hago caso, me ha dicho que no vaya, y segundo, porque mi libro, que se está ya imprimiendo, no puede salir hasta mediados de noviembre, porque hasta entonces no estará terminada su impresión. A casa de Matití, donde es probable que ya no vaya, por las mismas razones que tengo para no ir (por ahora, no lo olvides) a Yaguajay, pensé marcharme porque estaba a dos horas de La Habana y podía venir cada dos o tres días, corregir las

---

[31] Se refiere a *Bustos y rimas* (1893), que se publicó unas semanas después de su muerte.

pruebas de mi libro y marcharme por la tarde para allá, teniendo una boleta gratis para el tren, cosa que me la han brindado varias personas. Respecto a lo que me dices del Sr. Malpica, ya está todo arreglado. Dentro de unos días me voy a mudar a casa de una parienta de Enrique (pagando, poco, pero pagando) la cual sabe que me voy a su casa a acabarme de ponerme bien. Todo lo que me dices lo tengo previsto. Además, de aquí a diciembre falta muy poco.

A lo que no me resigno es a vivir en Yaguajay más de dos meses. No te puedes figurar la mala impresión que me produjo. Yo creo que, a no ser por los niños, tú misma no podrías resistir más. Luego está tan lejos de todo, que esto me desespera más. El día que vaya voy a tener que llevar un cargamento de medicinas, porque no tengo la más mínima confianza en las de allí. Tal vez a esto se deba que la niña no se te ponga nunca bien.

¿Sabes en lo que consistía el cambio radical de vida que me aconsejó el Dr. Desvernine? Pues no era irme al campo, sino hacerme marino o poco menos. Decía que yo debiera pasar unos meses en unas montañas de los Estados Unidos, en un pueblo de México, en las Islas Canarias o, de no poder realizar nada de esto, embarcarme en un barco de vela de esos que van a Buenos Aires y tardan tres meses en ir y volver.

Ya ves que no es nada de lo que te figuras. Lo que él deseaba era el mar. Por eso Matití, que estaba aquí ese día y que vive cerca de la playa, me animó a que me fuera a su casa.

Dile a Manolo que el lunes, con los periódicos, le mandaré los programas.

Yo te suplico, lo mismo que a él, que no te molestes por mi resistencia a vivir en el campo. Yo los quiero muchísimo, pero ustedes me piden un sacrificio superior a mis fuerzas. Así es que, aunque lo hagan por el mismo cariño que me tienen, deben ser con eso un poco condescendientes.

Dale un abrazo a Manolo, besa a los niños y sabe que a ti te quiere más que a nadie tu hermano

Julián del Casal

P.S. Escritas las líneas anteriores, he sabido que el Sr. Malpica te ha escrito[32], diciéndote que había tenido un nuevo ataque. Efectivamente, el domingo me entró y me ha durado hasta hoy, es decir, mucho menos que el anterior, cosa que quiere el Dr. Zayas, quien me asegura que cada día serán más ligeros hasta que, por fin, la naturaleza desaloje por completo el mal. Lo que tengo es un tumor en los bronquios que se me llena y se me vacía. Cada vez que sucede lo primero, me pongo mal y en cuanto ocurre lo segundo me quedo al pelo. No hay temor a la asfixia, porque en cuanto lo siento me pongo un cáustico y de seguida lo comienzo a echar. Tampoco a la infección purulenta, porque la sangre no se infecciona a sí misma y lo que tengo se debe a impurezas sanguíneas. Hay una muchacha, la pianista María Luisa Chartrand, que tuvo un tumor igual al mío, que se le llenó 9 veces. Al fin, a fuerza de cáusticos y purificantes, lo mismo que me dan a mí, arrojó la bolsa y hace 7 años que está sin novedad[33].

Yo no quería que te escribieran lo del nuevo ataque, para que no te alarmaras, pero ahora, cada vez que me entre otro, yo mismo te lo voy a escribir.

Aquí se alarman en cuanto empieza, porque se figuran que tú y Manolo les van a exigir responsabilidades.

Yo le dedico mi nueva obra al Sr. Malpica y con eso le pago con creces todo lo que ha hecho por mí.

Julito

Escríbeme a *La Habana Elegante*, Compostela 69.

---

[32] Probablemente se trate de la carta dirigida por Domingo Malpica a Manuel Peláez y Laredo, sin fecha, recogida en el propio Fondo Casal de la BNJM [C. M., Casal, t. 1, n.º 4].

[33] Al caso de María Luisa Chartrand se referiría igualmente Domingo Malpica en carta a Manuel Peláez y Laredo, del 10 de octubre de 1893 [C. M., Casal, t. 1, n.º 14].

A MANUEL PELÁEZ Y LAREDO

La Habana, julio 25 de 1893

Sr. D.

Manuel Peláez

Queridísimo Manolo: supongo que habrás recibido ya una carta del señor Malpica, diciéndote que el sábado por la noche estuve muy mal, a consecuencia de un ataque de asfixia que me duró algunas horas. Como esta carta te habrá podido alarmar, lo mismo que a Carmela, escribo esta hoy para decirles que estoy completamente bien. El señor Malpica les escribió por temor de que me repitiera el acceso, pero los médicos que me han visto, el Dr. Zayas y el Dr. Vicente B. Valdés, me aseguran que no me repetirá, porque lo que he tenido es un tumor en los bronquios que el sábado llegó al máximum de su crecimiento y reventó después, deján-dome libres por completo las vías respiratorias. Dichos médicos creyeron en un principio que era un tumor sifilítico, pero luego dicen que por el hecho de haberse reventado solo y por el examen del pus sanguinolento que arrojé en gran cantidad, no tiene tal carácter.

También me aseguran que no tengo nada absolutamente en los pul-mones, ni en el corazón. Así es que me apresuro a comunicárselo [sic] para que no estén inquietos y me esperen en diciembre, sin falta alguna, pues hasta entonces no puedo ni debo ir.

El mismo sábado debieron haber recibido la caja que les envié, pues el miércoles la embarcaron en el almacén. Todo no valía nada, pero era lo único que les podía mandar.

Dile a Carmela que, a fines de semana, le escribiré, besa a todos los niños y recibe un fuerte abrazo de tu hermano

Julián del Casal

P.S. Celia ¿ya está bien?[34]

---

[34] Celia murió de pequeña, víctima de escarlatina. Véase Seoane Gallo 1987: 16.

A Magdalena Peñarredonda

La Habana, enero 10 de 1889

Mi inolvidable amiga: Acabo de levantarme del lecho del dolor, donde me ha tenido postrado varios días una fiebre maligna que llegó una noche a 41° y que me ha abandonado (¡qué rara coincidencia! o ¡qué falso es ese Julito! dirá usted) al recibir la carta que me ha escrito usted y que anoche me entregaron.

Durante los cuatro días que estuve en cama, he tenido la inmensa satisfacción de ver a la cabecera de mi lecho a muchísimas personas de diversas posiciones y de reconocido valer. Sanguily y Figueroa[35] han sido de los más constantes. La *joven Cuba* no se ha separado un momento de mí[36]. Otras personas, como Varona y Montoro[37], han enviado recado. En casa de Panchito Chacón[38] y en casa de Aróstegui[39] se han encendido velas por mi salud. Como usted es algo bohemia, le contaré una escena graciosa que ocurrió la última noche. Yo no tengo más que un sillón y una silla en el cuarto; estos muebles estaban ocupados; el resto de los

---

[35] Miguel Figueroa y García (1851-1893). Abogado y orador cubano. Perteneció a la Junta Central del Partido Autonomista y fue diputado a Cortes en 1886 y 1893.

[36] «La joven Cuba. Galería Mignon» fue una sección de *La Habana Elegante*, cuyo cometido fue, desde su inicio, presentar a los jóvenes que de alguna manera se distinguieran en el cultivo de las letras y las artes.

[37] Rafael Montoro (1852-1933). Abogado, escritor y orador cubano. Fue fundador del Partido Autonomista y su principal ideólogo. Diputado ante las Cortes españolas en 1886 y secretario de la Presidencia, en la República, durante el gobierno de Mario García Menocal, colaboró con *El Tiempo*, *El Fígaro*, *Revista Cubana*, *La Habana Literaria*, *Cuba y América*, etc.

[38] Francisco Chacón y Calderón (1864-1908). Poeta, orador y crítico teatral cubano. Estudió en el Colegio de Belén, donde publicó el periódico *El Ensayo*, en el cual aparecieron las primeras poesías de Casal. Fue redactor de *El Fígaro* y cronista de *El Triunfo*.

[39] Gonzalo Aróstegui del Castillo (1859-1940). Médico cubano. Se desempeñó en el Hospital de San Felipe y Santiago, así como en la Casa de Beneficiencia y Maternidad. Redactor de *La Luz*, *El Pueblo* y *El Camaguey*, colaboró en la *Revista Cubana*, *El Triunfo*, *El País*, *Diario de la Marina* y *El Mundo*. Fue parte de la directiva del Partido Autonomista.

visitantes, que eran cinco o seis, se sentaron alrededor de mi catre, donde yo estaba incorporado, y de repente se oye un crujido de lona, se rompió el forro y nos fuimos todos al suelo porque el catre estaba muy bajo.

Respecto a mi nueva vida, ya me he hecho *mi hueco*, como usted *decía*. Estoy en *La Discusión*, periódico que ha prosperado mucho; me pagan religiosamente 30 ps bs. semanales, por escribir diariamente un artículo literario sobre asunto de actualidad. Me firmo *Hernani*. Aunque todos los días lo escribo algunas veces me lo dejan fuera por exceso de material. También gano 5 pesos en *La Caricatura*, semanalmente, como usted sabe. La *contra* de mi tienda literaria se la doy al *Fígaro* o a *La Habana Elegante*.

Ya ve usted que con lo que reúno puedo vivir perfectamente; pero como soy un *inquieto*, según dice usted, quisiera irme a Nueva York por aprender el inglés y sobre todo por estar al lado de usted.

No le he mandado «El adiós al Brasil»[40] porque supongo que Elica lo habrá hecho ya. También he escrito unos versos a la memoria de la mujer de Figueroa[41], que han gustado mucho, hasta el punto de que Enrique José Varona dijo la otra noche, en casa de las Delmonte, que era *la mejor poesía que se había escrito en Cuba después de la guerra*. Yo no estaba delante, pero me lo contaron y se lo cuento solamente a usted porque goza con mis triunfos. Dichos versos se publicarán en una corona fúnebre que Figueroa proyecta hacerle a su mujer; yo creo que no lo hará al fin, a pesar de que le han escrito todos los literatos y tiene el papel y las pastas, ambos riquísimos.

Tengo que hablarle de mucha cosas, pero la pluma me tiembla porque estoy muy débil todavía. En otra carta lo haré.

Desea que la *grippe* la haga volver a estas playas y que pase feliz año su adorador

Julián del Casal

---

[40] «Adiós al Brasil del emperador D. Pedro II» se publicaría en *El Fígaro* y *La Habana Elegante* el 8 de diciembre de 1889.

[41] «In memoriam», *El Fígaro*, 1.º de diciembre de 1889. El texto está dedicado «A Miguel Figueroa en la muerte de su esposa».

P.D. Contésteme pronto y no sea morosa. Yo tengo ahora la neurosis del trabajo y quiero comunicársela a todo el mundo.

&

Habana julio 19 de 1889

Sra. Magdalena Peñarredondo [sic].

Mi buena, activa y batalladora amiga: Aunque usted no esperaba que su cariñosa carta fuera tan prontamente contestada, lo hago para darle una prueba del afecto que le profeso y, lo que es más asombroso, de mi naciente y precozmente desarrollada actividad.

Ya no soy perezoso para nada.

Al día siguiente de su marcha, me coloqué de corrector de pruebas en *La Discusión*. Aunque el sueldo es mezquino –solo gano 50 ps. billetes–, me levanto a las seis de la mañana, tomo dos tazas grandes de café –siempre el estómago lo primero–, y me marcho a la redacción. Además de corregir pruebas, hago sueltos a granel, redacto la hoja literaria y salgo a la una a almorzar. ¡Ya ve usted que no me duermo y no puedo hacer más por tan corta cantidad [!].

Respecto al viaje a Nueva York, estoy dispuesto a hacerlo; pero tengo que reunir cien pesos en oro, por lo menos, para poderme embarcar.

La quiebra ha embargado, como estaba previsto, las cantidades que tengamos que cobrar del asunto de los negros. Yo no me preocupo, porque ni ella ni nosotros llegaremos a cobrar un centavo. Govín dice que eso está ya muerto y que no hay esperanzas.

Todavía no le ha entrado a Covielles[42] la tristeza del año pasado; habla de usted, en ciertos momentos, con el cariño que inspira el recuerdo del bien perdido.

Temo molestarla con esta carta larguísima. ¡Basta de actividad!

---

[42] José Covielles fue un español, natural de Asturias, dueño de un importante establecimiento de víveres en La Habana, con el que Magdalena contrajo matrimonio y del que ya en 1889 se hallaba separada. Véase García Galán 1951: 14-15.

Memorias de todos para todos y disponga de su activo amigo

Julián del Casal

P.D. Nené es la mujer más buena del mundo. Otro día le hablaré de ella. Nos escribimos a menudo.
Mi dirección:
Teniente Rey 102

&

La Habana, septiembre 9 de 1989

Sra. Magdalena Peñarredondo [sic]

Aunque no he contestado, en tiempo oportuno, su última carta, no atribuya mi silencio a tibieza de afecto sino a mis múltiples y estériles ocupaciones. Sigo *luchando en el vacío*, sin esperanzas de salir vencedor.

Ya sabrá usted que soy tío de una niña, que unas veces me parece graciosa y otras muy pesada, según las variaciones de mi neurosis, la cual me domina por completo, haciéndome voluble, inconstante y desesperado.

Lo único que me consolaría, en estos tiempos, sería irme a Nueva York, donde tengo siempre fijo el pensamiento. Si usted me asegura que en quince días o en un mes puedo aprender a torcer y enseguida me coloca en una fábrica, tomo el vapor y me marcho a esa con lo suficiente para pasar el mes. Dígame si usted conoce alguno que me pueda enseñar y si es fácil hallar una casa donde me tengan por 20 pesos al mes. Ahora tengo ropa y no temo al invierno. En caso afirmativo contésteme si me puedo embarcar el 20 de este mes, día de la salida del vapor español.

Hablando de otras cosas, le diré que han matado a Eusebio Moreno y han cogido a diez bandidos, entre ellos Alemán, Sotolongo, Chano etc. y unos cuantos de Artemisa por encubridores.

Mina está completamente restablecida de salud y el sábado se fue a vivir a un palacio (este es el nombre que merece la casa) del Vedado.

Tengo muchas cosas que decirle, pero están cayendo rayos y temo que mi pluma de acero atraiga uno de ellos. Ya sabe usted el temor que me inspiran.

Recuerdos a las muchachas y disponga de su fiel amigo

Julián del Casal

P.S. Contésteme de seguida a lo de la tabaquería. etc.

&

La Habana, noviembre 7 de 1889

Sra. Magdalena Peñarredondo [sic]

Mi buena y cariñosa amiga:

Después de largas semanas de silencio, tuve el gusto de recibir una carta de usted, por la cual veo que me ha escrito y no ha llegado a mi poder. A Carmela le ha sucedido lo mismo, pues le escribió para darle la noticia del nacimiento de su niña –hace cerca de dos meses–, y no ha recibido contestación.

El precioso artículo que usted me ha mandado se publicará el domingo[43]. Enrique me encarga que le dé las gracias y espera que usted lo siga favoreciendo con su colaboración. Ha tomado nota del nuevo domicilio de usted y le enviará semanalmente el periódico.

Aquí las cosas se ponen peor cada día y es muy difícil encontrar colocación. Desde que usted se marchó estoy gestionando activamente un destino de treinta o cuarenta pesos al mes y no lo he podido conseguir.

El pobre Navarrete[44] ha vuelto a quedar cesante y está tan mal que me parece que se va a vivir al Vedado. Yo voy una o dos veces a la semana y siempre me reciben muy bien. Mina debe ser muy feliz porque Panchito es muy bueno y está pendiente siempre de sus menores caprichos

---

[43] En el número 46 de *La Habana Elegante*, del 17 de noviembre de 1889, aparece un texto titulado «Push» y firmado por Elga Adman, anagrama de Magdalena.

[44] Carlos Navarrete. Véase «De los correspondientes».

para darles inmediata satisfacción. Ya sabrá usted lo que ocurre, por los periódicos de esta capital. Ahora se ha vuelto a remover el expediente de los Sañudo[45] y han prendido a Casuso, rico comerciante de la calle de la Muralla que, según dicen los abogados, es el autor del plan y el asesino material de los infelices viejos. No se habla más que de eso y hasta se asegura que lo ahorcarán, porque hay pruebas de que él estuvo en casa de las víctimas ese día y les dio de hachazos.

Carmela les piensa escribir mañana. El día diez y seis se bautizará la niña. La hija de Ibáñez[46] será la madrina y yo el padrino. No sabe usted lo disgustado que me tiene esta ceremonia, por la posición de la madrina, pero ella se ha brindado y no se le puede negar.

Sigo teniendo la idea de irme a Nueva York y si se presenta algo no me deje de avisar.

Consérvese buena y disponga de su invariable amigo.

Julián del Casal

&

La Habana, febrero 10 de 1890

Mi buena amiga:

Hace unos días que llegué del campo y no había querido escribirle aún, no solo porque seguía enfermo, sino porque traje del campo muy malas impresiones. Esperaba que, al ponerme bueno, se modificarían estas, pero no ha sucedido así.

Cuando más pienso, se me arraiga más la convicción de que el campo se ha hecho para los animales. Allí se encuentran ellos en su casa y desde el momento en que nosotros pretendemos entrar, pagamos muy caro nuestros deseos de invasores. Se necesita ser muy feliz, tener el espíritu

---

[45] Sonado crimen de la época del que fueron víctimas los bisabuelos maternos de Dulce María Loynaz.

[46] ¿Hija de don Alberto Ibáñez y Misa (1875-¿?)? Véase Santa Cruz y Mallén 1940-1950.

completamente lleno de satisfacciones para no sentir el hastío más insoportable a la vista de un cielo siempre azul encima de un campo siempre verde. La unión eterna de estos dos colores produce la impresión más antiestética que se puede sentir. Nada le digo de la monotonía de nuestros paisajes, inclusos los de las montañas. Lo único bello que presencié fue una puesta de sol pero esas se ven en La Habana todas las tardes.

Respecto a las personas del Portugués, encontré una santa, Nené, un animal, Ramón, y un bandido, Paco. Perdone estos calificativos.

Este último ha sembrado la discordia entre Ramón y Nené. Además de que esta es muy buena, tiene mucho talento; pero Paco no la puede ver, porque ella lo conoce, ni Ramón tampoco, porque está influenciado por Paco. Aunque este me trató muy bien, me hizo regresar de seguida a La Habana, porque no podía soportar la contemplación de su tiranía, porque es un tirano en aquella casa. En fin, que mientras esté allí él, no vuelvo al Portugués[47].

Mucho me enorgullece que se acuerden de mí, pero ahora tendrán un motivo menos, porque he renunciado la plaza de folletinista de *El País*. Querían que escribiera sobre modas[,] bailes[,] etc., sobre todo, menos sobre literatura, fundándose en que el folletín era para mujeres y no entendían nada en materias literarias. ¿A qué mujeres tratarán esos hombres? Viendo lo injustificada que estaba esta pretensión, se me subió un día Vizcaya a la cabeza[48] y arrojando pluma, papel y tintero me fui para casa, encargando a Valdivia que lo hiciera, como lo está haciendo, pues tiene tanto talento como alma de lacayo.

Ahora pienso volver a *La Discusión*, aunque no me apuro mucho porque soy corrector de pruebas de *La Caricatura* y tengo 80 pesos al mes.

Mucho me han gustado sus correspondencias, especialmente la de ayer.

Mándeme ahora las cartas a Obispo 36, redacción de *La Habana Elegante* y disponga siempre de su invariable amigo

Julián del Casal

---

[47] Finca propiedad de la familia Peñarredonda.

[48] Julián del Casal Ygareda, el padre del poeta, era natural de Santurce, Vizcaya.

P.S. Recibí los retratos y por ellos he contraído otra deuda más de gratitud con usted.

Pienso trabajar mucho ahora y cantarle las verdades a esta miserable y nauseabunda sociedad.

&

La Habana, mayo 25 de 1890

Sra. Magdalena Peñarredonda

Mi buena e inolvidable amiga: ¡Con cuánto gusto recibí su cariñosa carta! ¡Qué bien escrita está! ¡Cómo se conoce que sabe usted sentir y, por tanto, sufrir! Y como he sabido que, no solo sufre usted del alma, sino del cuerpo, mi cariño hacia usted ha aumentado en estos días.

Yo no amo más que a los seres desgraciados. Las gentes felices, es decir, las satisfechas de la vida, me enervan, me entristecen, me causan asco moral. Las abomino con todo mi corazón. No comprendo que se pueda vivir tranquilo teniendo siempre tantas desgracias alrededor.

Mucho me alegro que le hayan gustado mis versos, porque tiene usted un buen criterio y su juicio es de los que siempre he tenido en consideración. Me preocupaba tanto como el de Varona que ha hecho un juicio magnífico, a lo Paul Bourget[49], acerca de ellas.

Ya que me ofrece usted espontáneamente mandarme el tomo de versos de Sellén[50], voy a suplicarle que, en vez de él, me mande un buen retrato de Edgar Poe, ya sea en fotografía, ya en grabado, como lo pueda

---

[49] Paul Bourget (1852-1935). Novelista francés, autor de *Cruelle énigme* (1885), *Crime d'amour* (1886), *Mensonges* (1888) y *Le disciple* (1889), ha sido considerado por sus obras un psicólogo tradicionalista, que progresivamente derivó hacia el moralismo y la defensa de la religión y la monarquía.

[50] Francisco Sellén (1838-1907). Poeta y revolucionario cubano. Autor de *Libro íntimo* (1865), *Poesías* (1890) y *Cantos de la Patria* (1900), ayudó a José Martí en la fundación del Partido Revolucionario Cubano.

conseguir. El tomo de Sellén lo puedo conseguir aquí pero el retrato no. Además, Poe, como Baudelaire, como Flaubert y como todos los que han sido muy desdichados, porque han tenido una inteligencia muy grande y un corazón más grande todavía, es uno de mis dioses literarios. Búsquemelo pronto y envíemelo de seguida, porque tengo deseos tenerlo y ya sabe usted lo impaciente que soy.

Si está usted triste, si está usted enferma, si siente tanta nostalgia ¿por qué no viene? Aquí la consolaremos. Ahora no está Covielles. La pena dividida es menor. Todos estamos esperando su venida porque no podemos vivir sin usted.

Ya que piensa usted volver el día que haya guerra, venga a prepararse desde ahora porque no tardará mucho tiempo en estallar. Es cosa de un año a lo sumo.

Y si no viene, como me parece, porque nada bueno espero ya, escriba mucho para consolarse y mándemelo para publicarlo aquí.

Contésteme pronto y disponga de su invariable amigo,

Julián del Casal

&

La Habana, agosto 1 de 1890

Sra. Magdalena Peñarredonda

Mi buena e inolvidable amiga: Cuando me disponía a dirigirle severos reproches por su largo e inmotivado silencio, me trajo el correo un sobre que contenía dos retratos, uno de Poe y otro de Turguéniev, enviado por usted; pero sin una sola línea, contra lo que esperaba, para refrescar un momento mi corazón.

Nada le digo de los retratos, porque usted adivinará la sorpresa agradable que me proporcionó el recibirlos.

He sabido, por Ana María, que está usted pasando una temporada divertidísima en uno de los pueblos cercanos a New York y que, por ahora, no piensa usted volver.

Lo primero me agrada, pero lo segundo no.

A pesar de que estoy colocado en *La Discusión*, gano lo suficiente para cubrir mis necesidades y gozo de simpatías generales, nunca he estado más aburrido, más desencantado y más descontento que ahora. Estoy como una persona que se encontrara de visita en una casa de gentes insoportables y no pudiera salir a la calle porque estaba cayendo una tempestad de agua, viento, vapor y truenos. Estoy de Cuba hasta por encima de las cejas. Ya no veo nada.

Y más que de Cuba, de sus habitantes.

Solo he encontrado, en estos tiempos, una persona que me ha sido simpática.

¿Quién se figura usted que es? Maceo[51].

Ya sabrá usted que vino a La Habana por algunos meses. Pues bien; nadie me ha agradado tanto como él.

Es un hombre bello, de complexión robusta, dotado de una inteligencia clarísima y de un gran corazón. Tiene una voluntad de hierro y un entusiasmo épico por la causa de la independencia de Cuba. Este su único ideal. Aunque yo soy enemigo acérrimo de la guerra, me he convencido, al oírlo hablar, de que es necesaria e inevitable. Creo que dentro de un año estaremos en la manigua. Hay mucha desesperación y, como usted sabe, esa es la que puede llevarnos a pelear. Resumiendo mi juicio sobre Maceo le diré que, después de Carmela y de usted, es la persona que más quiero y la que me ha reconciliado algo con la vida, infundiéndome un poco de amor patrio entre la negrura de mi corazón.

Yo no sé si esa simpatía que siento por nuestro general es efecto de la neurosis que tengo y que me hace admirar los seres de condiciones y cualidades opuestas a las mías; pero lo que le aseguro es: que pocos hombres me han hecho una impresión tan grande como él.

Ya se ha marchado y no sé si volverá.

---

[51] Antonio Maceo y Grajales (1845-1896). Lugarteniente General del Ejército Libertador y una de las máximas figuras de la gesta independentista cubana.

Después de todo me alegro, porque las personas aparecen mejores a nuestros ojos vistas desde lejos.

Supongo que Carmela le habrá participado que Manolo se recibió[52] y se han ido a Remedios. Allí creo que están bien, sobre todo mejor que en La Habana.

Ana María me encargó que pidiera a París unos libros de Paul Bourget que usted desea y que no se encuentran en La Habana. Ya lo he hecho y vendrán de aquí a mes y medio o dos meses.

Hoy pienso ir a comer con ella y, como es natural, hablaremos mucho de usted.

No se puede usted figurar el deseo que tengo de volverla a ver.

Contésteme pronto y disponga de su amigo que mucho la quiere

Julián del Casal

P.D. Dispense el papel, la letra, el estilo y todo lo dispensable, porque estoy ocupadísimo y escribo al vapor.

&

La Habana, agosto 16 de 1890

Mi buena e incomparable amiga: Ayer recibí, por el vapor americano, una carta larga de usted, escrita con todo su corazón, la cual me ha revelado que me quiere usted mucho, lo que ya sabía, y que es usted muy desgraciada en ese país, lo que no me extraña, porque me parece que conozco su carácter y creo que el aislamiento en que se encuentra usted le es muy perjudicial.

Como usted no ha nacido para la soledad, no se puede acostumbrar a vivir entre gentes que, por su temperamento, por sus gustos y por sus

---

[52] Manuel Peláez se tituló de médico en 1890 e invitado por su tío Federico Laredo a Remedios, para que abriera allí consulta, este decidió trasladarse mejor al cercano poblado de Yaguajay, donde residiría con su familia en la calle Pedro Díaz n.º 13. Véase Seoane Gallo 1987: 113.

costumbres, son incapaces de comprenderla a usted, cosa que equivale
a estar solo completamente, más solo que en un desierto, es decir, tal
como se encuentra usted en esa población. De nada sirve que tenga usted
amigas, que salga con ella y hasta se divierta algunas veces. Eso no basta.
Esas amigas no son capaces de conocer el estado en que usted se encuentra
porque no lo han experimentado tal vez y así como un pobre no puede
ser amigo de un rico; un alma dichosa –o resignada, que es lo mismo,
porque la dicha consiste en saber resignarse–, no puede fraternizar con
un alma desgraciada.

Usted ha nacido para amar, con el alma abierta a todo lo grande, y
ha tropezado usted, tanto aquí como allá, con personas incapaces de
comprenderla a usted.

Por eso ha caído usted en el pesimismo que «la invade cada día con
fuerza mayor». Pero el pesimismo de usted no la debe desolar. Melchior
de Vogüé[53], uno de los primeros pensadores y moralistas de este tiempo,
autor de *Le roman russé*, libro que le recomiendo, divide a los pesimistas
en dos grupos: «el de los pesimistas materialistas, decididos a despreciar
a los hombres y sacar el mejor partido de ellos y el de los pesimistas dolo-
rosos y rebeldes que esconden una esperanza bajo sus maldiciones. Los
que han llegado a este último término de la evolución nihilista, dice el
autor citado, que están próximos a sentir una resurrección moral, porque
son almas que vagan en busca de una verdad [»].

¿Dónde encontrará usted esa verdad? Yo creo que en el amor a una
persona que usted quiera mucho y a la vez la quiera a usted o en el sacrificio de su vida a una causa noble como la de la patria, por la cual siente
usted como me ha dicho y probado, inmenso amor.

Yo, en cambio, no soy del primer grupo de pesimistas, pero del
segundo tampoco.

---

[53] Eugène-Melchior de Vogüé (1848-1910). Escritor, historiador, arqueólogo y
diplomático francés. Fue uno de los iniciadores del neocristianismo en Francia. Colaboró en el *Journal des Débats* y escribió, además de *Le roman russé* (1886), *Voyage au
pays du passé* (1876), *Les portraits du siècle* (1883), *Le manteau de Joseph Olénine* (1890)
y *Heures d'histoire* (1893).

Yo no creo en el amor ni en la religión, ni en la gloria, ni en la patria, no porque no ame a esta, sino porque conozco demasiado a los cubanos y los creo incapaces de muchas cosas. Sé que entre ellos los hay muy buenos, pero ¡son tan pocos!

Hasta hace poco tiempo el ansia de la gloria me alentaba, pero ya me he convencido que la gloria es una quimera como otras muchas. Ya no escribo con entusiasmo, sino por ganarme la vida y por demostrar que valgo un poco más que la mayoría de los que tengo a mi alrededor.

En fin, doblemos la hoja porque si empiezo no acabaría jamás.

Usted lo que debe hacer es consagrarse a escribir una obra o a estudiar una ciencia, esto es, a emplear en alguna actividad.

El trabajo es un gran consolador, sobre todo si se trabaja con fe.

Cuando usted estaba en La Habana, no era feliz, nunca lo he creído, pero estaba usted dedicada a una ocupación noble y elevada: a hacer la felicidad de un ser querido, la de Ana María. Eso la consolaba por lo menos. Además tenía una esperanza que la alentaba: separarse de Covielles e irse a Nueva York. Ese era su ensueño. Ya lo ha realizado y ahora siente usted la tristeza mortal que deja la posesión de nuestros ensueños.

Yo no sé si la he comprendido, pero creo que usted se muere de soledad.

Por el vapor que sale el 30 de este puerto, se embarca para ese una amiga mía, Charito Menocal, hermana del ingeniero que está haciendo el canal de Nicaragua y madre del pintor, del médico y del abogado. Le voy a dar una carta para usted, porque creo que simpatizarán ustedes.

Carmela me dice que Manolo está ganando dinero y que les va muy bien. Es la única satisfacción que tengo porque el dinero es lo único que les faltaba para ser felices.

Mándeme los retratos de Flaubert, de Baudelaire y de Wagner, pero ninguno más. Gracias anticipadas.

Contésteme pronto porque *sus cartas me hacen mucho bien* y disponga de su invariable amigo

Julián del Casal

P.S. ¿Ha leído usted *Un cœur de femme*, la última novela de Bourget?

&

La Habana, octubre 31 de 1890

Mi buena amiga: Antes que nada, debo manifestar a usted que su *furia* no tenía razón de ser, porque la última carta que usted me escribió la contesté de seguida. ¿No era una de dos pliegos iguales a este (en tamaño, no en calidad), en la que me hablaba de mi ingénita neurosis y de otras cosas?

Después de responderle, le envié una carta con la madre de Armando Menocal, presentándole a esta señora; pero ni ella ni usted se han dado por aludidas. Antes era usted más constante, pero ahora cada día *es más Julito.*

Veo que usted es la única que me comprende porque me ha dado el pésame por el folletín de *El País.* Yo hubiera querido hacerlos todos iguales al primero (¿o lo leyó?) pero no me dejan y quieren que siga las huellas de Fornaris[54]. ¿Qué vamos a hacer?

Aunque muchos me envidian por ese puesto, le aseguro que estoy en él por pura necesidad. Además de que no me gusta escribir sobre bailes, bodas, teatros, etc., no voy a ninguna parte, porque cada día comprendo mejor a la gente y me inspira más desdén. Casi todo el mundo para mí es de cristal. Veo perfectamente, al poco tiempo de tratarlos, lo que son.

---

[54] José Fornaris (1827-1890). Poeta cubano. Fue uno de los máximos exponentes de la corriente siboneyista, en la que alcanzó notoriedad, sobre todo, por sus *Cantos del Siboney* (1855). Fue codirector de *Floresta Cubana, La Piragua* y *Cuba Literaria.* La generación de Casal tuvo hacia él una actitud de distancia y recelo. En su busto de José Fornaris publicado en *Bustos y rimas* (1893), Casal apuntaría: «Las composiciones poéticas del autor de *Cantos del Siboney* han sido escritas en época distinta a la nuestra, bajo la influencia de aspiraciones diversas y de ideas extrañas a muchos hombres de la presente generación. El mundo ha sufrido grandes transformaciones y los poetas se han encargado de presentarlas en sus obras de distintas maneras. El corazón no alberga los mismos sentimientos ni el cerebro las mismas ideas. El cierzo del escepticismo que sopla en la atmósfera moral, se ha introducido en nuestro espíritu, helándonos las creencias que habíamos heredado de nuestros antepasados y que, como aves ateridas por el frío, han muerto acurrucadas en los rincones de nuestro corazón» (Casal 1963, vol. I: 278).

Este ejercicio lo he hecho desde que usted se fue y a veces constituye para mí una diversión el arrancar mentalmente las máscaras de los cómicos sociales. Otras veces me causa profunda repugnancia, porque como tengo enferma la sensibilidad, las llagas morales me provocan náuseas.

En resumen, que no quiero a nadie más que a usted, porque usted es la única que me comprende y la que me hace falta.

Mañana espero su carta ofrecida.

Suyo de todo corazón

Julián del Casal

P.S. Como Enrique se va a mudar, póngame esta dirección en lo sucesivo

Julián del Casal
Redacción de *El País*
Teniente Rey 39
Habana

¿Y Flaubert y Baudelaire?

La Habana, agosto 26 de 1891

Amiga Magdalena: Bajo la influencia de un tiempo infernal, aunque sin truenos ni rayos, lo cual indica que se aproxima el ciclón, contesto a la primera de usted, recibida ayer, y que, como todas las suyas, demuestra que no se olvida de mí.

Muchas gracias por el pensamiento, que llegó en perfecto estado, lo mismo que por su prontitud en buscarme *Galatea*. Es probable que no la encuentre, porque Gustavo Moreau[55] es pintor que tiene muy poca fama y solo es apreciado por algunos artistas nada más. Después que usted se fue

---

[55] Gustave Moreau. Véase «De los correspondientes». *Galatée* es un óleo realizado por el pintor francés en 1880.

vi en un periódico la *Galatea*, muy mal reproducida, pero lo bastante para que yo recordara el cuadro que lo vi en Madrid. En lugar de la *Galatea*, trate de ver si me consigue *Le toréador mort* de Édouard Manet[56], que es un cuadro moderno que deseo ver, porque Zola lo celebra mucho.

Esta semana no le mando *La Habana Elegante* porque no se ha publicado en virtud de que agosto tiene 5 domingos. El 30 se publicará el último número del mes y del periódico que no se publica más. En su lugar saldrá una revista titulada *La Habana Literaria*, dirigida por Alfredo Zayas[57] y Enrique. Creo que escribiré en ella, pero todavía no lo sé. Le mandaré el último número de *La Habana Elegante*, donde pienso publicar diez sonetos inspirados en diez obras de Gustavo Moreau.

La pintura de usted se encuentra en perfecto estado y cada día la encuentro mejor y me proporciona el doble placer de su contemplación y de recordarla a usted[58].

Nada de nuevo ha pasado después del viaje de usted, como no sea el hallazgo de prendas de Santana en la letrina de una casa de la calle de Picota.

Sin otro particular, consérvese buena y disponga de su buen amigo

Julián del Casal

La Habana, junio 3 de 1892

Amiga Magdalena:

Usted siempre tan cariñosa, tan noble y tan buena! No puede usted imaginarse el bien que me han hecho las afectuosas palabras de su carta

---

[56]   Se refiere a una reproducción del cuadro que el artista francés (1832-1883) pintó probablemente en 1864.

[57]   Alfredo Zayas y Alfonso (1861-1934). Abogado y político cubano. Miembro del Partido Autonomista, ingresó posteriormente al Partido Revolucionario Cubano (1895). Llegó a ser Alcalde de La Habana y presidente de la República entre 1921 y 1925.

[58]   Magdalena Peñarredonda pintaba, de modo que casi con seguridad Casal se refiere aquí a una obra suya, y no a un retrato de ella.

de ayer. Después de leerlas y releerlas me he sentido muy tranquilo (menos histérico, diría usted), porque es siempre grato saber que, aunque bastante lejos, hay seres queridos que se acuerdan de uno y por generosidad de alma pretenden consolarnos de nuestras tristezas, histericosas o lo que usted quiera, pero tristezas al fin que, como las mayores de la vida, nos arruinan el espíritu y nos desgarran el corazón.

Junto con estas líneas, recibirá usted un número de *La Habana Literaria*, donde podrá leer el interesantísimo y galano artículo que usted me mandó hace días[59]. Tanto le ha gustado a Zayas, que me pidió las señas de usted, pues quiere escribirle para demandarle no sé qué cosa. Yo las fui a buscar a casa de Isabelita, porque se me habían perdido, y se las llevé de seguida. Supongo que hoy mismo le habrá escrito a usted. También se las envié a Carmela, que hace tiempo me las pidió. ¿Sabe usted que estoy próximo a ser tío por la tercera vez?

Me alegro que no haya encontrado a quien prestar mi libro, pues tenía la misma opinión que usted de la colonia cubana de esa ciudad y me causaría grandísimo disgusto saber que a [sic] algún miembro de ella simpatizaba conmigo. Yo le mandé, como le dije, veinte ejemplares a Trujillo y casi me alegraría que no vendiera uno solo de ellos.

¿Qué proyecto tiene usted que puede darnos dinero? A mí no se me ocurre absolutamente cuál pueda ser. Pero desde ahora le digo que si no ha inventado algún medio nuevo de moler azúcar o una manteca desconocida debe desistir de él.

Cuídese mucho para que venga en diciembre y disponga incondicionalmente su affmo amo

Julián del Casal

---

59 No se ha podido hallar el texto, publicado, de acuerdo con la fecha de la carta, antes del 3 de junio de 1892, pero sí uno firmado también por Elga Adman –como se ha dicho, anagrama de Magdalena–, con el título «El presidente Harisson», en *La Habana Literaria*, 30 de agosto de 1892: 84-87.

[Sin fecha, ¿1893?]

Amiga Magdalena

Antes que nada, muchas gracias por todas sus atenciones, tanto a usted como a Panchito y a Elica.

Como ayer me dio fiebre, mandé a buscar a una hermana, pero no vino la misma, sino otra que es muy buena también.

Gracias a dos cáusticos creo que, por ahora, he vencido este tumor.

Me han dicho que María Luisa Chartrand tuvo uno igual que se le reprodujo nueve veces.

Hoy no vino Pancho Zayas, pero mandó a su yerno. Yo creo, por ciertas cosas que te contaré, que no quiere ya asistirme y que trata de dejarme en libertad para que llame otro médico. No por eso deja de ser un santo para mí

Suyo affmo.

Julián del Casal

A Inés Goyri[60]

Sra. D. Inés Goyri condesa[61] de Balboa[62]

La Habana, noviembe 24 de 1881

Muy Sra mía: He recibido vuestra atenta carta, y estoy muy agradecido del inmenso favor que me dispensáis, interesándoos por mí.

Solamente he notado con disgusto que me tratáis de Ud; esto me ha causado gran extrañeza, puesto que me habéis visto nacer y fuisteis siempre una de las predilectas amigas de mamá (L E D) y aun lo sois de mi querida tía Matilde. Hoy aunque he aprendido a ser hombre en mis acciones, en todo lo demás soy el niño de antes.

---

[60] Véase «De los correspondientes».

[61] Luego marquesa, a raíz del título concedido a su esposo Pedro José Navarro de Balboa, en 1882. Véase Laguna Enrique 2013: 1025-1029.

[62] Véase nota 2 de la página 17.

Creo que podré tener el gusto de haceros una visita a principios del mes entrante que vendrá mi tía a la Habana.

Si en algo puedo serviros, me tenéis á vuestra disposición en la calle de Luz # 30.

a.v.p. y s.s.
Julián de Casal

Destinatario Casal

De Carmela del Casal

Academia de la Visitación, diciembre 5 de 1880[1]

Querido hermano: Hoy he recibido tu carta y por ella veo que no pareces un estudiante sino un abogado, pues según veo sirves para ello.

Aunque jamás seas vanidoso ni pedante como te tiene dicho papá, acuérdate de lo que sucedió a los que quisieron hacer la torre de Babel.

Siempre sé estudioso para darle gusto a papá y a esta tu querida hermana que sabes nunca te olvida y te envía un abrazo

Carmen

&

De Rubén Darío[2]

Guatemala, mayo 14 de 1891

Sr. Dn Julián del Casal

---

[1] Véase nota 2 de la página 15.

[2] Véase «De los correspondientes». Acerca de la amistad y relación literaria entre Darío y Casal pueden consultarse: Julián del Casal: «Rubén Darío» («Azul» y «A. de Gilbert»), *La Habana Literaria*, año I, t. I, n.º 5, La Habana, 15 de noviembre de 1891, p. 97; y «Rubén Darío» (Para Enrique Gómez Carrillo, en París), *La Habana Elegante*, año IX, n.º 2, La Habana, 15 de enero de 1893, p. 6-7; Rubén Darío: «Julián del Casal», *La Habana Elegante*, año X, n.º 1, La Habana, 7 de enero de 1894, pp. 6-7; «Julián del Casal» (Carta a Enrique Hernández Miyares), *La Habana Elegante*, año X, n.º 24, La Habana, 17 de junio de 1894, pp. 4-5; «Visita a Casal», *El Fígaro*, año

Mi querido amigo, por su carta de 22 de marzo veo que Ud. recibió mis *Azules*, pero no mi carta en que le explicaba el porqué recibía Ud. tan tarde la respuesta a su primera, amable y cariñosa. Amigo mío, la guerra! Mi esposa en El Salvador, yo aquí. Tuvo que pasar largo tiempo para que ella pudiese venir, y con ella gran cantidad de correspondencia, entre la que, felizmente, encontré sus preciosas *Hojas al viento* y sus letras tan bien sentidas.

Esta segunda carta suya me ha llenado de especial satisfacción y ha acabo [sic] de afianzar una amistad verdaderamente fraternal a través de la distancia. Es un cariño hondo y razonado. Te quiero, porque te comprendo. Nada más. Esto es sencillo y muy hermoso. Pero todavía es aún más raro. Ud. para mí es hermano de Pedro Balmaceda[3]. Estos

---

XXVI, n.º 44, La Habana, 30 de octubre de 1910, p. 558; y «Recuerdos de La Habana. El general Lachambre», *Prosa dispersa*, Tipografía Yagües, Madrid, 1919, pp. 87-90; Esperanza Figueroa: «Julián del Casal y Rubén Darío», *Revista Bimestre Cubana*, vol. L, n.º 2, La Habana, sept.-oct., 1942, pp. 191-208; Ángel Augier: «Julián del Casal en el contexto del modernismo hispanoamericano», en Julián del Casal: *Páginas de vida. Poesía y prosa*, Fundación Biblioteca Ayacucho, Caracas, 2007, pp. IX-XLVIII; y «Presencia de Julián del Casal. Rubén Darío en Cuba», *Cuba en Darío y Darío en Cuba*, Editorial Letras Cubanas, La Habana, 1989, pp. 101-170; Zamudio 1999; y Giordano 1999.

[3] Según Ángel Augier, Pedro Balmaceda Toro (1868-1889), «poseía selecta biblioteca de autores franceses que fueron una revelación para Darío, y recibía las más importantes revistas literarias de Francia y de otros países» (Augier 2007: xvi). A Balmaceda dedicaría Darío su *A. de Gilbert,* seudónimo que utilizaba el joven escritor chileno, y sobre él recordaría asimismo en su *Autobiografía*: «No ha tenido Chile poeta más poeta que él. A nadie se le podría aplicar mejor el adjetivo de Hamlet: "Dulce príncipe". Tenía una cabeza apolínea sobre un cuerpo deforme. Su palabra era insinuante, conquistadora, áurea. Se veía también en él la nobleza que le venía por linaje. Se diría que su juventud estaba llena de experiencia. Para sus pocos años tenía una sapiente erudición. Poseía idiomas. Sin haber ido a Europa sabía detalles de bibliotecas y museos. ¿Quién escribiría en ese tiempo sobre arte sino él? ¿Y quién daba en ese instante una vibración de novedad de estilo como él?» (Rubén Darío: *Autobiografía.* Vol. XV de las *Obras Completas*, Administración Editorial «Mundo Latino» Madrid, 1913, p. 56).

afectos basados en un doble cimiento, por el corazón y por la cabeza, no pueden ser sino duraderos, nobles y profundos.

Agradezco que haya puesto en manos del Sr. Cay[4] el ejemplar que le iba dedicado. El otro, era en efecto, para el Director de *La Habana Elegante*, a quien dediqué «Caupolicán», desde que lo publiqué en *La Unión*, cosa que él supongo no sabía.

Por ese mismo correo que a Ud. le llevó esos tres ejemplares, envié varios más a La Habana. Uno al Sr. Valdivia a quien mucho admiro y aprecio; otro al señor Bonafoux[5], a quien le tengo miedo pero a quien pretendo el lado bueno de haber sido fisgueado por *Clarín*, su grande y buen amigo. –*Clarín* encuentra gracioso que me llame Rubén; por lo cual me dice «don Zabulón»–; y otro a mi viejo amigo Zambrana[6] que sé reside en esa capital. Por medio de J. J. Palma[7] le remití también un ejemplar a Manuel de la Cruz[8].

No sé si lo habrá recibido.

---

[4] Raoul Cay Deville (1862-¿?). Redactor de *El Fígaro*. Hermano de María Cay y amigo de Rubén Darío, quien le dedicó «Los centauros» (*Revista Azul*, México, 15 de marzo de 1896: 284).

[5] Luis Bonafoux (1855-1918), periodista y escritor español nacido en Francia, también conocido como La Víbora de Asnières, por su vena satírica y el carácter mordaz y polémico de sus textos, se desempeñó algún tiempo como funcionario del gobierno colonial en La Habana. Es famosa la polémica que sostuvo con Leopoldo Alas *Clarín*, a quien acusó de plagiario.

[6] Antonio Zambrana (1846-1922). Abogado y escritor cubano. Fungió desde 1881 como ministro plenipotenciario de Costa Rica en Nicaragua. Miembro del Partido Autonomista, fundó el periódico *El Cubano*, que dirigió hasta 1887. Entre sus libros se hallan *El negro Francisco* (1873), *La República de Cuba* (1873) e *Ideas de estética, literatura y elocuencia* (1896).

[7] José Joaquín Palma (1844-1911). Poeta y patriota cubano. Fue uno de los principales redactores de *El Cubano Libre* y ayudante y hombre de confianza de Carlos Manuel de Céspedes. Fue amigo de Rubén Darío, quien le dedicó uno de los cinco «Medallones» que este adicionó a su segunda edición de *Azul*.

[8] Manuel de la Cruz (1861-1896). Crítico, narrador y patriota cubano. Autor de *Episodios de la Revolución Cubana* (1890) y *Cromitos cubanos* (1892), al estallar la guerra del 95 se unió a la redacción de *Patria*, en la que laboró hasta su muerte. A Casal dedicó Manuel de la Cruz uno de los textos de sus *Cromitos*.

Me dice Ud. que ha pedido a Chile mi *A. de Gilbert.* Es allá más raro ese librito, que en La Habana. Lo he encargado a San Salvador para enviárselo. Vale muy poca cosa. Lo único que hay en él que le abona, es que es una obrilla *sentida.*

He visto mucho de lo nuevo suyo. Cada vez son sus versos de Ud. más fascinadores. Tienen una novedad y un encanto singulares. El nombre de Julián del Casal será colocado entre los de los pocos grandes artistas de la lengua española. Eso sí, Ud. debe estar sufriendo por más de un motivo. Pero Ud. siquiera está en un centro digno de su trabajo! Busque sus amigos en la aristocracia literaria. Cuídese de las medianías!

Entre lo que de Ud. he leído últimamente sobresale el admirable «Kakemono» que ofreció a María Cay[9], digno de Tsounenobon[10]. Mándeme todo lo que publique. Crea en el cariño y en la fraternal amistad que le ofrece su afmo.

Rubén Darío

&

Mi querido amigo,
Hasta hoy le escribo de Costa Rica, donde he permanecido más de lo que creí a mi llegada. La situación de mi señora –que pronto me convertirá en padre y muy señor mío[–], ha hecho que yo me quede por algunos meses en este país, antes de partir para Nueva York donde resueltamente fijaré mi residencia.

No tengo a la vista la última carta de Ud. que recibí en Guatemala, pero recuerdo que en ella me habla de dos que me dirigieron los Sres.

---

[9] Véase «De los correspondientes». «Kakemono», fue publicado con ese título en *Nieve* y antes, en *La Habana Elegante* (22 de marzo de 1891) con el de «Pastel japonés. A María Cay».

[10] Posiblemente aluda a Minamoto no Tsunenobu (1016-1097), poeta y cortesano japonés que vivió en la segunda mitad de la era Heian.

Hernández M. y Cay. La del culto y artista don Raoul recibí. La de nuestro estimadísimo D. Enrique no me llegó.

La Habana Elegante no me ha vuelto a visitar desde hace muchos números. El último que recibí, fue el que traía mi artículo sobre el amigo Joaquín Palma[11].

A Zambrana le acabo de ver en esta ciudad, a donde está recién llegado. Por él supe que *La Habana Literaria* ha sucedido a *La Habana Elegante*[12]. Alégrame el advenimiento de una nueva revista, que tiene que ser valiosa puesto que la dirige el Sr. H. Miyares y Ud. colabora en ella. Pero siento que haya desaparecido mi buena, mi excelente amiga que me dio a conocer en el público habanero.

Espero me remita todo lo suyo nuevo, y todo lo impreso literario que le sea posible. Creo que a principio de año será mi partida a EE.UU. Entonces estaremos más cerca, y podremos comunicar con más frecuencia.

¿Ha publicado Manuel de la Cruz sus *Cromitos*?

Pronto le mandaré algo nuevo mío.

No me eche en olvido. Escríbame largo. Hoy no lo hago yo así, porque en este momento me anuncian que la vecina población de Cartago sufre una horrible inundación de agua y lodo, por causa de lluvias que han acrecentado un río; y voy a la calle, a saber noticias.

Recuerdos a D. Enrique y a Raoul Cay.

Suyo, fraternalmente,
R. Darío

San José de Costa Rica
Hotel Internacional
Octubre 29

---

[11] «José Joaquín Palma», *La Habana Elegante*. La Habana, 27 de junio de 1891.

[12] Desde septiembre de 1891 *La Habana Elegante* se había refundido con *La América,* bajo el nombre de *La Habana Literaria* y no reaparecería de forma independiente sino hasta el 8 de enero de 1893.

&

[Membrete: «"Diario del Comercio" / Oficina 7ª avenida, O., nº 150 / Correo: apartado 403 / San José Costa Rica»]

Mi querido amigo,
No sé si le envié por el vapor pasado una cartita que escribí después de leer su admirable artículo Rubén Darío[13].

Me refería a esa preciosa obra de mi hermano Julián a quien tanto quiero y a quien no he visto nunca sino en la humorada de Mecachis. Y a propósito decía a Ud. que *El Perú Ilustrado* es un mentiroso. A Ud. lo japonizó en el traje el artista español y a mí en la cara la revista limeña. *La Habana Literaria* no hizo más que rejaponizarme[14] y yo protesto. Dígale al Señor Hernández M. que no quiero que los habaneros y sobre todo las habaneras me tomen por un nipón en cuerpo y alma.

Le envío mi fotografía como un recuerdo. Es de Valiente, nuestro mejor fotógrafo.

El ejemplar de *La Habana Literaria* en que viene su artículo se me ha perdido. ¿Sería Ud. tan amable que junto con los nuevos me repitiese otro número de aquellos?

Debe recibir Ud. una revista, la *Revista de Costa Rica*, y un diarito, el *Diario del Comercio*; en ambos tomo parte activa, junto con mi amigo el poeta Justo Facio[15], *uno de los nuestros.*

Ahí le incluyo unos versos de este bravo poeta, para que le conozca y estime.

También unos míos que le he dedicado y que creo serán de su agrado.

Mándeme todo lo que publique. De Raoul Cay no he vuelto a ver nada.

---

[13] «Rubén Darío» («Azul» y «A. de Gilbert»), *La Habana Literaria*. La Habana, 15 de noviembre de 1891.
[14] Se refiere al retrato suyo que acompañaba el artículo de Casal aludido en esta misma carta.
[15] Véase «De los correspondientes».

No me eche en olvido. Y crea que le quiere muy de veras su fraternal amigo.

Rubén Darío

San José de Costa Rica, dbre. 27 de 1891

&

Felicísimo Año Nuevo! mi querido amigo.

Acabo de leer, hoy, primero del año de 1892, los últimos números de *La Habana Elegante* (que de gloria y fama goce!).

He gozado infinitamente con los versos de Ud. a *nuestro* rey, Luis de Baviera[16].

Asimismo con dos joyeles literarios que me dedican nuestros buenos amigos Hernández M. y Cay.

De *La Habana Literaria* no he visto sino los números a que me refiero en mi carta anterior; con la cual debe Ud. haber recibido mi retrato.

Creo que en esa carta dije a Ud. que tenía ya un chiquillo. Si no se lo dije, sépalo ahora, que está a sus órdenes.

Ha publicado ya Manuel de la Cruz sus *Cromitos*?

Hágame el servicio de dar las gracias al magistral escritor señor Gálvez por su juicio corto pero excelente y bondadoso, sobre mi *Azul*[17].

Y escríbame, aunque sea corto; como lo hace hoy, obligado por sus tareas del diario, su amigo que le quiere mucho

Rubén Darío

---

[16] Luis II de Baviera (1845-1886). Príncipe bávaro de la Casa Wittelsbach y rey de Baviera de 1864 a 1886. También llamado el *Rey Loco*, fue un apasionado de las artes y mecenas de Richard Wagner. Los versos son los de «Flores de éter» que Casal dedicó «A la memoria de Luis II de Baviera» y que vieron la luz en *La Habana Elegante* el 5 de julio de 1891.

[17] Se refiere a Wen Gálvez (1891): «*Azul*, por Rubén Darío». En *La Habana Elegante* IX (30), 16 de agosto: 5.

P.S. Le remito para *La Habana Literaria* las pruebas de una parte de un libro, que con el título de *Páginas íntimas*, publicará pronto mi amigo el notable escritor Centro-Americano D. Pedro Ortiz[18].
Si le gusta, publique dicho trabajo.
También van dos medallones de Facio.

&

San José, marzo 10 de 1892

Mi muy querido Julián, su carta del 23 de enero fue para mí un regalo de año nuevo, que ni traído por Puck! Usted se ha hecho para mí un miembro de mi familia; digo mal: aunque tengo bastante familia, en el fondo de mi corazón solo mi mujer, mi chicuelo y usted pertenecen a ella. Porque… ¿pero para qué salirle ahora con historias grises? Algún día [¡]Dios ha de querer que no esté lejano! tendremos muchas muchas confidencias, y, es indudable, ambos quedaremos felices y consolados. ¿No recibió Ud. mi retrato? Esto quiere decir que el Correo en Cuba y en Centro América está a un mismo nivel. Ya le enviaré otra copia certificada. Hoy no lo hago porque todas las que saqué en casa de Valiente, se me concluyeron. El suyo adorna mi saloncito de pobre, en lugar preferente, y rodeado de las siguientes reproducciones fotográficas: un busto de Apolo, el Amor y Psiquis, otra obra de Canova; dos bellos grupos de la escuela alemana y una Venus de Milo. Abajo hay un abanico desplegado, nipón legítimo, yo se lo aseguro; de los que ha traído a C. Rica un señor Herrero, comerciante recién llegado de Asia. Recibí la colección de *La Habana Literaria*. En mi carta anterior le hablo de su lindo artículo. Ah, y vea Ud: los periodicuchos de que me hablan no serán de El Salvador?, porque allí es donde han estado unos cuantos servidores

---

[18] Pedro Ortiz (¿?-¿?) escritor y periodista nicaragüense que, radicado en Costa Rica, fundó junto con Enrique Guzmán el periódico *El Día*.

de los tiranos Ezeta[19] atacándome, porque cumplí con mi deber; porque escribí la «Historia negra»[20], narración verídica de la traición del 22 de junio. Mas no hablemos de esos infames. Hay unos cuantos periodistas extranjeros —porque todo lo brillante del Salvador ha emigrado— que tienen en sus manos toda la prensa. Salvadoreños sin vergüenza también hay, como un horrible poeta, llamado Miguel Plácido Peña, un asesino y perdulario, que escribe chascarrillos, y que se nombra Manuel Mayora, y un zopenco, el más horrendo de los poetastros, que se firma Adolfo Castro. Se los señalo por si acaso. Me la pagarán. Porque, desgraciada o felizmente, yo tengo un defecto heineano, me agrada perdonar a mis enemigos... después de verlos ahorcados. Pero subamos al azul de su carta. De mis libros no tengo más que *Azul* y *A. de Gilbert. Abrojos* no hay en Centro América. La edición se agotó en Chile. En La Habana hay un ejemplar. Creo que Hernández M. lo tiene; y digo esto, porque en *La Habana Elegante* publicaron un artículo respecto a ese libraco mío, y si no me equivoco, lo firmaba Enrique Hernández Miyares. *Emelina...* ruego a Dios que jamás llegue a sus manos. Es un delito literario. Fue una novela escrita para ganar dinero, para sacarnos mi colaborador Poirier[21] y yo, los mil pesos del premio en un certamen. Y no nos sacamos nada, sino los gastos de la edición y una buena y respetable pérdida[22]. Si llega Ud. a ver *Emelina* le suplico que no la lea y huya de quien la tenga! *Rimas* es un cuadernito de versos a lo Bécquer y Heine. Cosas pasadas. Siento no tener tampoco ejemplares. Todo eso pasó en Chile, y entre Chile y Centro América hay las mismas relaciones literarias que entre La Habana y el Congo. Y a propósito, que no se figuren los escritores habaneros que

[19] Carlos Ezeta (1855-1903), político y militar salvadoreño, protagonizó el golpe de estado que puso fin en 1890 al gobierno de Francisco Menéndez y originó la guerra de El Salvador con Honduras y Guatemala.

[20] «Historia negra» es la narración —publicada por Darío en *La Nación* de Buenos Aires— de los sucesos del 22 de junio, que produjeron el mencionado derrocamiento del presidente Menéndez.

[21] Eduardo Poirier (1860-1924). Escritor y diplomático chileno. Escribió con Rubén Darío la novela *Emelina* (1887).

[22] El certamen de marras, Varela, fue convocado por *La Unión* de Valparaíso.

en Centro América hay algo que valga la pena intelectualmente. Es decir hay uno que otro, dos, tres, cuatro, seis lo más, mirlos blancos. Pero se acabó. Yo vivo aquí haciendo: uff. Me ahogo. Y si no me voy pronto a Venezuela, o al Japón, o al Infierno, me suicidaré precipitándome en el cráter del Irasú, o abriéndome el vientre como un samurái. Le envío *A. de Gilbert*, certificado, según justamente me indica, para evitar rapiñas de correo. Mi viaje a New York, frustrado. Sí, conozco al joven Serpa Pimentel. Es muy simpático, viste muy bonito, me hablaba mucho del *mundo* habanero. Yo lo quería porque iba a aturdirle con preguntas respecto a *mi gente* de La Habana.

Usted no puede venir, ni yo puedo ir. Sin embargo, he aquí que nos conocemos admirablemente, nos queremos, nos comprendemos. Esto que ha pasado entre Ud. y yo, me ha demostrado una vez más la existencia del alma. Metafísico estoy? Es que… si su *pobreza* es inverosímil, la mía tiene tres grados más! Lo menos. Yo tampoco me quejo de ella mucho; y sobre todo no pierdo nunca la esperanza de que algún día mi camisa sea la camisa del hombre feliz[23]. Dígame, no le llegaron mis versos dedicados a Ud. «El clavicordio de la abuela»? Hoy le incluyo algo nuevo. De ese poemita indígena no estoy muy satisfecho, pero se lo envío. La «Historia de un sobretodo» creo que puede agradar en La Habana.

Me alegro infinito que don Manuel de la Cruz haya variado de opinión. Yo creo que él, cuando escribió el Cromito de nuestro común amigo Palma, no había leído de mí sino «La cabeza del Rawí», o algunas décimas de mi primer manera, de cuando yo tenía diez y seis o diez y ocho años[24]. «La cabeza del Rawí», todo aquello a que me refiero tiene

---

[23] Esta metáfora de la «camisa» la empleará también Darío en su soneto «Melancolía», entre cuyos versos se lee: «Ése es mi mal. Soñar. La poesía /es la camisa férrea de mil puntas cruentas /que llevo sobre el alma. Las espinas sangrientas /dejan caer las gotas de mi melancolía» (Darío 1989: 366.)

[24] No hay en el texto de Manuel de la Cruz sobre José Joaquín Palma, incluido en *Cromitos cubanos*, ni en «José Joaquín Palma. Boceto», publicado en la *Revista Habanera* (La Habana, 18 de marzo de 1883), ninguna referencia a Darío. No obstante, donde sí aparece mencionado el poeta nicaragüense es en el cromito sobre Aniceto Valdivia: «No es el suyo [apunta Cruz] el caso de Rubén Darío, ni el de Manuel Gutiérrez

de publicado por lo menos siete años. Y yo nací el 18 de enero de 1867. Cuando aparezca el libro del señor de la Cruz, remítamelo.

Mándeme cualquier papel impreso literario de La Habana. Aquí uno encuentra nada más que el *Diario de la Marina* en la Biblioteca nacional, y yo tengo sed de leer todo lo de esa bella isla. No le exijo el delicioso *Fígaro*, pero sí siempre, lo que me corresponde de derecho, es decir *La Habana Literaria*, tan bella!

En cuanto retrate al chico le enviaré copia. ¡Buena broma le he dado y le seguiré dando a mi mujer con lo de Madame Daudet…!

Dé mis recuerdos a los E. H. Miyares y Cay; –y abrazándole más fuertemente que Ud., desde aquí, soy suyo,

Rubén Darío

[Telegrama, 1892]

Al Sr. Dn. Julián del Casal
Habana Literaria

julio 25, 8 ma.

Buenos días poeta, voy para España.

Pronto nos veremos.
Rubén Darío

Nájera, que mejor que adherentes parecen y se producen como si fuesen células en la cerebración francesa» (Cruz 1975: 215).

Madrid, agosto 24 [de 1892]

Mi querido Julián,

Madrid excelente. Las mujeres, divinas. Rueda[25] te quiere mucho. Hay en el Palacio Real una figura desnuda de piedra negra, que es un tesoro. Mándame números de periódicos viejos en que haya algo mío. Entre la juventud –*jeunesse*– de las letras, he caído bien. Mándame sobre todo «La risa» y la «Sinfonía en gris»[26]. Y no tengo más tiempo. Te abrazo, y abraza por mí a todos los buenos amigos de La Habana.

A Pichardo[27] que en el otro correo irá artículo sobre Villoch[28]. No será muy largo.

A Enrique que si por fin sale *La Haba*[na] *Elegante*, para mandarle algo inédito de Rueda, Pérez Viera y mío.

A Valdivia, a mi simpático y sabidor Valdivia, que en cuanto acabe de leer el último libro de Mendès[29] se lo mandaré. Se llama *Le soleil de París*, con dibujos abracadabrantes de Metivel [sic][30].

Y nada más, hijo, porque se va el tren de veras.

El libro de versos que publicaré aquí se llamará *Canciones de España*. Tuyo de corazón.

Rubén

---

[25] Salvador Rueda. Véase «De los correspondientes».

[26] «Sinfonía en gris mayor».

[27] Manuel Serafín Pichardo (1863-1937). Poeta y periodista cubano. Fundador, con Ramón A. Catalá, de *El Fígaro*. Fue secretario de la Legación de Cuba en Madrid y Consejero de la Embajada de Cuba en esa misma ciudad.

[28] Federico Villoch (1868-1954). Poeta, periodista y dramaturgo cubano. Representó en los teatros capitalinos Lara y Alhambra, y en otros del interior del país, más de cuatrocientas zarzuelas y sainetes, entre ellos: *La casita criolla*, *La isla de las cotorras* y *La danza de los millones*. Como poeta publicó *A la diabla* (1893), con prólogo del *Conde Kostia*.

[29] Catulle Mendès (1841-1909). Poeta y novelista francés. Fue redactor de la *Revue fantasiste* y de *L'Art*. Entre sus obras figuran *Philomèle* (1865), *Hésperus* (1869), *Contes épiques* (1870) y *Poésies de Catulle Mendès* (1892). De Mendès tradujo Casal algunos poemas para *La Habana Elegante*, *El Fígaro* y *La Discusión*.

[30] Lucien Métivet (1863-1932). Pintor, ilustrador y escritor francés. Ilustró textos de Victor Hugo, Maupassant, Catulle Mendès y fue colaborador de *La Vie Parisienne*, *Le Rire*, *Le Journal Amusant* y *Le Figaro Illustré*.

&

La Guaira[31]

Mi estimado amigo,
además de rogarte que tengas gran cuidado en revisar, pulir y corregir
mi artículo sobre Rueda, te encargo que le quites el párrafo de *Clarín*,
o el adjetivo *feroz* que a él se refiere.

Hemos tenido un viaje bueno.
Los versos del «Cisne», tienen esta dedicatoria: *A Madame la Marquise
de Pxxx*. Díselo a Enrique.
Mándame inmediatamente periódicos, artículo de que hablamos,
etc., a León, Nicaragua.
Así mismo el libro de Manuel de la Cruz
A Pichardo, que sentí mucho no verle y que me diga qué hay de edición
del libro *en forma de eucologio*. Yo le autorizo el *imprimandetur* [sic][32].
Mil recuerdos al Sr. del Monte y que le agradecería me enviasen *El País*.
Asimismo a Raoul.

Te saluda tu afmo. s.s. y amigo
R. Darío

---

[31] Es posible que esa nota haya sido redactada en diciembre de 1892. Ángel
Augier precisa que Darío salió de La Habana el día 6 de ese mes, luego de su retorno
de España, «en el vapor México —el mismo que lo trajo a La Habana en julio–, y
que tenía un recorrido interesante: Santiago de Cuba; La Guaira y Puerto Cabello
en Venezuela; Santa Marta, Sabanilla y Cartagena de Indias en Colombia —que fue
donde desembarcó Rubén–, y finalmente Colón, en Panamá» (Augier 1989: 135).
[32] No se ha logrado determinar a qué libro en específico alude Rubén Darío, pero
resulta interesante anotar que el autor empleó una expresión idéntica refiriéndose a
los *Versos sencillos* (1891) de José Martí, en su texto dedicado al cubano en *Los raros*
(1896): «Los *Versos sencillos*, publicados en Nueva York, en linda edición, en forma de
eucologio, tienen verdaderas joyas» (Darío 1952: 199).

&

[Membrete: «Hotel Jefferson, / Formerly Hotel Dam, / 106 East 15 th Street, New York, / 2 doors East of Union Square. / John Chatfield, Prop.».]

New York, junio 9 de 1893, viernes

Mi querido Julián, el hombre de las muletas de níquel[33] es una creación extraña, bella y tuya, muy tuya. Tus últimos versos adorables, y los que yo entendí, los de a bordo, hermosos y terribles.[34]

No le digo nada de mi vida; solo que he sufrido mucho y que ella es una novela amarga y curiosa.

Voy a París, por ocho días. Cómo quisiera que fuéramos juntos. Hablaré de ti con Huysmans[35], con Verlaine y con toda aquella gente joven que conoce Enrique Gómez[36]. De París voy a vivir a Buenos Aires, como Cónsul General de Colombia. Escríbeme y no te olvides que soy tu amigo, mi pobre y terrible enfermo! Ves lo que dijo de tu libro Verlaine?[37] Lo que yo te decía: cree, cree, cree. Y si crees te vamos a querer más aquel divino puerco, y yo; que no soy divino, pero que no soy puerco. Mándame tus cartas y una colección de *La Habana Elegante*. Sr. D. R. D. Cónsul General de Colombia, B. Aires, Repca. Argta.

Y recibe dos abrazos, uno para Enrique Hernández y otro tuyo. Recuerdos a Raoul y demás.

Rubén

---

[33] «Seres enigmáticos. El hombre de las muletas de níquel», *La Habana Elegante*, 12 de febrero de 1893.

[34] Darío alude seguramente a «Páginas de vida», aparecido en *La Habana Elegante* el 22 de enero de 1893.

[35] Joris-Karl Huysmans. Véase «De los correspondientes».

[36] Enrique Gómez Carrillo. Véase «De los correspondientes».

[37] El comentario de Paul Verlaine sobre *Nieve* se conoció a través de la carta de Enrique Gómez Carrillo a Casal, de abril de 1893, recogida en esta edición.

De Enrique Gómez Carrillo

[Membrete: «La Familia / Edición Española de / "La Familie" / Gran Revista Parisiense Ilustrada / de / Literatura y Modas / 5, rue de la Perle, 5 / París / Dirección».]

París, enero 25 de 1893

Querido amigo:

Su carta del 15 me ha proporcionado uno de los más grandes placeres que un literato puede gustar: el de querer a quien se admira.

Yo también tenía la intención de escribirle, pero quería, al mismo tiempo, mandarle un artículo que tengo en preparación sobre esa *Nieve* morena y pura que desde hace algunos meses me deleita. Los artistas no tenemos necesidad de presentaciones. Leyéndonos nos conocemos y cuando llegamos a encontrarnos no hacemos sino reanudar las conversaciones ideales que discutiéndonos tenemos eternamente.

Usted me era familiar desde hace algunos años; usted fue uno de mis primeros maestros; mi familia liraria [sic] de América se compone de cuatro o cinco artistas entre los cuales está Ud., Rubén, José Tible[38] y Gutiérrez Nájera. El autor de *Azul* es mi verdadero padre; a los demás los considero como a hermanos mayores a cuyas lecciones y a cuyo ejemplo debo lo poco que valgo y lo poco que soy. Sin ustedes me habría perdido entre los tiquis-miquis gramaticales de mi amigo *Clarín* y del buen *Fray Candil*[39]. Más aun: si me encuentro hoy en París viviendo la vida de los poetas jóvenes es gracias a Darío. Él me hizo admirar la literatura francesa y la vida de París. Por él hice lo que él mismo no ha osado nunca hacer; es decir abandonar a mi familia y venirme a buscar fortuna en esta gran

---

[38] José Tible (¿?-¿?). Escritor guatemalteco. Fue tío de Enrique Gómez Carrillo y reportero con él de *El Correo de la Tarde*.

[39] Emilio Bobadilla, *Fray Candil* (1862-1921). Crítico y escritor satírico cubano. Autor de *Sal y pimienta* (1881), *Capirotazos* (1890) y *Triquitraques* (1892), entre otros, colaboró en publicaciones nacionales y extranjeras como *La Habana Elegante*, *Revista Cubana*, *Madrid Cómico*, *La Nouvelle Revue*, *La Prensa Libre* y *La Estrella de Panamá*.

ciudad que así como me ha puesto el plato en la mesa y el vino en la copa, pudo dejarme morir de hambre y de frío. Pero en fin, hoy que ya estoy instalado tengo la intención de no volver a moverme; este es uno de los países en donde cuesta menos trabajo sacar el pan del tintero.

¿*La Habana Elegante* ha renacido? Tanto mejor. Salude Ud. en mi nombre al Sr. Hernández Miyares y mándeme siempre el periódico. Por uno de los próximos correos mandaré un artículo y si ustedes no tienen corresponsal en París yo les enviaré cada mes una crónica literaria. Lo terrible es que mis artículos, bien malos ya de suyo, parecerán peores aun al lado de sus cuentos deliciosos.

Dentro de unos días aparecerá una *Antología de conteurs franceses* que yo he formado, anotado y traducido. Es un trabajo hecho para ganar dinero: deprisa: trescientas páginas en un mes. Hoy estoy preparando otra de cuentistas españoles entre los cuales deseo que figure usted por lo cual le suplico me envíe una de sus encantadoras novelas cortas y una autorización para reproducirla.

Al hacerme cargo de la redacción de *La Familia* quise escribir a usted pidiéndole colaboración, pero pagan tan mal los propietarios, que nunca me he atrevido a hacerlo. Si consigo publicar otra revista menos ridícula, usted será uno de mis más asiduos colaboradores, según lo espero.

En estío aparecerán mis *Sensaciones de arte*, libro que tendrá menos defectos que *Esquisses* y que será, sobre todo, *mejor escrito*. Rubén me ofreció, sin que yo se lo pidiera, un prólogo, pero luego, cuantas veces se lo reclamé me respondió poniéndome plazos que nunca se cumplieron. Rubén es un mal pagador. Si su artículo de «La joven América» está ya publicado para entonces, lo pondré como prefacio, siempre que Ud. me lo permita[40].

No sé si me será posible enviar a Ud. por este mismo correo un libro de Verlaine con dedicatoria de mano autorum [sic]. El pobre maestro se encuentra en el hospital y aunque he prometido a Marías ir mañana con él a verlo dudo que me sea posible. Siempre le diré que él conoce

---

[40] *Sensaciones de arte* (1893) no fue prologado por Casal sino por Salvador Rueda.

los sonetos de *Nieve* pues como lee bien el castellano y quiere mucho a los españoles yo le presté el libro de Ud. que, según me dijo le había encantado a pesar de su *gout parnasien*.

Créame su amigo y apúnteme en el libro (que ya debe ser enorme) de sus admiradores.

Enrique Gómez Carrillo

P.S. Va un artículo sobre Rubén del poeta encantador de *Rymes byzantines*[41].

[En el margen de la tercera carilla: «El administr. de *La Familia* responderá sobre los grabados»]

[En el margen de la cuarta carilla: «dirección: E.G.C... 56 rue Monsieur le Prince»]

&

[Sin fecha. En cuño de correo del sobre –cuño de la Cartería Mayor de La Habana–: 19 de julio de 1893, pero es evidente que fue escrita en abril]

Mi querido Julián:

No le había contestado porque deseaba antes darle su libro a Verlaine que no volvió sino hace una semana de Holanda. Le escribo aparte lo que el maestro me dijo de su libro porque deseo que Ud. lo publique en *La Habana Elegante*.

A pesar de su prohibición me he tomado la libertad de incluir en la *Antología* su «última ilusión»[42] que es un divino cuento ideológico. ¡Supongo que Ud. no me llevará ante la justicia, querido!

---

[41] Augusto de Armas (1859-1893). Poeta cubano-francés. Solo publicó un libro de poemas, *Rymes byzantines*, que se editó en París en 1891.

[42] «La última ilusión».

Los hospitales de Verlaine[43] están agotados, pero he conseguido los 10 o doce nºs del *Eco de París* en donde aparecieron por primera vez como folletín y se los mando. Además le mando un ejemplar de la 1ra edición de *Liturgias íntimas*, que merece ser guardado como un tesoro [porque no] se reimprimirá nunca y solo fue tirado a cien ejemplares.

He ido dos o tres veces a buscar a mi viejo amigo Hustmans [sic] pero no lo he podido encontrar; y no le he mandado su estudio (que me parece excelente) porque no lo entendería. Creo que entre los grandes solo Verlaine lee el español.

Pronto aparecerán mis *Sensaciones de arte*. Y Ud., Julián, ¿qué hace? Supongo que su tristeza se habrá disipado; y que la primavera estará llenando su alma de alegría lírica. Mándeme siempre lo que escriba; mándeme *La Habana Elegante,* mándeme *El País* cuando tenga algo de Ud. y escríbame seguido. Sin conocer a Ud. he llegado a tomarle cariño fraternal y creo que nuestras almas se parecen mucho. ¡Lástima grande que nuestros talentos no se parezcan también y que el mío sea tan pequeño al lado del suyo!

Disponga siempre de su amigo que lo quiere tanto como lo admira

Enrique Gómez Carrillo

Ayer, mi querido Julián[44], fui a buscar a Verlaine para darle su libro de Ud; y después de recorrer inútilmente todos los cafés humildes del barrio latino, logré encontrarlo en la esquina de la rue Racine y de la plaza del Odion. Eran las dos de la tarde y el maestro acababa de levantarse: su aspecto tenía algo de heroico y de burlesco y al verle habría podido tomársele por un guerrero japonés disfrazado de Pierrot parisiense. Su

---

[43] *Mes hôpitaux*. L. Vanier, París, 1891.

[44] Esta carta se publicó en el número 19 de *La Habana Elegante* (14 de mayo de 1893, p. 4) remitida, en vez de a Casal, al «Sr. Director» de la revista (Enrique Hernández Miyares).

sombrero de copa era nuevo; su levita estaba entera; su camisa era limpia y su gran barba rubia cobraba reflejos brillantes sobre el fondo rojo de la corbata.

Lo primero que se me ocurrió preguntarle fue:

—¿De dónde sale, maestro, tanto lujo, tanta elegancia?... ¿Y qué habéis hecho, sobre todo de vuestra pobreza más cara que un imperio?

—La pobreza se quedó en el Norte...

y haciendo un gesto hierático y misterioso comenzó a explicarme elocuentemente la historia de su opulencia momentánea:

—Un empresario holandés quiso, ha unos quince días, dar en Ámsterdam un espectáculo singular para llamar la atención del público, y nada le pareció tan propio para conseguir su intento como buscar en París un gran poeta que fuese a contar a los holandeses la historia de su vida... Ahora bien: como el primer poeta de Francia es el Pobre Lelain vino a ofrecerme unos millares de francos por que yo dijese a sus compatriotas mi leyenda privada... Y yo se las dije y aquí está el resultado... Mas de lo que ahora se trata es de almorzar; entremos a casa de Polidoro y ahí hablaremos largamente de Góngora...

—Está bien, entremos, mas no para hablar de Góngora sino de otro poeta español que acaba de enviarme su libro para Ud.

—Perfectamente... Yo pago.

Cuando estuvimos instalados ante una mesilla de mármol, Verlaine comenzó a hojear su *Nieve;* como yo estaba frente a él, me fue fácil ver en su rostro la impresión que los poemas de Ud. le iban produciendo. Y, o yo soy muy mal psicólogo, o la verdad es esta: el primer poema le dejó indiferente, los siguientes tampoco lo conmovieron, pero los sonetos de *Mi museo ideal* le parecieron encantadores. Tanto le gustó, en efecto esa parte de su libro de Ud., que durante la media hora que duró nuestro almuerzo, no hizo sino repetir con su acento bizarro algunos hemistiquios de «Salomé».

Luego, a la hora del café, cerró el volumen, y resumió sus impresiones en las siguientes frases lapidarias:

–El talento de Julián del Casal tiene 25 años: es un talento sólido y fresco, pero mal educado. Sí, le diré a Ud: yo no sé ni cuáles fueron sus maestros ni cuáles sus aficiones, pero estoy seguro de que los poetas que más han influido en él son mis viejos amigos, los parnasianos. Eso sí vi fácilmente entre todas las páginas de *Nieve* –nieve de Cuba, nieve morena– y especialmente en los *cuadros de Moreau* y en *Cromos españoles*. Su factura es preciosa, pero demasiado igual… Creo, sin embargo, que el misticismo contemporáneo llegará hasta él y que cuando la Fe terrible haya bañado su alma joven, los poemas brotarán de sus labios como flores sagradas. Es uno de esos jóvenes lasos de ciencia, que necesitan reposar sus cabezas sobre el regazo perfumado de la virgen. Lo que le hace falta es creer; cuando crea será nuestro hermano.

Y estrechándome la diestra con verdadero cariño, terminó así:

—Es un hermoso cantor que Dios nos reserva para los postres. Esperémosle y hagamos para recibirle una corona de laurel verde atada con una cinta color de carne morena.

Enrique Gómez Carrillo
París, abril de 1893

&

[Sin fecha. 1893]

Perdona, mi querido Julián, que aun no te haya contestado. Soy perezoso para escribir y desde hace algunos meses mi vida es una cabalgata vertiginosa a través del París que se emborracha y que no duerme.

Tú ¿cómo sigues? Tu salud me interesa. Cada día te quiero más y desde que Rubén me contó tu historia apasionada y triste te considero como a uno de los mejores amigos de mi alma. Sin embargo no nos conocemos. Tal vez más vale así. ¡Ojalá no nos conozcamos nunca![45]

---

[45] La amistad entre Casal y Gómez Carrillo fue solo epistolar; no llegaron a conocerse personalmente.

Hay personas que no pueden comer juntos un día sin desear no separarse jamás. Nuestros caracteres se parecen[,] ambos somos jóvenes: yo llegaría a quererte como se quiere a uno querido y juntos, agarrados de las manos, viviríamos borrachos…

Rubén llegó aquí hace unos 15 días. Desde que vino hasta hoy no nos hemos separado un momento. De noche y de día hablamos y nos paseamos. En dormir ni siquiera hemos pensado. Ya le presenté a Moréas[46], a Verlaine, a Duplessys y a todos mis demás amigos. Está contentísimo con ellos y cada vez que comemos juntos nos acordamos de ti y decimos: «El único que nos hace falta es Julián, nuestro hermano…».

Si tú vinieses aquí estoy seguro de que todos te querrían mucho. Si algún día se realiza un gran proyecto mío, haré lo posible por que abandones ese agujero ardiente de Cuba. Es necesario que un día realices tu «última ilusión».

¿Trabajas? Desde hace más de un mes no veo *La Habana Elegante*. Mándame todo lo que escribes. Tus obras me consuelan y me estimulan. *Nieve* es uno de los pájaros más deliciosos de la jaula de mi biblioteca.

Dentro de unos 15 días te mandaré *Sensaciones de arte,* pues aunque ya apareció la primera edición, está tan llena de faltas que he obligado a mi impresor a quemarla y hacer otra.

Tú nunca me has mandado nada inédito. Rubén en cambio me ha dado unas 50 cuartillas para *La Familia* que aunque es uno de los periódicos más cursis y *honestos* del mundo sabe dar hospitalidad admirativa.

Yo tengo un deseo ardiente. Y es el de poner, en la primera página de un libro que estoy escribiendo ([«]Leyendas cosmopolitas[»])[47] y que será publicado por la casa Garnier en una preciosa edición, un soneto

---

[46] Jean Moréas, seudónimo de J. Papadiamantopoulos (1856-1910). Poeta francés de origen griego, cuya poesía se inscribe dentro de la estética simbolista, aunque a partir de 1891 abjurara de esta para volver al clasicismo y la antigüedad. Publicó *Syrtes* (1844), *Les cantilènes* (1881), *Le pèlerin passioné* (1891) y *Les stances* (1899-1901).

[47] Con ese título no se ha encontrado ningún libro de Gómez Carrillo. Quizás se refiera a una versión de lo que más tarde fue *Literatura extranjera: estudios cosmopolitas*. París: Librería de Garnier Hermanos, 1895.

tuyo dedicado a mí: un medallón. Te cuento esto como se cuenta una ilusión; no creas que es una manera de obligarte. Entre nosotros no hay reverencias.

Dentro de pocos días te escribiré de nuevo junto con Rubén.

Adiós. Tu amigo que te quiere y que te admira

Enrique

&

[Sin fecha. 1893]

Mi querido Julián:

No te había escrito últimamente porque he estado muy apenado y muy triste… ¿sabes por qué? Porque estoy enamorado de una mujer que me ama y con la cual no puedo vivir por culpa de las miserias de la vida… Es una mujer encantadora. Tal vez tú la verás un día, pues estoy decidido a irme a América con ella si no puedo vivir aquí bien. No iré a Cuba, pero pasaré por allí para darte un beso y para decirte de palabra mi amor por tu persona y mi admiración por tu genio.

Oye una confidencia: yo trabajo mucho: en casa de Garnier gano 50 duros; en *La Familia* 30… luego nada o casi nada. Eso me basta para mí, pero teniendo una mujer adorable y adorada eso no basta. Hoy escribo a un director de periódico de América que me pide artículo desde hace tiempo, diciéndole que estoy dispuesto a mandarle hasta 4 al mes por 100 francos. En caso de que tú encuentres allí algún periódico diario que necesite un corresponsal, trata de que me nombren a mí. Es necesario luchar por la vida, aunque sea en batallas humildes y humillantes.

¿Tú has estado enfermo? ¡Pobre Julián! Yo no quería creer en las enfermedades de tu cuerpo; creí que solo era tu alma la que sufría. Ahora he visto que también la carne. Es inútil decirte que eso me entristece: si es cierto que tú me consideras como un hermano, comprenderás desde luego la pena que tu última carta me hizo sentir.

Si yo logro arreglar mi vida en París y fundar la revista en que desde hace tiempo sueño, yo mismo iré a buscarte y te traeré con mil cuidados como si fueses mi hijo: mi querido para hacerte vivir aquí entre cuidados y alegrías.

Por este mismo correo te llegarán mis *Sensaciones de arte*. El mejor artículo de ellas es el que está dedicado a ti[48]; lo escribí después de haber leído una divina prosa tuya.

Tu soneto es encantador. Mil gracias. Publícalo.

Nuestro querido Rubén se fue ya. ¡Cuán cambiado está el pobre! Triste, enfermo, sin fuerzas. Es una alma que se nos va... Es necesario que lo sigamos queriendo mucho para endulzar con el jarabe de nuestra amistad el vaso de agua pura de su vida presente.

Tu Enrique

No olvides lo del periódico en caso de que se presente la ocasión: yo estoy dispuesto a escribir crónicas sobre cualquier cosa *baratas...*

De Gustave Moreau[49]

[Transcripción y traducción de Laura Arañó Arencibia y Mayelín González Hernández]

---

[48] Se refiere a «Tres sensaciones», *Sensaciones de arte*. 2da. edición, Impremiere G. Richard, París, 1893, pp. 117-123.

[49] A las apasionadas y casi idolátricas doce misivas que Casal escribió a Gustave Moreau es de suponer que este solo correspondiera con las cuatro que han llegado a nosotros. Las fechas de las cartas de Moreau son del 1 de septiembre de 1891, 16 de octubre de 1891, 31 de enero de 1892 y 29 de julio de 1892. El 17 de febrero del 92 Casal diría al artista: «Pero hoy, usted me ha vuelto a la vida con vuestra carta sagrada, que yo guardo religiosamente como las dos anteriores» (Casal 2012: 31) y luego, el 19 de agosto: «Ebrio de felicidad, por el recibimiento de vuestra magnífica carta, pero envenenado de angustia por toda la tristeza que ella contiene, yo me atrevo a escribirle algunas líneas sin la esperanza ¡ay! de aligerar vuestros amargos y profundos sentimientos» (2012: 57). Después de esta misiva, no hay ninguna otra alusión a alguna nueva de Moreau.

Monsieur

Vous êtes mille fois bon et aimable, et je ne pourrai jamais avez vous dire[50] à quel point j'ai été touché et reconnaissant des témoignages si précieux de votre bienveillante sympathie.

Je viens donc vous remercier de tout cœur, de votre si charmante lettre et de l'envoi de vos trois sonnets, que je vais me faire traduire de suite, afin de me donner la joie rare de les lire.

C'est, je vous assure[,] monsieur[,] un bien grand bonheur pour l'artiste de voir des ouvrages apprécies par des esprits aussi nobles aussi élevés qu'est la vôtre. C'est[,] vous pouvez le croire, la plus douce, la plus précieuse des récompenses.

Je n'ai pas besoin de vous dire que je serai heureux de recevoir votre visite, si un jour vous venez parmi nous et que j'aurai le plus vif plaisir à vous voir et à vous connaître.

Merci, monsieur, et encore merci. Croyez à ma véritable sympathie, et agréez ici l'expression de mes sentiments les meilleurs et les plus distingués.

Gustave Moreau

Paris, 1er septembre 1891

P.S. C'est depuis trois jours seulement que j'ai reçu votre première lettre et c'est hier que m'est parvenu la seconde.

¶

Señor

Usted es extraordinariamente bueno y amable, y nunca podré decirle hasta qué punto he estado conmovido y agradecido por los testimonios tan preciados de su condescendiente simpatía.

---

[50] Así en el original. Para que la frase cobre sentido debiera decir «vous avoir dit» [nota de las traductoras].

Por lo tanto le agradezco de todo corazón su tan encantadora carta y el envío de sus tres sonetos, que me haré traducir de inmediato, a fin de proporcionarme la inusual alegría de leerlos.

Le aseguro, señor, que es un gran regocijo para un artista el ver sus obras apreciadas por espíritus tan nobles y excelsos como el suyo. Esta es, puede creerlo, la más grata, la más preciada de las recompensas.

No es necesario decirle que estaré feliz de recibir su visita, si un día está entre nosotros y que tendré el mayor placer de verlo y conocerlo.

Gracias, señor, y otra vez gracias. Le ruego crea en mi verdadera simpatía, y reciba con ella la expresión de mis mejores y más nobles sentimientos.

Gustave Moreau

París, septiembre 1 de 1891

P.D. Hace solamente tres días que recibí su primera carta y ayer me llegó la segunda.

Paris, 16 octobre 1891

Cher Monsieur,

Je me trouve bien en retard avec vous, mais il m'a été impossible de répondre plus tôt a votre bonne et charmante lettre, ayant été très souffrant tous ces temps derniers.

J'aurais voulu pourtant vous dire de suite toute ma gratitude pour le précieux envoi de vos dix sonnets.

Je ne puis, hélas, jouir pleinement des beautés qu'ils renferment, ignorant que je suis de votre belle langue.

Mais, ce que je puis apprécier lorsque les sonnets me sont traduits par un de mes amis[,] poète aussi[,] c'est combien en vous, la pensée et l'imagination sont nobles et élevées.

Merci donc, cher monsieur, et d'un cœur reconnaissant, touché plus que je ne saurais dire de si précieux et de si doux témoignages d'une sympathie d'art comme la vôtre, et en outre des preuves de [l']affectueux intérêt que vous vouliez hier me donner.

Je veux croire[,] que comme tous les gens de grande et de vive imagination, vous vous[51] exagérez, très certainement, le sérieux de votre état de santé, et que vous n'êtes pas menacé d'une aussi grave atteinte que celle dont vous me parlez.

Malgré tout, vous savez combien ces affections du cœur sont variées et combien il y a eu de peu menaçantes, j'en ai eu sous les yeux bien d'exemples.

Vraiment, vous me gâtez trop, cher monsieur, et je suis tous confus.

Je ne possède rien d'autre à mon avoir, qu'un grand amour de l'art et des belles choses de la pensée, cet amour nous l'avons tous les deux, et je me réjouis pour vous comme pour moi, car c'est la source de bien grandes joies, et il faut bien aussi de quelques souffrances, souffrances, qu'il ne faudrait pas pourtant répudier, sous peine de l'amoindrir et de déchoir.

Adieu, cher Monsieur, croyez je vous prie, à tous mes sentiments les meilleurs et recevez ici de nouveau l'expression de ma profonde et bien véritable sympathie.

Gustave Moreau

P.S. Votre commission auprès de monsieur Huysmans est faite. Je l'ai vivement remercié de votre part pour la gracieuse et aimable obligeance: –que je suis touché, cher monsieur, [par la][52] délicate pensée que vous avez eu de m'envoyer [dans la] petite photographie de vous ! Je vous en suis bien reconnaissant.

¶

Paris, octubre 16 de 1891

Estimado Señor,

---

[51] Así en el original. Se repite innecesariamente la palabra [nota de las traductoras].
[52] Casi ininteligible. Por el sentido debe decir «par la» [nota de las traductoras].

He incurrido en un retraso, pero me fue imposible responder antes su buena y encantadora carta, porque he estado muy enfermo estos últimos tiempos.

Hubiese querido, no obstante, expresarle de inmediato toda mi gratitud por el preciado envío de sus diez sonetos[53].

No puedo, lamentablemente, disfrutar a plenitud de las bellezas que encierran, ignorante como soy de su bella lengua.

Mas, por lo que puedo apreciar, al serme traducidos los sonetos por uno de mis amigos, poeta también, es cuánto su pensamiento y su imaginación son nobles y elevados.

Por tanto gracias, estimado señor, y de todo corazón agradecido, más conmovido de lo que sabría expresar, por tan preciadas y gratas muestras de una simpatía por el arte como la suya, y, además, por las otras pruebas del afectuoso interés que usted ha querido ofrecerme en el pasado.

Quiero creer que, como todas las personas de grande y viva imaginación, usted exagera, sin duda, la seriedad de su estado de salud, y que no está amenazado de una afección tan grave como esa a la que usted alude.

A pesar de todo, usted sabe cuánto esas afecciones del corazón son variadas y en qué medida tienen de poco peligrosas, tengo muchos ejemplos a la vista.

Verdaderamente, usted me consiente demasiado, estimado señor, y esto me confunde.

Yo no poseo más que un gran amor por el arte y por las bellas cosas del pensamiento, ese amor lo compartimos ambos, y me alegro tanto por usted como por mí, porque esa es la fuente de las más grandes alegrías, y hacen falta también algunos sufrimientos, sufrimientos que no deberían, sin embargo, repudiarse, so pena de disminuirlos y de anularlos.

Adiós, estimado señor, le ruego que crea en mis mejores sentimientos y reciba nuevamente la expresión de mi profunda y sincera simpatía.

Gustave Moreau

---

[53] Los diez sonetos de *Mi museo ideal*.

P.D. Su mensaje para el señor Huysmans está enviado. Le agradecí sinceramente de su parte por la graciosa y amable deferencia.

–que estoy conmovido, estimado señor, por el delicado pensamiento que usted ha tenido a bien enviarme en la pequeña fotografía suya[54]! Se lo agradezco mucho.

&

Cher monsieur
Je suis bien en retard avec vous, mais vous m'excuserez, quand je vous aurai dit que depuis cinq semaines je suis malade d'une bronchite des plus intenses et d'une atteinte d'influenza.

C'est dans mon lit que j'ai reçu votre précieux envoi, dont j'aurais voulu vous remercier de suite[,] mais cela m'était impossible car c'est à peine si, aujourd'hui, j'ai la force de vous écrire ces quelques lignes[,] tant je suis fatigué et affaibli après cette dure épreuve.

Comment vous dire ma gratitude pour tous les témoignages de votre sympathie ! Comment vous remercier assez de ce bienveillant et si touchant intérêt que vous portez à mes travaux et à mes efforts d'artiste [!].

Soyez rassuré que cette communion, malheureusement trop lointaine, avec un esprit rare, noble et élevé, comme est le vôtre[,] si passionné pour cet idéal d'art que nous poursuivons tous, soyez rassuré, dis-je[,] que cette communion m'est infiniment douce et précieuse.

Aussitôt rétabli, je vais me faire traduire votre poème par un de mes amis[,] par Monsieur de Heredia peut-être, car je suis un ignorant de votre belle langue, et je n'ai pas, comme vous, l'heureuse facilité et le grand bonheur de pouvoir jouir des littératures étrangères sans le secours des traductions.

J'aurai, je n'en doute pas, après cela à vous remercier de tout cœur et à vous louer beaucoup.

---

[54] Casal le envió esa fotografía –copia del óleo que le hiciera Armando Menocal– junto con su carta del 16 de septiembre de 1891.

Aujourd'hui, je ne veux que vous accuser réception de l'envoi et aussi de votre aimable lettre en vous envoyant tous mes souhaits et tous mes vœux comme ami, et en vous assurant de nouveau de mes sentiments les meilleurs et les plus sympathiques.

Gustave Moreau

Paris, 14 Rue de La Rochefoucauld
31 janvier 1892

❡

Estimado señor

He incurrido en un gran retraso, pero me excusará cuando sepa que desde hace cinco semanas estoy enfermo de una bronquitis de las más intensas y de una afección de influenza.

En cama recibí su preciado envío, que me habría gustado agradecerle de inmediato, pero eso me era imposible, porque es apenas hoy que tengo fuerzas para escribirle algunas de estas pocas líneas, tan cansado y débil como estoy luego de esta difícil prueba.

¡Cómo expresarle mi gratitud por todas las muestras de su simpatía! ¡Cómo agradecerle lo suficiente por ese condescendiente y tan conmovedor interés que usted le otorga a mis trabajos y a mis esfuerzos de artista!

Esté tranquilo, que esta comunión, desgraciadamente demasiado lejana, con un espíritu extraño, noble y excelso, como el suyo, tan apasionado por ese ideal del arte que perseguimos todos; esté tranquilo, le reitero, que esta comunión me es infinitamente grata y preciada.

Tan pronto como me restablezca, me haré traducir su poema por uno de mis amigos, por el señor de Heredia[55] quizás, porque desconozco su bella lengua, y no tengo, como usted, la dichosa facilidad y la gran felicidad de poder disfrutar de las literaturas extranjeras sin la ayuda de las traducciones.

---

[55] José María de Heredia (1842-1908). Poeta francés nacido en Cuba, primo hermano del gran romántico cubano José María Heredia (1803-1839). Solo publicó un libro de poemas, *Les trophées* (1893), celebrado por la belleza y perfección de sus sonetos.

Después de ello, sin duda, deberé agradecerle de todo corazón y alabarlo mucho.

Hoy, quiero solamente acusar recibo del envío y también de su amable carta, enviándole todos mis deseos y todos mis votos como amigo, y asegurándole nuevamente mis mejores y más cordiales sentimientos.

Gustave Moreau

París, calle Rochefoucauld número 14, enero 31 de 1892

&

Paris, 29 juillet 1892

Cher Monsieur,

Je suis bien en retard avec vous de toute façon, mais vous m'excuserez quand je vous dirai que depuis trois mois je suis entièrement [en] souffrance[,] forcé à mille soins et par conséquent détourné de bien de choses même de celles qui me sont les plus agréables.

J'aurais pourtant bien voulu vous remercier et plus d'une fois de votre si gracieux souvenir et de l'envoi[,] non moins plus précieux pour moi[,] de vos poésies.

Que voulez-vous [?] On ne fait rien de ce qu'on veut pressé par tant de choses –le travail, mes élèves, car j'ai aujourd'hui [la] charge d'enseigner à l'école de Beaux Arts, où j'ai été nommé Professeur–[,] des dérangements sans nombre crochant sur le tout on sais où donner la tête[56].

D'autant que je suis moins alerte et souvent bien peu courageux écœuré par cet état de souffrances continuelles et pourtant, il ne faut pas de plaindre, tant que les forces sont encore suffisantes pour le travail. On voit tant de pauvres êtres frappés si cruellement autour de lui !

---

[56] Fragmento prácticamente incoherente [nota de las traductoras].

J'espère, cher monsieur, que votre état de santé est meilleur je le désire de tout mon cœur car vous êtes un délicat, un sensible et il faut à ces natures[,] plus qu'aux autres[,] la force et la santé.

J'ai vu avec grand plaisir l'ami dont vous m'annonciez la venue, Monsieur Cornélius Price, qui est un charmant homme, d'une intelligence exquise et ce qui m'a fait un plaisir extrême, un homme très simple, très naturel, qualités bien rares aujourd'hui parmi ceux qui écrivent, les poètes surtout.

J'espère le revoir à son retour de villégiature, il me l'a promis et j'ai bien de croire qu'il me tiendra parole.

Adieu[,] cher monsieur, encore mille fois pardon de mon trop long silence, croyez que je pense souvent à vous [et] que je connais davantage aujourd'hui[,] que j'ai parle avec votre aimable ami[,] de votre talent et de votre pessimisme. Ne m'en veuillez jamais à l'avenir de mon apparente négligence et recevez ici l'expression de mes sentiments les meilleurs.

Gustave Moreau

[Al margen de la primera cara lo siguiente: «Je ne peux vous satisfaire à mon grand regret au sujet de mon portrait- jamais je n'ai pas fait [ininteligible] photographie et très probablement je ne m'en ferai jamais faire».]

❡

París, julio 29 de 1892

Estimado señor,

He incurrido en retrasos con usted, pero de cualquier modo me excusará cuando sepa que hace tres meses estoy completamente enfermo, forzado a miles de cuidados y por consiguiente alejado de muchas cosas, incluso de aquellas que me son las más agradables.

Me habría gustado, no obstante, agradecerle una vez más por el delicado recuerdo y por el envío, no menos preciado, de sus poesías.

¿Qué quiere usted? No hago nada de lo que quiero, presionado por tantas cosas —el trabajo, mis alumnos, porque actualmente tengo la responsabilidad de enseñar en la escuela de Bellas Artes, donde fui nombrado Profesor[57]—; pendiente de estos desórdenes innumerables, no sé dónde poner la cabeza[58].

Tan es así que estoy menos ágil y a menudo indeciso, descorazonado por este estado de sufrimientos continuos y, sin embargo, no hace falta compadecerse, mientras las fuerzas sean todavía suficientes para el trabajo. ¡Se ven tantos pobres, seres tan cruelmente golpeados a su alrededor!

Espero, estimado señor, que su estado de salud esté mejor, se lo deseo de todo corazón, porque es delicado y sensible y hace falta para esa naturaleza, más que para otras, la fuerza y la salud.

Vi con gran placer al amigo cuya llegada me anunciaba, el señor Cornélius Price[59], quien es un hombre encantador, de una inteligencia exquisita, y eso me ha dado un placer extremo; un hombre muy sencillo, muy natural, cualidades muy extrañas hoy entre aquellos que escriben, sobre todo los poetas.

Espero volverlo a ver al regreso de sus vacaciones, él me lo prometió y creo que cumplirá su palabra.

Adiós, estimado señor, envío nuevamente mil perdones por mi silencio demasiado largo, crea que pienso a menudo en usted [y] que conozco, más hoy que hablo con su amable amigo, de su talento y de su pesimismo. No me juzgue mal en el futuro por mi aparente negligencia y reciba la expresión de mis mejores sentimientos.

Gustave Moreau

---

[57] Gustave Moreau sucedió como profesor en la Escuela de Bellas Artes de París a su amigo Elie Delaunay. Allí tuvo por alumnos, entre otros, a los artistas Georges Rouault y Henri Matisse.

[58] Creemos que se trata de un giro semejante. El texto en el original, como indicamos en la carta en francés, es prácticamente incoherente [nota de las traductoras].

[59] Édouard Cornélius Price. Véase «De los correspondientes».

[Al margen de la primera cara lo siguiente: «Yo no puedo satisfacerlo, a mi gran pesar, a propósito de mi retrato, porque nunca me hecho [ininteligible] fotografía y probablemente nunca me haré ninguna»[60].]

De Joris-Karl Huysmans

Paris, 22 avril 1892

Monsieur et cher confrère,

Je vous remercie de l'article que vous avez bien voulu me consacrer dans la *Habana Literaria* que j'ai vaguement compris, en raison du grand nombre de mots dérivés du latin dont vous usez.

C'est toujours avec une certaine surprise qu'à Paris où, en somme, tout le monde méprise l'art et garde ses sympathies pour le gens qui dans la banque et le commerce gagnent beaucoup d'argent, les gens isolés dans l'art apprennent qu'au loin, ils ont des esprits similaires et des amis inconnus que préoccupent des haines et des joies pareilles.

Ainsi votre lettre m'a-t-elle réjoui, m'annonçant que si loin, vous connaissez mes livres et en parliez dans les revues de La Havane.

À ce propos, que je vous donne et [sic] mon adresse écrite et celle de Gustave Moreau, pour éviter les longueurs de transmission de lettres que vous pouvez écrire.

Gustave Moreau demeure 14 rue de La Rochefoucauld

et moi 11 rue de Lèvres.

que vous avez raison, Monsieur et cher confrère d'aimer l'œuvre de cet artiste ! _ Lui, quelques-uns, comme Degas, Redon nous consolent des médiocres expositions de peintures qui, maintenant ici, nous encombrent.

Peut-être, un jour, le public finira-t-il par y croire.

---

[60] Desde el 17 de febrero de 1892 Casal le había solicitado a Moreau que le enviara un retrato suyo.

Je me figure qu'à La Havane, vous vivez, littérairement, forcément exilé dans un petit cercle, car il est peu probable que les Havanais raffolent plus que les Parisiens [avec] l'art.

Le niveau spirituel doit être le même. Ainsi ai-je une réelle sympathie pour ceux qui, comme vous, en sortent.

Je vous envoie, Monsieur et cher confrère, avec l'expression de ma gratitude l'assurance de mes meilleurs sentiments.

Cher à Vous.

Huysmans

§

París, abril 22 de 1892

Señor y estimado colega:

Le agradezco por el artículo que bien quiso usted dedicarme en la *Habana Literaria*[61] que vagamente comprendí, debido al gran número de palabras derivadas del latín que utiliza.

Es siempre con cierta sorpresa que en París, donde, en suma, todo el mundo desprecia el arte y muestra sus simpatías por las gentes que en la banca y el comercio ganan mucho dinero, las personas aisladas en el arte aprenden que en la lejanía tienen espíritus similares y amigos desconocidos que se interesan por odios y alegrías parecidas.

Así su carta me ha alegrado anunciándome que, aunque lejos, usted conoce mis libros, y hable de ellos en las revistas de La Habana.

A propósito, le doy mi dirección escrita y la de Gustave Moreau, para evitar la lentitud en el envío de las cartas que usted pueda escribir.

Gustave Moreau residencia 14 calle de La Rochefoucauld

y la mía calle Lèvres 11.

---

[61] «Joris Karl Huysmans», *La Habana Literaria,* 15 de marzo de 1892.

usted tiene razón, señor y estimado colega para amar la obra de este artista! Él, [y] algunos otros, como Degas, Redon[62], nos alivian de las mediocres exposiciones de pintura que, ahora aquí, nos agobian.

Quizás, un día, el público terminará por creerles.

Me figuro que en La Habana usted vive literariamente, forzosamente exiliado en un pequeño círculo, porque es poco probable que los habaneros enloquezcan más que los parisinos con el arte.

El nivel espiritual debe de ser el mismo. Así tengo yo una real simpatía por aquellos que, como usted, lo superan.

Le envío, señor y estimado colega, con la expresión de mi gratitud, la certeza de mis mejores sentimientos.

Afectuosamente a usted

Huysmans

De Alfred Vallette[63]

[Transcripción y traducción de Yurisnel Fonseca Figueredo]

[Membrete: «Mercure de France/ 15 Rue de l'Echaudé Saint-Germain, 15ᵉ/ Paris».]

Paris, le 21 mars 1893

Monsieur,

J'ai reçu hier vos deux lettres. Vous trouverez ci-joints le duplicata de votre chèque de 30 francs et le récépissé de ladite somme.

---

[62] Odilon Redon (1840-1916). Pintor y litógrafo francés. Conoció en París a Gustave Moreu y se codeó con algunos de los más importantes escritores simbolistas. De sus obras se recuerdan, entre otras, su álbum de litografías *Dans le rêve* (1879), al igual que sus óleos *La Visitation* (1840), *Le chemin à Peyrelebade* (1840 y 1916), *Sommeil de Caliban* (1895 y 1900) y *Orfeo* (1903).

[63] Véase «De los correspondientes».

Je vous fais adresser par paquet recommandé *Iskender*, de Judith Gautier. Le volume devra vous parvenir en même temps que cette lettre.

Je vous ai mis parmi les souscripteurs du livre d'*Œuvres posthumes* d'Aurier. Le volume paraîtra vraisemblablement fin avril, et vous sera expédié par paquet recommandé.

Veuillez agréer, Monsieur, mes salutations très distinguées,

Alfred Vallette

¶

[Membrete: «Mercure de France / 15 Rue de l'Echaudé Saint-Germain / 15ᵉ París».]

París, marzo 21 de 1893

Señor:

Recibí ayer vuestras dos cartas. Encontraréis adjunto el duplicado de vuestro cheque por 30 francos y el recibo de dicha suma.

Os he enviado por paquete certificado *Iskender*, de Judith Gautier[64]. El volumen deberá llegar a sus manos al mismo tiempo que la presente carta.

Os he inscrito entre los suscriptores del libro *Obras póstumas* de Aurier. El volumen saldrá probablemente a finales de abril, y le será enviado por paquete certificado.

Reciba, Señor, mis más sinceros saludos,

Alfred Vallette

DE JUDITH GAUTIER

[Sin año. En el cuño de correos de la Cartería Mayor de La Habana, en el sobre, solo puede leerse 20 de junio, al parecer del año 88.]

Sᵗ Enogat, ille-et-Vilaine

---

[64] Véase «De los correspondientes».

Monsieur.

Avoir mes œuvres c'est chose bien difficile. Je m'occupe si peu de mes affaires qu'elles vont toujours à la dérive.

Presque tous mes libres sont épuisés et je néglige de les faire réimprimer. on peut trouver pourtant, je crois *Iskender* et *La conquête du paradis* (2 vol) chez Grantin, 7 rue St Benoit et *La sœur du soleil* chez Dentu.

Je suis très flattée Monsieur de l'intérêt que vous portez á mes ouvrages, et un peu honteuse d'être obligée de vous confesser ma négligence.

Judith Gautier

¶

St Enogat, ille-et-Vilaine

Señor:

Conseguir mis obras es tarea bien difícil. Me ocupo tan poco de ellas que casi siempre están a la deriva.

Casi todos los ejemplares de mis libros se han agotado y he descuidado hacerlos reimprimir. Sin embargo, creo que se pueden encontrar algunos títulos como *Iskender* y los dos volúmenes de *La conquista del paraíso* en Ediciones Grantin –7 rue St Benoit– y *La hermana del sol* en Ediciones Dentu.

Señor, me halaga sobremanera el interés que ha depositado en mis obras; y me avergüenza el hecho de verme obligada a confesarle mi descuido.

Judith Gautier

DE JULIETTE LAMBER[65]

[Membrete: «190 Boulevard Malesherbes/ Entrée Rue Juliette Lamber».]

---

[65] Véase «De los correspondientes».

[Cuño de correo del sobre: París, 29 de mayo, 1888.]

Paris, le 29 mai

Monsieur,

Ne parlons pas de vos louanges dont je ne mérite et n'accepte pas la moitié mais laissez-moi vous dire combien j'ai été honorée que vous vouliez bien louer en moi le culte de l'amitié.

J'ai aussi le culte de la sympathie, Monsieur, et je vous prie, d'agréer la même.

Juliette Adam
Juliette Lamber

¶

[Membrete: «190 boulevard Malesherbes/
Entrada por la calle Juliette Lamber».]

París, mayo 29

Señor:

No hablemos de vuestras alabanzas que no merezco y de las que no acepto ni la mitad, pero déjeme decirle cuán honrada me siento por su deseo de querer depositar en mí el culto a la amistad.

Tengo también el culto a la simpatía, señor, y le ruego que la acepte.

Juliette Adam
Juliette Lamber

DE COMTE D'ALJESNO

[En cuño de correo del sobre, de la Cartería Mayor de La Habana: febrero, 1890.]

Monsieur Julián del Casal

S. Majesté l'Empereur Don Pedro 2º me charge de vous remercier votre lettre du 10 décembre et les hommages de vos sentiments à l'égard de S. Majesté Impériale. Je vous prie de vouloir bien transmettre à M^r le rédacteur du *El Figaro*, et de la part de S. Majesté, les remerciements pour sa lettre et ses expressions obligeantes.

Je vous présente mes meilleurs compliments

Cannes 3
Fuerces
1890

Comte d'Aljesno
Chambellan de service auprès de S. Majesté

¶

Señor Julián del Casal:

Su Majestad el Emperador Don Pedro 2do me encargó agradecerle por su carta del 10 de diciembre y los tributos que en ella le manifiesta. De parte de su Majestad Imperial, le ruego trasmita dichos agradecimientos al Sr. editor de *El Fígaro* por sus gentiles palabras.

Reciba mis mejores cumplidos,

Cannes 3
Fuerces
1890

Conde de Aljesno
Chambelán al servicio de Su Majestad

De Papila 2°

Monsieur,
Mr Julián del Casal

Camajuani

La Havane, 1er juillet 1893

Mon cher ami;

A la fin nous avons votre seconde lettre, promise dans votre première. Cette-ci fut-t-elle reçue à la huitième de votre départ. Cela se comprend. Faut-il retirer le temps employé au voyage. Vous marchiez comme toujours. En faisant des vers en l'air, et vous perdiez -cela va sans dire- le moment du change de voitures. Les petits garçons en profitaient. Ils montaient par vos jambes jusqu'à la figure. Mettons-ça de côté: vous étiez vous-même, et vous avez contracté le mérite d'écrire sans retard. Mais quant au sujet de cette seconde on doit être un peu sévère. Vous mème[66] nous donner la corde pour votre punition. Madame une telle, charmante. Mademoiselle une telle, ravissante. En fait d'hommes touts [sic] ennuyants, imbéciles, mème Monsieur l'abbé dont les perdreaux ne sauraient vous adoucir envers lui. L'équitation –fi-donc– a manqué vous mettre à deux doigts de votre jugement dernier. Pas un mot au rapport de la chasse, pas un souvenir pour la pêche. Vous y êtes en plein conquerant, sauf les égards dus au domicile sacrède la famille. ¿C'est ainsi, notre cher ami, comme vous repondrez aux vœux du savant Mr Zayas? Est-ce que on ne peut-t-on menager le pas de son cheval ? Est-ce qu'un poète en Bayard ne peut-il aspirer ici le jus des aromatiques, un peu plus loin le beaume des fleurs, de la canne, de tout ce que notre mère la terre nous offre en lieux divers pour notre guérissòn, pour accroitré le trésor de notre santé ?

Ah, mon ami, je vous vois; vous aimez, vous aimez toujours. C'est bien. Vous êtes en plein droit de vous y etablir. Mais que cet amour ne vous porte-t-il pas a la haine du prochain, de la vie, du mouvement,

---

[66] Esta carta abunda en errores ortográficos, que, sin embargo, no han sido enmendados en virtud de conservar la fidelidad al original [nota del traductor].

de tout ce qui fait la toile de notre existence terraine. Trève à l'amour.
L'amour platonique. L'amour idealissè. Trève. Un vrai romain il n'aimait
pas. Il etaitau dessus de cette maladie. Il vivait pour la patrie, pour ram-
plir un autre rôle plus digne de l'homme. Dessous le devoir il abimait
tout autre sentiment qui ne fut celui d'ennoblir et agrandir l'humanité.

Et bien, vous avez mis un tas de jours entre première et seconde lettre.
C'est que l'amour vous y a surpris, et vous, a ralenti envers vos amis d'hier.

Par un moment nous avons cru que vous aviez eprouvè une rechute.
Mais tout est expliquè. Vous aimiez, vous aimiez toujours. C'en est trop.
C'est votre santé dont vous avez à vous soigner, avec toute l'energie d'un
mâle au dessus du vulgaire. Voilà mon airs.

Defendu, mais tout à fait defendu d'apporter des oiseaux d'aucun genre.
Si vous avez etégènè par votre seule humeur contemplative, qu'est-ce qu'il
ne vous arriveràit pas en compagnie d'une douzaine d'êtres vivants dans
une cage immense ? qui la nourrirait ? qui la soignerait pendant le voyage
en mer ? pas de bétisses – au marché on trouve tout qu'on veut. Vous serez
toujours le bienvenu au sein de cette famille. A vous à la vie et à la mort.

Papila 2°

[Al margen de la cuarta carilla: «nos sentiments les plus devoués à
Mme votre sœur et à son digne compagnon. Aux petits les caresse les
plus intimes de la part de Serafina. Elle demande souvent d'après [sic]
"Senior Sala"».]

❡

Señor,
Sr. Julián del Casal

Camajuaní

Habana julio 1 de 1893

Mi querido amigo:
Finalmente hemos recibido la segunda carta que usted nos prometiera
en la primera. Fue recibida ocho días después de vuestra partida. Es de

entender. Hay que restarle el tiempo dedicado al viaje. Usted caminaba como de costumbre, haciendo versos en el aire y perdía —lo que no es necesario ni decir— el momento de cambiar de tren. Los niños se aprovechaban de esto y trepaban por vuestras piernas hasta el rostro. Dejemos esto a un lado. Usted era usted mismo y adquirió el mérito de escribir sin demoras. Pero en cuanto al tema de esta segunda carta debemos ser más severos. Usted mismo nos ha otorgado la fusta para reprenderlo. La señora fulana, cautivadora; la señorita mengana, esplendorosa. En asuntos de hombres, todos aburridos, imbéciles, hasta el señor cura cuyas perdices no sabrían suavizaros con él. La equitación por poco os hace cambiar vuestro juicio anterior. Nada que decir con respecto a la caza y ni un recuerdo de la pesca. Usted sí es de lleno un conquistador, salvo en lo que toca al hogar sagrado de la familia. ¿Es de esa forma, mi querido amigo, como usted responderá a los deseos del sabio Sr. Zayas? ¿No puede usted conducir el paso de su caballo? ¿Es que un poeta en Bayard no puede aspirar aquí el jugo aromático, un poco más lejos, el bálsamo de las flores, de la caña, de todo lo que vuestra madre tierra nos ofrece en lugares diversos para nuestra cura, para aumentar el tesoro de nuestra salud?

Ah, amigo mío, le observo; usted ama, usted siempre ama. Es bueno. Está en vuestro pleno derecho de establecerse allí. Pero que este amor no lo conduzca a odiar al prójimo, a la vida, al movimiento de todo lo que forma parte de nuestra existencia sobre la tierra. Tregua al amor. El amor platónico. El amor idealizado. Tregua. Un verdadero romano no amaba. Se encontraba por encima de esta enfermedad. Vivía por la patria, por desempeñar otra función más digna del hombre. Por debajo del deber rechazaba todo sentimiento que no fuera el de ennoblecer y engrandecer la humanidad.

Y bien, usted ha dejado un gran espacio entre vuestra primera y segunda carta. Es que el amor os ha sorprendido y usted se ha distanciado para con vuestros amigos de ayer.

Por un momento creímos que usted había podido experimentar una recaída. Pero todo está explicado. Usted amaba, usted siempre amaba.

Es demasiado. Es de vuestra salud de la que usted tiene que cuidar, con toda la energía de un macho, más allá de la vulgaridad del término. He aquí lo que llevo dentro.

Prohibido, totalmente prohibido traer pájaros de cualquier género. Si vuestro estado de ánimo contemplativo os ha perturbado, ¿qué no os ocurriría en compañía de una docena de seres vivos en una jaula inmensa? ¿Quién alimentaría vuestro ánimo? ¿Quién lo cuidaría durante la travesía en el mar? Sin tonterías —en la botica se encuentra de todo. Usted siempre será bienvenido en el seno de esta familia. Con usted en la vida y en la muerte.

Papila 2°

[Al margen de la cuarta carilla: «Nuestros sentimientos más sinceros a vuestra señora hermana y su digno compañero. A los pequeños el cariño más íntimo de parte de Serafina. Ella pregunta a menudo por el "Señor Salas"».]

De Édouard Cornélius Price

Sr. D. Julián del Casal

Muy estimado señor:
Nuestra ilustre y querida amiga Aurelia de González[67] me había anunciado hace ya algún tiempo el rico regalo que recibí la semana pasada. Debo decir en honor de la verdad que me advertió [sic] también de esperar mucho y de contar poco, por razón de ciertos defectos —o cualidades— morales suyos, como, por ejemplo, de olvidar sus promesas, estando usted estrechamente encadenado por la musa. Tuve, no teniendo el honroso placer de conocerle personalmente, que aceptar la sentencia de vuestra amiga, sin poder defender el poeta cariñosamente apreciado por mí.

---

[67] Aurelia Castillo de González. Véase «De los correspondientes».

Estoy orgulloso de ver que en medio de sus ocupaciones literarias tan absorbentes no me ha usted olvidado y le mando mis agradecimientos, más por el gozo procurado por sus versos que por la promesa cumplida. Estos en lo general son melancólicos y como la poesía triste es la que más imperio ejerce sobre mi alma, comprenderá usted cuánto me han gustado. «Todavía», «La nena» [sic][68], «Lazos de amor», y otros muchos de mismo tono me conmovieron profundamente. Sus madrigales sobre Álbum son luminosos como mariposas y delicadamente tejidos como las flores. Pero queda usted, en mi juicio, inimitable en sus sonetos. Estas piezas de poesía son las que más admiro, por ser ellas de muy difícil ejecución. Pero las admiro solo cuando lo merecen y un soneto malo no tiene gracia ante mis ojos. En vano busqué a reprocharle uno; todos brillan de incomparable luz. «Salomé», «El anhelo de la rosa»[69] son divinos. «Mis amores» como dicen en francés «le dernier mot de l'art».

En el anaquel de mi biblioteca dedicado a los poetas castellanos leídos con frecuencia están las *Hojas...* al lado de Bécquer, del cual tiene usted los divinos cantos amorosos, con más fulgor y más enérgico estilo poético.

Siento no poder ofrecerle tan magnífico regalo por las razones que no tengo ninguna poesía digna de las suyas, y también porque no he querido publicar nada todavía. Al fin de este año espero sin embargo enviarle mis primeros versos. Espero también que no olvidará usted nunca que aquí, aunque muy lejos de Cuba, tiene su talento un admirador de más, y su persona un amigo que le ofrece con su sincera amistad sus humildes servicios

Ed. Cornélius Price

Junio 18 de 1891
52, rue Thiac
Bordeaux.

---

[68] Debe de referirse a «La pena».
[69] «El anhelo de una rosa».

Ce que j'aime

A mon ami Julián del Casal

J'aime la nacre, les émaux, les marbres blancs,
Les gemmes et les feux de l'or qui les enchâsse,
L'infini du ciel pur et la mystique châsse,
Les regards de la lune et le vol des milans.

J'aime aussi la chanson des pâtres nonchalants,
Plus que l'appel du cor des grands seigneurs en chasse;
Et les oiseaux d'été que la froidure chasse,
Et le rythme des vers amoureux et troublants.

J'aime à voir les épis onduler sous la brise,
Le miroir dans l'étang plein d'algues qui s'irise,
Et dans les prés les bœufs errer paisiblement.

Mais j'aime plus encor [sic] la vierge adolescente,
Qui meurt, ayant perdu ses rêves et l'amant,
Dans l'état virginal de sa chair innocente.

Ed. Cornélius Price

Jt. 1891

❡

Lo que amo[70]

A mi amigo, Julián del Casal

Nácar, esmalte, mármol, gema y oro,
cielo, infinito, dulces oraciones
ante el místico altar, vuelo de halcones,

---

[70] Se ha preferido utilizar la traducción que Max Henríquez Ureña hizo de este texto en «Poetas cubanos de expresión francesa» (1941: 45) [nota del traductor].

sonrisas de la luna… es lo que adoro.

Más que el cuerno de caza, amo el tesoro
musical que el pastor vierte en canciones,
y las aves en fuga a otras regiones;
y amo el ritmo del verso, ágil, sonoro.

Los trigos rubios bajo el sol ardiente,
el estanque y su espejo iridiscente,
el buey que pace en prados abrileños…

Y la virgen que en plena adolescencia
muere, al perder su amado y sus ensueños,
en la eclosión carnal de la inocencia.

Ed. Cornélius Price

Jul. 1891

&

Eynesse, 7 août 1891

Mon fraternel ami;

    Avant toute chose je vous prie de m'excuser si, pour répondre à votre adorable lettre, j'ai abandonné le caressant idiome que vous parlez, pour la langue française plus aisément maniée par moi. J'ai tant de pensées à vous dire, tant de remerciements à vous envoyer, que la peur m'a pris de ne pas tout exprimer parfaitement en castillan. Bien que je connaisse et que je parle l'espagnol, le peu d'habitude que j'ai d'écrire en cette langue me rend difficile une réponse digne d'un écrivain tel que vous, surtout quand il s'agit d'estimer les précieux bijoux littéraires que je tiens de votre amabilité.

    Comment répondre aux phrases exquises de votre lettre ? Comment vous dire nettement la joie ressentie en parcourant ces lignes inondées de tendresse ? Je m'avoue incapable d'exprimer toute ma gratitude et aussi toute mon amitié.

Dans la dernière missive que notre amie Aurelia Castillo a reçue de moi, je la priai, en un rapide post-scriptum, de vous manifester le plaisir que j'aurais à correspondre avec vous. Jugez de ma surprise et de mon contentement quand, quelques jours après l'expédition de ma lettre, alors qu'elle était encore en mer, la vôtre, prévenant mon désir, est venue me chanter ses mots tendres et m'annoncer un éternel ami de plus. Eternel ! Peut-être trouverez-vous le mot trop fort ! Qu'importe ! De mon côté j'assure une impérissable affection, et si je ne me trompe, l'âme ardente, que je découvre à travers les vers divins et syllabes amicales du poète Casal, me promet un cœur sincère et bon.

Je ne sais pas aimer à demi, et soit mon sang de Cubain qui me dirige ou soit l'enthousiasme de mon esprit qui me pousse, celui-là à qui je dis: - je serai ton frère, - peut être certain que mon cœur gardera, quand bien-même la tendresse périrait, la fleur d'amour qu'il sut faire épanouir.

Si la vie cruelle vous a enlevé ce qui fait le bonheur du foyer, si le sourire maternel s'est effacé de votre vue, n'accusez pas la Providence de vous avoir privé de toute affection. La plus douce vous a été arrachée, il est vrai, mon frère, mais il vous reste encore, la nature a de ces bontés, bien pauvres hélas ! à [sic] côté de ses colères, il vous reste encore les baisers qui ne mentent pas, les baisers des saintes amours [,] ceux de vos amis, que j'estime nombreux et éprouvés, dussé-je en juger par le plus humble de [sic] dons, par moi.

Car mes lèvres, par une de ces inexplicables et secrètes sympathies, ont murmuré avec ardeur votre nom dès le jour où je le lus. Et ce ne sera pas une des moindres faveurs que je devrais à celle que je me plais à appeler ma seconde mère, Aurelia Castillo, de m'avoir fait connaître la première vos vers et leur signataire.

Il est temps que je vous dise à présent ce que je pense des derniers vers envoyés, en émettant toutefois le regret de ne pouvoir les louer comme ils le méritent.

Suaves les «Flores de éter» avec les finales

Rey solitario como la aurora,
Rey misterioso como la nieve,

Et ses strophes charmeuses où je trouve rendue, en notes mélancoli-
ques et douce, l'âme du roi mélomane, du pauvre fou, dont la vie et la
mort tiennent de la légende. «La muerte de Moisés» semble une page
arrachée, pour la calme majesté des vers et la noblesse de l'inspiration, à
quelque pentateuque inconnu. «La reina de las sombra» votre muse, et je
ne saurais trouver de meilleurs compliments, m'est allée au cœur. Cela est
plus léger que la brise, plus resplendissant que le ciel, plus délicat et plus
fin que des étoffes en soie, plus caressant qu'une belle nuit de printemps.
Quant à vos sonnets: «Paisaje de verano», «Mi padre», «A un crítico» (je
dois l'envoi de celui-ci à Aurelia) les mots me manquent pour vous en
parler. L'un est peint, de main de maître; l'autre est sublime et touchant;
le dernier m'a charmé, pour la résignation divine de la pensée.

«Yo sé que nunca llegaré a la cima…». Courage ! Courage !, mon ami.
Les ailes de votre génie sont larges et lumineuses, et si j'en juge par les
hauteurs étourdissantes où elles planent, il m'est facile de vous prédire
l'accès des plus vertigineux sommets. Sachez attendre, l'heure est lente
à sonner parfois, mais elle sonne, surtout pour ceux qui sont aussi mer-
veilleusement doués que vous.

Espérez aussi; les premières brumes des douleurs et des luttes
s'évanouiront bientôt aux ardeurs vivifiantes de la gloire, et si toujours
la mélancolie doit vivre en vous, comme il arrive à tous ceux qui aiment
et qui ont aimé, du moins un rayon joyeux saura éclairer un peu de
votre existence.

Il me reste à vous louer sur vos deux magistrales études: «Ricardo del
Monte»; «Aurelia Castillo». L'une m'a fait connaître un nom digne du
plus grand respect, l'autre… Vous avez dit tout ce qu'il est possible de
dire sur un si noble esprit et sur un si adorable cœur.

Je vous envoie mon portrait. Pour vous seulement. Aux jours d'amère
tristesse, regardez-le à la dérobée, peut-être au souvenir de la tendresse
qu'a l'original de cette image pour vous, votre cœur se sentira moins
seul et très aimé.

Voulez-vous me permettre maintenant de vous demander aussi votre photographie ?

Et je vous embrasse de toutes me forces

Votre fraternel
Ed. Cornélius Price

P.S. Bien que je vous écrive de la campagne, adressez vos lettres à Bordeaux, comme par le passé.

❡

Eynesse, 7 de agosto de 1891

Mi fraternal amigo:

Ante todo ruego que me disculpe si, para darle respuesta a su adorable carta, he abandonado el dulce idioma que usted habla por la lengua francesa, de la que tengo mejor dominio. Tengo tantas ideas que compartir, tantas gratitudes que enviarle, que temo no poder expresarlas perfectamente en español. Aunque conozco y hablo dicho idioma, el poco hábito de escribir en esta lengua me dificulta darle una respuesta digna de un escritor de su estirpe, aun cuando se trata de considerar las magníficas joyas literarias que conservo gracias a su gentileza.

¿Cómo responder a las exquisitas frases de su carta? ¿Cómo decirle con exactitud la alegría que siento al recorrer tales líneas llenas de afecto? Me declaro incapaz de expresar toda mi gratitud y también mi amistad.

En la última misiva que nuestra amiga Aurelia Castillo recibió de mí, le pedía, en una pequeña postdata, que le diera a conocer mis deseos de establecer correspondencia con usted. Puede imaginar mi sorpresa y mi alegría cuando, algunos días después de la expedición de mi carta y aún encontrándose en el mar, la suya, según mi deseo, llegó para contarme sus tiernas palabras y anunciarme otro eterno amigo. ¡Eterno! Quizás la palabra le resulte demasiado fuerte, pero no tiene importancia. Por mi parte, garantizo un perenne afecto y, si no me equivoco, el espíritu apasionado que descubro a través de los versos divinos y sílabas amistosas del poeta Casal, me promete un corazón puro y sincero.

Yo no sé amar a medias, y ya sea mi sangre de cubano que me guía o el entusiasmo de mi espíritu que me impulsa, aquel a quien digo «seré tu hermano», puede estar seguro de que mi corazón conservará, incluso cuando la ternura perezca, el sentimiento de amor que hizo florecer.

Si la vida cruel le ha arrebatado lo que provee la felicidad del hogar, si sus ojos ya no recuerdan la sonrisa maternal, no acuse a la Providencia de haberle privado de todo cariño. El más dulce le fue arrebatado, es cierto, pero aún le queda, mi hermano –la naturaleza tiene sus bondades, bien pocas ¡por desgracia!, junto a sus desdichas–, aún le quedan los besos que no mienten, los besos de sagrados amores, los de sus amigos, que considero numerosos y fieles; y debiera valorarlos como el más humilde de los dones. Porque mis labios, por una de esas inexplicables y misteriosas simpatías, pronunciaron con devoción su nombre desde el día que lo leí, y no será uno de los mínimos favores que debiera a la que me complazco en llamar mi segunda madre, Aurelia Castillo, por ser la primera en permitirme conocer sus versos y a su signatario.

Corresponde que le diga lo que pienso ahora de los últimos versos enviados; sin embargo, confieso la pena de no poder alabarlos como merecen.

Suaves las «Flores de éter» con los finales:

Rey solitario como la aurora,
Rey misterioso como la nieve,

En sus encantadoras estrofas encuentro plasmada, suave y en notas melancólicas, el alma del rey melómano, del pobre loco cuya vida y muerte parecen una leyenda. «La Muerte de Moisés» parece una página ausente por la majestuosa calma de los versos y la nobleza de la inspiración, en algún pentateuco desconocido. «La reina de la sombra», su musa, y no sabría encontrar mejor cumplido, me cautivó. Es más ligero que la brisa, más resplandeciente que el cielo, más delicado y más fino que las telas de seda, más tierno que una bella noche de primavera. En cuanto a sus sonetos: «Paisaje de verano», «Mi padre», «A un crítico» (el recibo de este último se lo debo a Aurelia), me faltan las palabras para hablarle de ellos. El primero está pintado por la mano de un maestro, el otro es sublime y conmovedor, y el último me encantó por la resignación divina del pensamiento.

«Yo sé que nunca llegaré a la cima…». ¡Coraje! ¡Coraje!, mi amigo. Las alas de su talento son largas y luminosas, y las juzgo por las prominentes alturas en las que planean; me resulta fácil predecirle el acceso a las más altas y vertiginosas cimas. Sepa esperar, a veces la hora tarda en llegar, pero lo hace, y sobre todo para aquellos que son maravillosamente talentosos como usted.

También espere; las primeras brumas del dolor y las luchas pronto se desvanecerán en entusiasmos vivificantes de gloria, y si la melancolía debe permanecer siempre en usted, como le sucede a esos que aman y han amado, al menos un rayo podrá iluminar un poco su existencia.

Solo me queda elogiarlo por sus dos magistrales trabajos: «Ricardo del Monte» y «Aurelia Castillo». El primero, me hizo conocer un nombre digno del más grande respeto; el otro… Usted ya dijo todo lo que se podría decir sobre un gran espíritu noble y sobre un corazón tan adorable.

Le envío mi retrato, solo para usted. En días de amargas tristezas, mírelo a menudo. Quizás su corazón, al recordar la ternura que siente el original de esta imagen por usted, se sentirá menos solo y más animado.

¿Me permitiría ahora pedirle una fotografía suya?

Reciba un abrazo con todas mis fuerzas,

Su fraternal amigo,
Ed. Cornélius Price

P.D: Aunque le escriba desde el campo, dirija sus cartas a Burdeos como antes.

&

Paris, 6 mars 1892

Mon cher ami;

Je suis fort honteux de mon passé: trois lettres de vous, sans une réponse ! Je ne sais comment me faire excuser cette horrible paresse, et déjà j'hésitais à vous envoyer ce papier-ci dans la crainte de ne pas trouver des raisons convaincantes pour justifier mon silence, lorsque je me suis soudainement rappelé qu'on ne saurait trop compter sur la miséricorde d'un ami. Pour la forme je vous dirai que de nombreuses et pressantes occupations m'ont retardé, mais dans le fond, je ne pense qu'à votre bonté, sûr d'avance qu'elle m'a pardonné toutes mes négligences.

Et tout d'abord merci pour votre portrait. Le visage a une teinte mélancolique qui me plaît, et vous êtes bien tel que je vous rêvais. Merci pour les vers envoyés et pour les journaux. Je regrette de ne pas les avoir là pour en parler en détail, mais je me rappelle la collection exquise des sonnets intitulés *Mon musée idéal* et qui m'a laissé une impression lumineuse; «Horridum somnium» large et de touche puissante; je me rappelle encore le «Chemin de Damas», «Flor de cieno», «Canas» qui n'ont peut-être pas la valeur des précédents, mais qui sont brillants et délicats, et d'une inspiration émue. Vous avez bien fait de changer la dernière strophe de «Canas». Non que l'une me paraisse meilleure que l'autre au point de vue de la pensée, mais parceque [sic] les deux rimes de la strophe enlevée «carmesiés y rubíes» avaient déjà été employées dans les tercets d'un de vos beaux sonnets, et cela ôtait un peu de la valeur à la belle poésie citée.

J'aime beaucoup votre prose, beaucoup. «Rubén Darío» et un article sur un peintre cubain sont traités de main maîtresse.

J'accepte de grand cœur la dédicace de l'œuvre en préparation, je souhaite qu'elle prenne la forme que vous désirez, et j'attends impatiemment le moment où je pourrais la lire.

Je sais que vous prenez grand grand intérêt à tout ce qui me touche, aussi me vois-je obligé de parler un peu de moi. Je le ferai rapidement, comme il convient à quelqu'un qui n'a pas grand-chose à dire.

Avant de donner définitivement mon manuscrit à l'impression, j'ai désiré le retrouver une dernière fois, et je l'ai encore en ma possession.

J'espère cependant le porter sous peu à l'éditeur. Du reste je vous tiendrai au courant de sa forhme [sic]. -Vous voyez que suis forcément avare de nouvelles sur mon compte.

Souvenirs à notre chère amie Aurelia Castillo à qui je dois écrire et bientôt, et toujours votre dévoué ami

Ed. Cornélius Price

❡

París, marzo 6 de 1892

Querido amigo:

Estoy muy avergonzado: ¡tres cartas suyas sin una respuesta! No sé cómo hacer que me perdone esta horrible pereza e incluso dudaba enviarle este mensaje, por temor a no encontrar razones convincentes para justificar mi silencio, cuando de pronto recordé que la misericordia de un amigo no tiene límites. Por cortesía, le diré que muchas y urgentes ocupaciones me retrasaron; pero en el fondo, solo pienso en su bondad, seguro de antemano de que ha perdonado todas mis negligencias.

Ante todo, gracias por su retrato. El rostro tiene un matiz melancólico que me gusta y usted es tal y como lo imaginé. Gracias por los versos que me envió y por los periódicos. Lamento no tenerlos conmigo para comentarlos detalladamente; sin embargo, recuerdo la colección extraordinaria de sonetos llamada *Mi museo ideal* que me deslumbró; «Horridum somnium», extensa y poderosa. Recuerdo aún el «El camino de Damasco», «Flor de cieno», «Canas», que quizás no tengan el mismo lustre de los precedentes, pero que son brillantes, delicados y de una inspiración emotiva. Hizo bien al cambiar la última estrofa de «Canas», no porque la primera me pareciera mejor que la otra desde el punto de vista de su esencia, sino porque las dos rimas de la estrofa eliminada: «carmesíes y rubíes» ya se habían empleado en los tercetos de uno de sus bellos sonetos, lo que le restaba un poco de valor a la hermosa poesía citada.

Me gusta mucho su prosa, mucho. «Rubén Darío» y el artículo sobre un pintor cubano, son abordados magistralmente.

Acepto con honor la dedicatoria de la obra en preparación. Quiero que ella tome la forma que usted desea y espero impaciente el momento de poder leerla.

Sé que le interesa todo lo que me concierne, por eso también me veo obligado a hablarle un poco de mí: lo haré rápidamente, como lo debe hacer alguien que no tiene mucho que decir.

Antes de imprimir definitivamente mi manuscrito, quise revisarlo una última vez y aún está en mis manos. Espero, sin embargo, llevarlo dentro de poco al editor. En relación con lo demás, lo mantendré informado. Ya ve usted lo avaro que soy para dar noticias sobre mí.

Saludos a nuestra querida amiga Aurelia Castillo a quien debo escribir pronto.

Por siempre, su amigo incondicional

Ed. Cornélius Price

&

Paris, 12 mai 1892

Mon excellent ami;

Voilà bien de jours que je m'étais proposé de vous écrire, mais vous connaissez l'habituelle paresse des poètes; et si peu que je mérite ce nom je me suis hâté de laisser tout ce que le titre porte en lui de qualité pour n'en chercher que les défauts. J'ai donc continué à renvoyer sans fin au lendemain une lettre que dans le fond de mon cœur je désirais vous écrire tout de suite pour vous remercier de vos phrases aimables, et de la lettre de recommandation. Il a fallu votre dernier volume de vers pour secouer ma torpeur, et tout honteux je vous adresse ces lignes.

Laissez-moi tout d'abord vous parler de *Nieve*. Je l'ai lu et relu d'une haleine, et je reste encore sous l'impression d'un enthousiasme sincère et sans limites. Plusieurs pièces m'étaient connues, et non de moins belles. Toutes dont sœurs par la délicatesse rare de la pensée, par l'harmonie du vers, par cette perfection particulière à vos poésies. Mais si toutes m'ont charmé, je n'en ai pas moins vrai que quelques-unes ont gardé quelque préférence sur les autres. Toute la série intitulée *Mi museo ideal* est superbe, d'une beauté de lignes incomparable, d'une richesse d'expressions extraordinaire. C'est de la poésie et de l'art raffiné ! Les trois sonnets *Cromos españoles* sont aussi parmi les plus goûtés, et l'un d'eux «Una maja» est certainement ce que je connais en espagnol de plus réussi. C'est plus que vu, c'est compris, et rendu avec une adresse de maître peintre, mais de peintre qui saurait pretter un langage troublant à ses couleurs. *Marfiles viejos* est remplis de sonnets connus, c'est-à dire de sonnets aimés parce qu'ils sont parfaits et que ces vers-là on ne les oublie jamais. Merci pour la dédicace de *La gruta del ensueño*. Parmi les poésies les plus remarquées: «Ante el retrato de J.S», «Camafeo», «Kakemono», «Nostalgias», délicieux soupirs d'un cœur qui ne sait trop ce qu'il désire, parce qu'il rêve mieux que ce que lui offre la terre; «Al carbón». Tout enfin, tout. Je me répète: au point de vue de la facture, comme au point de vue de la pensée l'œuvre est belle. Je vous dois des heures exquises de plus, bien qu'au fond je me sois senti plus d'une fois attristé par la mélancolie qui pèse sur votre cœur. Hélas ! je sais qu'en la vie pour les grandes âmes la joie est impossible, je dirai même qu'elle me semble une injure, à côté de tant de souffrances, de tant de malheurs !

Pourtant je vous souhaite comme un rayon de soleil joyeux dans l'ombre qui vous entoure…La tristesse est douce, mais elle ruine lentement le corps et parfois l'esprit; prenez garde, mon cher ami, et n'écoutez pas trop cette voix de sirène.

J'ai corrigé ces jours passés les premières épreuves de mon volume de vers. Très probablement le livre paraîtra quand vous recevrez cette lettre. Inutile de vous dire que vous le recevrez si tôt que je pourrai vous l'envoyer. Il n'a aucune des qualités maîtresse que vous lui accordez en parlant de lui au peintre Gustave Moreau, et je regrette que vous attendiez de moi tant de belles choses. Vous serez désillusionné, tant pis pour vous et pour moi, mais il vous intéressera néanmoins parce qu'il est sincère.

Un voyage fait à Bordeaux m'a empêché de rendre visite au maître peintre. Dès que mon livre paraîtra je le lui porterai, pour me faire excuser ce retard.

Vous ai-je parlé des journaux que vous m'avez envoyés il y a quelque temps ?... En tous cas je me hasarde à vous parler d'une étude très remarquée sur Huysmans. L'artiste y est étudié et fouillé admirablement. Mais je n'en dis pas davantage, n'ayant aucun enthousiasme pour le genre où excelle ce brillant écrivain. C'est une littérature de mode aujourd'hui en France, parmi quelques groupes, littérature qui vivra peu je l'espère, car elle est torturée et disons le mot: énervante.

A bientôt. Je vous embrasse pour votre beau livre, et me vois votre plus aimant ami

Ed. Cornélius Price

¶

París, mayo 12 de 1892

Estimado amigo:

Desde hace muchos días me había propuesto escribirle, pero usted conoce la usual pereza de los poetas; y por poco que merezca este nombre, me apresuré a dejar todo el mérito que el título conlleva para buscar solamente los defectos. Entonces, al día siguiente, insistí en enviarle una carta, que desde el fondo de mi corazón deseaba escribirle inmediatamente para agradecerle sus frases agradables, y la carta de recomendación. Ha sido necesario su último volumen de versos para sacudir mi torpeza, y muy avergonzado le envío estas líneas.

Primeramente, permítame hablarle de *Nieve*. Lo leí y releí sin respirar, y tengo aún la impresión de un entusiasmo sincero y sin límites. Muchas partes me resultaban conocidas, y no por ello dejaba de hallarlas bellas. Todas marcadas por la inusual delicadeza del pensamiento, por la armonía de los versos, por esa perfección particular de sus poesías. Aun cuando todas me cautivaron, sentí cierta preferencia por algunas. La serie titulada *Mi museo ideal* es magnífica, de una belleza de líneas incomparable, de una riqueza de expresiones extraordinaria. ¡Es poesía y arte refinado! Los tres sonetos *Cromos españoles* están también entre los más gustados, y uno de ellos «Una maja», es ciertamente lo más exitoso que conozco en español. Más que percibido, es entendido, y manifestado con una destreza de hábil pintor, pero de un pintor que sabría darle un lenguaje cautivador a sus colores. *Marfiles viejos* está lleno de sonetos conocidos, es decir, de sonetos que gustan porque son perfectos y porque esos versos nunca se olvidan. Gracias por la delicadeza de *La gruta del ensueño*. Entre las poesías más notables: «Ante el retrato de J.S»[71], «Camafeo», «Kakemono», «Nostalgias»; deliciosos suspiros de un corazón que no sabe bien lo que desea, porque sueña más de lo que le ofrece la tierra, «Al carbón». En fin, todo. Me repito: desde el punto de vista, ya sea del estilo, como del pensamiento, la obra es bella. Le debo horas agradables además, aunque en el fondo me haya sentido más de una vez entristecido por la melancolía que pesa sobre su corazón. ¡Qué pena! Sé que en la vida, para las grandes almas, la alegría es imposible; yo diría incluso que me parece una injuria, junto a tantos sufrimientos y tantas desdichas.

Sin embargo, deseo que un rayo de sol alegre en la sombra le envuelva... La tristeza es leve, pero arruina lentamente el cuerpo y a veces el espíritu; tenga cuidado, mi querido amigo, y no escuche demasiado esa voz de sirena.

En estos últimos días he corregido las primeras pruebas de mi volumen de versos. Probablemente, el libro se habrá publicado cuando usted haya recibido esta carta. Sería inútil decirle que lo recibirá en cuanto se lo envíe. No tiene ninguna de las principales cualidades que usted le concedió al hablarle al pintor Gustave Moreau de él, y lamento que espere de mí tantas cosas hermosas. Usted estará desilusionado, es una lástima para los dos; sin embargo, el libro le interesará porque es sincero.

Un viaje a Burdeos me impidió visitar al gran pintor. Una vez que mi libro sea publicado se lo haré llegar para disculparme por el retraso.

---

[71] «Ante el retrato de Juana Samary».

¿Le he hablado de los periódicos que me envió hace algún tiempo?…
En todo caso, me aventuro a hablarle de un estudio muy destacado
sobre Huysmans. En el mismo, el artista es estudiado y detallado admirablemente. Sin embargo, no digo nada más, pues no muestro ningún
entusiasmo por el género en el cual se destaca este brillante escritor. En
la actualidad, es una literatura muy a la moda entre algunos grupos en
Francia, literatura que espero vivirá poco, porque es atormentadora y
digamos la palabra: irritante.

Hasta pronto. Le felicito por su hermoso libro, y me siento su más
amado amigo,

                                                        Ed. Cornelius Price

                                    &

                                        Bordeaux, 10 juillet 1892
Mon cher ami,

Je vous écris de Bordeaux où je suis depuis quelques jours, en atten-
dant que je parte pour la campagne. Votre exquise lettre est venue m'y
rejoindre, et je suis confus de cet amical enthousiasme, comme je suis
heureux de votre fraternelle affection. Il m'importe peu de mériter ou non
ces éloges, vous me les prodiguez, cela suffit, cela compte seul pour moi,
et j'en reste très fier, sachant quel grand artiste vous êtes, et comprenant
qu'un ami est toujours sincère. Merci don d'avoir lu avec tant de plaisir
ces pages où j'ai versé mon cœur.

Le poème que vous trouvez «superbe», fut en effet écrit sous l'inspiration
des malheurs passés de notre chère patrie et vous m'avez bien compris.
En reste le dialogue entre les deux moines, à la fin, a dû vous le dire.

Avant mon départ, je suis allé voir Gustave Moreau, qui m'a reçu très
cordialement. C'est un grand esprit, et je le devine un grand cœur. Il m'a
paru très fort et très solide sous sa barbe et ses cheveux de neige, mais le
maître m'a déclaré qu'il n'était robuste qu'à la surface et qu'il était faible
de santé. Nous avons causé, longuement, de mille chose en général et de

vous en particulier. Il m'a chargé de vous dire qu'il vous écrirait bientôt, peut-être même avant moi, et dans ce cas… je suis en retard.

Je n'ai écrit dans aucun journal, étant très paresseux au fond, et ne prenant la plume que quand la muse me secoue. Jusqu'ici je n'ai tracé que des vers —mais peut-être mon prochain volume sera-t-il en prose. Je déciderai cela à la campagne, dans le calme de la nature.

J'ai reçu, après l'apparition de mon livre un assez grand nombre de lettres de confrères, toutes très gentilles. Les journaux m'ont consacré des lignes charmantes, et je vous adresse un article très long qui a paru sur mes vers. Vous avez la bonté de le communiquer à notre chère amie Madame González. Que vous dirai-je encore ? Bien des choses restent en moi, mais le temps me manque, et d'autres lettres qui pressent m'obligent à m'arrêter. Je ne retournerai à Paris qu'en octobre. Adressez-moi vos lettres ici, rue Thiac 52. A mon retour je vous enverrai ma nouvelle adresse, car à Paris je dois changer de maison.

Encore merci, et à vous très tendrement, avec une fraternelle accolade
Ed. Cornélius Price

❡

Burdeos, julio 10 de 1892
Querido amigo:
Le escribo desde Burdeos, donde estoy desde hace algunos días, en espera de mi partida al campo. Su exquisita carta llegó para hacerme compañía y estoy confuso por este amistoso entusiasmo. ¡Cuán feliz estoy por su fraternal afecto! Poco importa si soy merecedor de estos elogios, usted me los profesa y eso es suficiente. Eso basta para mí y me siento orgulloso al saber el gran artista que es usted y comprendo que un amigo es siempre sincero. Gracias por haber leído con tanto placer esas páginas en las que deposité mi corazón. El poema que usted encuentra «magnífico» lo escribí inspirado en los dolores pasados de nuestra querida patria y usted me comprendió bien. Le debo el diálogo entre los dos monjes; al final, alguien debió habérselo dicho.

Antes de mi partida, fui a ver a Gustave Moreau, quien me recibió muy cordialmente. Es un grande de espíritu y le adivino un gran corazón. Bajo su barba y sus cabellos blancos, me pareció muy fuerte y sólido; pero el señor me confesó que solo se ve robusto en apariencia, en realidad está muy débil de salud. Dialogamos tendidamente, de mil cosas en general, y de usted en particular. Me encargó decirle que le escribiría pronto, puede ser incluso antes que yo, y en ese caso... ya estoy atrasado.

No he escrito en ningún periódico; en el fondo la pereza se apodera de mí, solo agarro la pluma cuando me llega la musa. Hasta aquí solo escribí versos, pero puede ser que mi próximo volumen sea en prosa. Eso lo decidiré en el campo, en la calma de la naturaleza.

Luego de la publicación de mi libro, recibí una gran cantidad de cartas de otros colegas, todas muy gentiles. Los periódicos me dedicaron líneas encantadoras, y le envío un artículo muy largo que se publicó sobre mis versos. ¿Usted tendría la bondad de hacérselo llegar a nuestra querida amiga la señora González? ¿Qué más puedo decirle? Quedan aún muchas cosas dentro de mí, pero me falta tiempo y otras cartas por hacer me obligan a detenerme aquí. No volveré a París hasta octubre, envíeme sus cartas a esta dirección: calle Thiac nº 52. A mi regreso le enviaré mi nueva dirección, porque en París debo cambiar de casa.

Nuevamente gracias, reciba con mucho cariño, un fraternal abrazo,

Ed. Cornélius Price

&

Bordeaux, 29 septembre 1892

Mon cher ami;

J'ai reçu en son temps votre première lettre contenant l'article du *Conde Kostia*, et la dernière, voilà déjà plusieurs jours. Que de remerciements à vous faire ! Vraiment je suis honteux de toute la peine que vous prenez pour moi, et malgré tout ce que vous en direz j'en souffre véritablement, comprenant, sans fausse modestie, que je ne suis pas digne de votre chère amitié. Néanmoins, j'éprouve un secret orgueil un secret orgueil de me voir si hautement apprécié, par vous que je sais un délicat esprit, un cœur d'élite.

Je vous remercie aussi de m'avoir rapporté les phrases écrite sur moi par Gustave Moreau. J'en ai été très flatté et très heureux, car n'est-il pas vrai rien n'est doux comme de savoir qu'on a été sympathique. Pour moi je ne cherche point autre chose dans la vie, et si l'art et la gloire m'ont tenté, c'est que par eux nous nous faisons une grande famille dans le monde. Aimer, être aimé, n'est-ce pas la vraie sagesse, et toutes les vertus, tous le dévoûments [sic], toutes les grandes choses ne sortent-elles pas du plus exquis des sentiments ? Aussi je considère comme hors du véritable sentier, comme loin de la vérité, le poète qui méprise la foule et qui prend des attitudes de bateleurs forains. Et voilà pourquoi tout de suite, à la première lecture de vos vers *Hojas al viento*, je vous ai aimé, comprenant que votre grande tristesse était sœur de la mienne, que notre mélancolie avait la même source. Et plus tard vous me l'avez prouvé dans un de vos sonnets:

> Es que no siente mi alma solitaria,
> En medio de la estepa de la vida,
> El calor de las almas fraternales.

À ce souci je dois d'avoir plus au maître, et certes je n'aurais garde d'oublier la promesse faite. Il a lui-même était [sic] vraiment trop cordial pour que je veuille jamais l'oublier. C'est une nature fine, tout d'une pièce, comme je les aime, doublée, et vous le savez, d'un prodigieux artiste.

Vous aurez la bonté de faire parvenir au *Conde Kostia* la lettre de remerciements que j'enferme ici pour lui. Vous m'excuser auprès de lui de ne la lui pas envoyer à son adresse, mais j'ignore où il demeure. Par la poste en même temps je vois envoie un exemplaire de *Pour l'amour des vers* que vous aurez la complaisance aussi de lui remettre.

Je rentre à Paris le 10 octobre prochain. Mais j'ai changé de maison. Dorénavant envoyez vos lettre à:

Mr C.P.
10, rue Rochechouart
Paris

Et vous savez que toujours est disposé à vous servir votre fraternel ami
Ed. Cornélius Price

P.S. Ce que vous me dites de votre santé m'afflige fort. J'attribue à un très grand travail cette fatigue, que j'espère momentanée. Ménagez vos forces, mon cher ami, sinon pour vous, du moins pour ceux qui souffrent quand ils vous savent malade.

Les «astérisques» dans le catalogue Lemerre veulent dire que le livre qui suit n'as pas d'autre édition; si vous n'avez pas reçu les volumes demandés, c'est probablement parce qu'il n'y en a plus.

§

Burdeos, septiembre 29 de 1892

Querido amigo:

Recibí en el momento más oportuno su primera carta que contiene el artículo del *Conde Kostia* y hace ya varios días, la última. ¡Tengo tanto que agradecerle! Estoy realmente avergonzado por todo el esfuerzo que hace por mí y, a pesar de todo lo que dirá, lo lamento en realidad, al comprender, sin falsa modestia, que no soy digno de su querida amistad. Sin embargo, siento un orgullo secreto de ser tan apreciado por usted, que sé, posee un espíritu sensible, un corazón de élite.

También le agradezco haberme enviado las frases que escribiera sobre mí Gustave Moreau, con las que me siento muy halagado y feliz, ya que es cierto que nada es tan grato como saber que se es amable. No busco ninguna otra cosa en la vida y, si el arte y la gloria me tentaron, es que gracias a ellos nos convertimos en una gran familia en el mundo. Amar, ser amado, ¿no es esta la verdadera sabiduría? y, ¿todas las virtudes, todos los sacrificios, todas las grandes cosas no provienen del más delicado de los sentimientos? Considero también como fuera del verdadero camino, como lejos de la verdad, al poeta que desprecia la multitud y adopta actitudes de acróbatas de feria. Por esta razón inmediatamente, desde la primera lectura de sus versos *Hojas al viento*, me agradó, al comprender que su gran tristeza era hermana de la mía, que nuestra melancolía provenía del mismo lugar y, más tarde, me lo demostró en uno de sus sonetos:

> Es que no siente mi alma solitaria,
> En medio de la estepa de la vida,
> El calor de las almas fraternales.

Esta preocupación me incita a alcanzar las expectativas del maestro y, desde luego, tendría cuidado de no olvidar la promesa que hice. Él fue demasiado cordial para que pretenda olvidarlo. Es una naturaleza fina, todo de una pieza, como me gusta, y valiosa, usted lo sabe, de un prodigioso artista.

Tendrá la bondad de hacerle llegar al *Conde Kostia* la carta de agradecimiento que guardo aquí para él. Extiéndale mis disculpas por no enviarla a su dirección ya que la desconozco. Al mismo tiempo, a través del correo le hago llegar un ejemplar de *Pour l'amour des vers*, que también usted tendrá la amabilidad de remitirle.

Regreso a París el próximo 10 de octubre, pero cambié de dirección. En lo adelante, envíe sus cartas a:

Sr. C.P.
Calle Rochechouart, n°. 10
París

Siempre en la disposición de servirle, su fraternal amigo,

Ed. Cornelius Price

P.D. Lo que me dice sobre su salud me aflige mucho. Atribuyo esa fatiga, que espero sea momentánea, al mucho trabajo. Cuídese, amigo

mío, aunque no sea por usted, hágalo al menos por los que sufren cuando
saben que está enfermo.

Los «asteriscos» en el catálogo Lemerre[72] significan que el próximo
libro no tiene otra edición; si no ha recibido los volúmenes solicitados,
probablemente sea porque no hay más.

&

Paris, 23 janvier 1893

Mon cher ami;

Nous sommes obligés tous deux obligés chaque fois que nous nous
écrivons, de nous excuser de notre long silence. Aussi vous demanderai-je
la permission de me dérober à cette honte, et tout en me reconnaissant très
coupable au fond, de ne pas le dire trop haut. Comme moi probablement
vous êtes sujet à ces longues torpeurs qui suivent des travaux captivantes
ou même de simples projets élaborés dans notre cervelle. Je reconnais que
c'est plutôt à cette dernière catégorie que peut se rapporter mon inaction,
car je n'ai guère produit ces temps-ci, et la comédie dramatique, que je
fais en ce moment, après avoir marché rapidement s'est arrêtée tout à
coup près de la fin. L'action m'ayant paru manquer de vivacité, et je la
remanie pour la recommencer. Vous devez savoir comment ces résolutions
sont désastreuses pour l'activité du poète. Et moi qui suis très paresseux
de mon naturel, et qui me décourage si facilement, je n'ai pu échapper
à l'ennui d'un travail tout entier à refaire.

Aurelia Castillo aussi m'a-t-elle écrit dernièrement pour me gronder.
Je serais mort de honte si par un heureux hasard je ne lui avais pas écrit
quelques jours auparavant. J'ai reçu le livre *Cromitos cubanos* de Manuel

---

[72] Alphonse Lemerre (1838-1912). Editor francés. A partir de 1865 comenzó a
editar a los poetas parnasianos y en 1866 publicó la colección de nuevos poetas *Le
Parnasse contemporain*, cuyos dos últimos volúmenes aparecieron en 1871 y 1876. Entre
los autores que publicó dentro de su catálogo se encuentran Paul Verlaine, Catulle
Mendès, Sully Prudhomme y José María de Heredia.

de la Cruz que vous m'annonciez. J'ai lu plusieurs articles notamment ceux de Rafael Montoro, Heredia, Valdivia, Portuondo et celui qui parle de vous. J'ai beaucoup apprécié l'esprit critique, le style élégant de l'auteur. Pouvez-vous m'envoyer son adresse ? Je désirerais fort le remercier et lui envoyer en même temps un exemplaire de mes vers.

J'ai vu Gustave Moreau le mois dernier seulement. Le maître a été très malade, et on a dû lui enlever quatre pierres de la vessie. Il est toujours un homme parfaitement aimable, et semble de porter très bien maintenant. Nous avons parlé de vous et je n'ai pas manqué de lui rapporter vos regrets de ne pas avoir pu lui écrire. Je compte aller le voir la semaine prochaine. Il m'a été impossible de le faire durant celle-ci. Je reviens de Bordeaux où j'ai passé deux semaine avec ma famille, et je suis très honteux du retard ou se trouvent mes lettre et mes travaux, car il m'a été impossible de bien m'occuper – littéralement parlant.

Je n'ai rien autre d'intéressant à vous raconter. J'ose espérer que nos missives se feront moins rares. Nous n'avons qu'à nous rappeler la rougeur de nos fronts chaque fois que nous devons nous excuser, pour ne plus recommencer. Bonne santé, mon cher ami, et n'oubliez pas que pour plus indolent que je sois mon cœur aura pour vous une tendresse vivace.

Ed. Cor. Price

¶

París, enero 23 de 1893

Querido amigo:

Cada vez que nos escribimos, ambos nos vemos en la obligación de excusarnos por nuestro largo silencio. Por eso le pido su permiso para eludir esta vergüenza y, sabiéndome en el fondo muy culpable, le ruego que no lo diga demasiado alto. Como yo, probablemente es propenso a esas largas torpezas que le siguen a los trabajos cautivadores, o incluso a los simples proyectos elaborados en nuestro pensamiento. Reconozco que es más bien a esta última categoría a la que se debe mi inacción, pues no he producido prácticamente nada en estos tiempos, y la comedia dramática que hago ahora, luego de haber marchado rápidamente, se detuvo de pronto cerca del final. La acción me pareció falta de vivacidad y la estoy modificando para recomenzarla. Usted debe de saber cuán desastrosas son estas resoluciones para la actividad del poeta y yo, que soy muy perezoso por naturaleza y que me desanimo fácilmente, no pude evitar la carga de un trabajo completo por rehacer.

Aurelia Castillo me escribió recientemente para reprenderme por esto. Habría muerto de vergüenza si por una feliz coincidencia yo no le hubiera escrito algunos días antes. Recibí el libro *Cromitos Cubanos*, de Manuel de la Cruz, que usted me anunciaba. Leí varios artículos, sobre todo los de Rafael Montoro, Heredia, Valdivia, Portuondo y el que habla de usted. Aprecié mucho el espíritu crítico, el estilo elegante del autor. ¿Me podría enviar su dirección? Desearía mucho agradecerle y al mismo tiempo enviarle un ejemplar de mis versos.

Vi a Gustave Moreau solamente el mes pasado. El maestro ha estado muy enfermo; hubo que extraerle cuatro piedras de la vesícula. Sigue siendo un hombre muy amable y ahora parece encontrarse muy bien. Hablamos sobre usted y no dejé de referirle su pesar por no haber podido escribirle. Pienso ir a verlo la semana próxima, pues esta me fue imposible. Regresé de Burdeos, donde pasé dos semanas con mi familia, y me disgusta mucho lo atrasados que están mis cartas y mis trabajos, pues me fue imposible ocuparme bien de ellos, literalmente hablando.

No tengo nada más interesante que contarle. Me atrevo a esperar que nuestras misivas se hagan menos extrañas, para esto basta con recordar el rubor de nuestras frentes cada vez que debemos excusarnos. ¡Buena salud!, mi querido amigo, y no olvide que por más indolente que yo sea, mi corazón tendrá por usted una vivaz ternura.

Ed. Cor. Price

Paris, 19 novembre 1893

Mon cher ami;

Bien que vous m'ayez autorisé à ne pas demander l'oubli de mes négligences, je me crois obligé, par égard pour notre commune et vivace amitié, à vous faire mille excuses à cause de mon inexplicable silence. Le mal est fait et bien qu'il soit réparable, j'en éprouve un tel chagrin que j'en porterai longtemps au cœur le douloureux reproche. Je ne mérite aucune espèce de considération, je suis indigne de votre attachement, et vous avez le droit de me traiter en conséquence.

Quelque mauvaise pensée que vous ayez eue sur mon compte, je déclare que c'est pleine justice, et pour l'heure je ne vois pas d'infamie qui approche de l'attitude honteuse que vis-à-vis de vous j'ai manifestée. Excusez-moi donc, mon ami, en bloc, vous serez encore par-là supérieur à moi, comme vous l'êtes par tant d'autres côtés. Je sais heureusement que malgré ce long temps et dans une lettre de moi vous ne doutez pas de mon affection. Nous sommes plus que des amis, nous sommes de frères, et quelque chose de vous est en moi qui ne saurait périr.

Avez-vous terminé le volume des vers que vous prépariez ? Et le volume de prose dont vous m'avez offert la dédicace ? Moi, j'ai travaillé beaucoup ces derniers mois, et je termine en ce moment le drame romain sur la maîtresse de Néron, Poppée, que depuis si longtemps je commençais sans le continuer. Mais cette fois-ci j'ai pris mon courage à deux mains et le cinquième acte est déjà très avancé. Je compte sur Sarah Bernhardt. On m'a tellement promis des choses que je n'ose pourtant être bien sûr de rien.

J'ai fait aussi quelques nouvelles en prose, et je les donnerai au journal qui les daignera accepter, mais elles sont très longues, et de ce côté encore mes chances de réussite sont douteuses. Je travaille néanmoins beaucoup avec l'espérance qu'un jour mes beaux rêves prendront quelque apparence de réalité. Je n'ai pas vu G. Moreau depuis une éternité. Après le 10 janvier envoyez vos lettres [à] 138 Avenue de Wagram. Je déménage. Bonne santé, mon cher ami, et écrivez-moi vite pour me dire que vous [me] pardonnez.

Je vous embrasse cordialement

Ed. Cornélius Price

¶

París, noviembre 19 de 1893

Querido amigo:

Aunque usted me haya demandado olvidar mi negligencia, me veo en la obligación, en consideración de nuestra amistad mutua y ferviente, de excusarme mil veces por mi inexplicable silencio. El mal está hecho y, aunque es reparable, siento una tristeza tal que durante mucho tiempo llevaré en el corazón el doloroso reproche. No merezco ninguna consideración, soy indigno de vuestro afecto y tiene el derecho de tratarme en consecuencia.

Los malos pensamientos que haya tenido por mi causa, declaro que son de justicia plena, y hasta ahora no veo infamia alguna que pueda acercarse a la vergonzosa actitud que le he manifestado. Perdóneme pues, amigo mío, sinceramente, usted sería incluso de ese modo superior a mí, como lo es en tantas otras cuestiones. Afortunadamente, sé que a pesar del largo tiempo sin una carta mía, no duda usted de mi afecto. Somos más que amigos, somos hermanos, y hay algo de usted en mí que nunca perecerá.

¿Ha acabado el volumen de versos que preparaba? ¿Y el volumen de prosa del que me ofreció la dedicatoria? He trabajado mucho estos últimos meses, y en estos momentos estoy terminando el drama romano sobre la amante de Nerón, Popea, que desde hace mucho tiempo había comenzado, pero no conseguía terminar. Sin embargo, en esta ocasión, me llené de coraje y el quinto acto está bastante avanzado. Cuento con la ayuda de Sarah Bernhardt[73]. Sin embargo, me prometió tantas cosas que no oso estar muy seguro de nada.

---

[73] Enriqueta Rosina Bernhardt, llamada Sarah Bernhardt (1844-1923). Actriz francesa. Se desempeñó en obras como *Reine Elisabeth* (1912), de E. Moreau, *Jeanne Dorée* (1914), de Tristán Bernard y *Un sujet de roman*, de Sacha Guitry. En 1907 fue nombrada profesora del Conservatorio de París y en 1914 se le confirió la cruz de la Legión de Honor. Escribió también algunas piezas teatrales, entre ellas: *Dans les nuages* (1878), *Mes mémoires* (1905) y *Adrienne Leucovreur* (1907).

También he escrito algunas noveletas que daré al periódico que las acoja. Pero tengo que confesarle que mis probabilidades de éxito son escasas, pues son muy extensas.

No obstante, sigo trabajando y albergo la esperanza de que mis bellos sueños se vuelvan realidad algún día. Hace una eternidad que no veo a G. Moreau. Después del 10 de enero, envíe sus cartas a 138 Avenue de Wagram, porque cambiaré de domicilio. Mi querido amigo, le deseo mucha salud. Escríbame pronto para que me diga si me perdona.

Reciba un cordial saludo,

Ed. Cornélius Price

DE ENRIQUE JOSÉ VARONA

[Membrete con las iniciales de Enrique José Varona y el lema: «in rena fondo e scrivo in vento»[74].]

Señor don Julián del Casal
Mi distinguido amigo:
Gracias por sus hermosos versos. Mucho me complace que se vaya Ud. paganizando. El cristianismo ha sido una perdurable pesadilla. Donde se soñaban cosas risueñas y divinas era en las márgenes del Ylyso, a la sombra de los plátanos; no en las catacumbas, a la luz de los cirios.

Soy su amigo

Enrique José Varona

Su casa, 6 de octubre [sin año].

---

[74] Se trata de un verso de Petrarca («Construyo en la arena y escribo en el viento») perteneciente al soneto 212 de su *Canzoniere*.

DE BONIFACIO BYRNE

Mat^z, mayo 3 de 1893

Sr. Dn Julián del Casal
       Hab^a.

Mi distinguido amigo:

Antes que otra cosa,permítame Ud. que, a través de la distancia que nos separa, le envíe un estrecho abrazo y un fuerte apretón de manos. Mientras viva, le agradeceré en el alma el juicio, altamente benévolo y lisonjero, que ha hecho Ud. de mis pobres *Excéntricas*[75]. Ud., entre los que me han distinguido ocupándose de mis versos, es sin duda el que me ha desdoblado el alma. Nada me importa ahora que me zahieran y que me execren... La opinión de Ud. será siempre mi salvo conducto literario. Pero así como le digo esto, debo también advertirle que ha sido Ud. injusto. Y lo ha sido Ud. a sabiendas. Aunque mucho me halaga que Ud. me haya llamado el primer poeta de la actual generación, yo, no obstante, reconozco que otros van delante de mí. Y el que marcha a la cabeza de todos, escribió primero *Hojas al viento* y después *Nieve*. Tengo la profunda convicción de lo que digo, y he de morirme aferrado a mis trece, como suele decirse. Aquí, en Matanzas, los que bien me quieren, hacen vivos elogios de su brillante artículo; y los que no me profesan un buen afecto, lo envidian a Ud. y... me envidian. ¿Por qué no confesarlo? ¡Ah! Estos jornaleros de la prensa, sudan a mares y sufren inauditas torturas, antes de hacer el elogio más insignificante, sin tener en cuenta que *aquí* tienen sus lectores en la Plaza del Mercado y *allá* en la del Vapor. ¡Pobres diablos! Ovidio supo pintar de mano maestra lo que ellos experimentan de continuo.

Volviendo al hermoso artículo de Ud. ingenuamente le confieso que me dice Ud. en él cosas muy halagüeñas; cosas que me estimulan y animan a proseguir en mis esfuerzos literarios. Ha sido Ud. muy bueno y generoso conmigo, y si antes le admiraba por sus cincelados y maravi-

---

[75] «Bonifacio Byrne», *La Habana Elegante*, La Habana, 30 de abril de 1893.

llosos versos, hoy le quiero con toda la efusión de mi alma; de mi alma que ha sabido Ud. desdoblar como nadie…

Téngame por el primero de sus admiradores y por el más adicto de sus amigos, y aunque nada valgo, disponga de mí en cuanto quiera, sabiendo que será para mí un gran placer el serle útil.

B. Byrne

Calzada de Tirry, 72.

&

[Membrete: «"La Región" / Diario Político / Matanzas / Dirección[76]»]

[Sin fecha. En cuño de correo del sobre: mayo 7 de 1893]
Sr. D. Julián del Casal

Habana

Mi querido amigo y comp°:

Somos amigos ¿no es verdad? Celebro yo en el alma haber entablado relaciones de amistad con Ud., porque sospecho que hemos de querernos y apreciarnos mucho. Y esto se comprende: tenemos idénticas aficiones, somos ambos soñadores, creo que perseguimos el mismo ideal, somos jóvenes y, por lo regular, estamos tristes… Motivos más que suficientes para que nos entendamos y marchemos de acuerdo en todo y por todo. ¡Si Ud. supiera! Yo he hablado mucho de Ud. y de sus hermosos versos en esta Provincia «abrumadora como todas»[77]. Aquí se le conoce mucho y se le admira. Entre la gente culta, entre los doctos, goza Ud. de legítima influencia. Le censuran a Ud., como a mí, los partidarios de la manera

---

[76] Esta última palabra tachada a mano.

[77] Byrne cita una línea del primer párrafo del artículo de Casal: «Triste, pobre, aislado en una provincia, que no conozco, pero que me parece tan abrumante como todas las provincias, a pesar de que a esta le otorgan algunos el sobrenombre de la Atenas de Cuba, sin haberse mostrado ateniense en ninguna ocasión, pasa este admirable y exquisito poeta los más floridos años de su vida […]» (Casal 1979: 271).

antigua; pero todos reconocen que es Ud. un poeta de primer orden, llamado a dar días de gloria a la infortunada Cuba. ¿A dar dije? ¡No! Ya se los está Ud. dando. Ahí está *Nieve* que no me dejará mentir seguramente. Y eso que no hablo de *Hojas al viento*, esa linda colección de versos tan espontáneos como sentidos… Ya quisiera yo acabar como Ud. empezó.

Hablando de todo, debo decirle que he leído las impresiones que en *El Fígaro* consigna Ramón Catalá[78] acerca de *Excéntricas*. ¡Y bien! Yo creo que Catalá no está en lo cierto[79]. Formula su juicio, como lo hace Sanguily[80], basándose en el prólogo de Heredia[81]. Se han aferrado ellos a las *Mariposas* y yo estoy harto de pájaros, de flores y de gotas de rocío… Harto por ahora. No sé si más adelante retornaré a la abandonada senda. ¡Quién sabe! Por lo pronto, la autorizada voz de mi amigo del alma Julián del Casal, está resonando deliciosamente en mis oídos. Cuando tenga el gusto de verle –y confío que será en breve–, hablaremos largo y tendido sobre ese asunto. Le remito siete ejemplares de mi librito. En la Galería[82] quedan algunos otros. Le autorizo para que desde luego elija el número que quiera entre ellos. Respecto a la proeza…[83] ¡cuidadito! Todo lo que poseo y Ud. lo desee, es de Ud. No lo olvide. Le agradezco infinito el objeto que se propone al enviarle a sus amigos lejanos mis *Excéntricas*. ¿Cómo pagarle tanta bondad y tanto cariño?

---

[78] Ramón A. Catalá (1866-1941). Abogado, escritor y periodista cubano. Dirigió *La Infancia* y *El Fígaro* y fue columnista del *Diario de la Marina* donde atendió la sección «Del lejano ayer». Miembro de número y Secretario General de la Academia Nacional de Artes y Letras.

[79] Ramón A. Catalá: «Excéntricas. Colección de poesías, por Bonifacio Byrne», *El Fígaro*, 30 de abril de 1893.

[80] Manuel Sanguily: «[Las Excéntricas de Byrne] Variedades», *Hojas Literarias*, 30 de abril de 1893.

[81] Nicolás Heredia (1855-1901). Novelista cubano. Autor de *Un hombre de negocios* (1882) y *Leonela* (1893), fue el prologuista de *Excéntricas*. Sobre la recepción crítica de ese primer cuaderno de Byrne puede consultarse la biografía *Byrne, el verso de la patria*, de Urbano Martínez Carmenate (Ediciones Matanzas, Matanzas, 2012, pp. 83-88).

[82] Se refiere al taller de la imprenta matancera Galería Literaria, donde se imprimió el poemario.

[83] Debe de tratarse de una errata de «pobreza».

Le doy un fuerte abrazo y me despido de Ud. afectuosamente hasta la próxima

B. Byrne

De Eduardo Rosell

[En la esquina superior izquierda: «Temo que te asusten los pliegos de esta carta, dispénsame su extensión, te queda el recurso de leerla por partes».]

Madrid, diciembre 4 de 1891

Queridísimo amigo:

Por el correo pasado te dirigí unas líneas, bien lacónicas por cierto, pero hasta cierto punto disculpables, por tener solo por objeto el que supieras que no te olvidaba. Después de escribírtelas recibí otra carta tuya, que con tus tres anteriores, hacen 4 a las que me dispongo a contestar. No te puedes figurar el gusto que me proporciona recibir noticias tuyas. Descubro en tus cartas, un carácter, que sin ser completamente igual al mío, tiene muchos o algunos puntos de semejanza. Luego, como son de un artista me proporcionan cierto placer espiritual y me rodean de una atmósfera literaria, que menos que en Cuba, poseo aquí. Además encuentro en tus cartas frases de amistad, que a más de halagarme, me llenan de contento pues creo que [de] todos mis conocimientos eres el único, que tiene parecidos gustos e inclinaciones. Mis otras amistades, más o menos íntimas, o son entes frívolos que cifran su felicidad en un baile, o señores que por su edad, circunstancias u análogas razones ahuyentan mi confianza.

Parece mentira que a pesar del poco tiempo (relativamente) que nos conocemos, hayamos llegado a este grado de intimidad. Juzgo por mí, pero lo cierto es que contigo me atrevo a hablarte de cosas, como las literarias, que rehúyo hacer con otros, por temor o de que no me comprendan o de caer en ridículo. Contigo al contrario; sé que por extravagantes o enfatuadas que te parezcan mis aspiraciones, no has de burlarte de mí, ni privada, ni mucho menos públicamente.

No te puedes imaginar el temor, pueril si quieres, pero por desgracia muy real y efectivo, que le tengo al ridículo. Por él te rogué que sustituyeras con mis iniciales el nombre que pusiste ante tu *museo ideal*. Me parecía estar oyendo a algún maldiciente compatriota nuestro, –pero quién es ese tipo para que Casal le dedique versos– y. – suprimo los comentarios estúpidos o no que se harían. Por lo mismo es probable que nunca me determine a publicar nada, dado el caso de que alguien encontrara algo mío *publicable*. Uno de mis mayores deseos, es el pasar inadvertido. No sé si en tu niñez oirías alguna vez un cuento en que un hada bienhechora repartía unos anillos que tenían la virtud de hacer invisibles (a voluntad) a sus poseedores. Qué feliz sería yo con una de esas sortijas! y qué lástima que ya no existan hadas bienhechoras!; pero resignémonos y contestemos a tus cartas. Lo haré a cada una por separado, así no se me olvidará nada.

La 1ª. es nada menos que del diez y nueve de septiembre.

Antes (ya se me olvidaba ponértelo) he de decirte que no contesté antes tus cartas, por mis cargantes estudios de dcho. Ya por fortuna y con éxito, estoy libre de tanto cúmulo de decretales, leyes y fastidios. También tengo que manifestarte, lo que te agradezco, que sin deberme carta, me escribieras tu última. Eso indica amistad, y que me aprecias un poco. Gracias.

A tu carta.

No te puedes figurar lo que me alegré de que no llegaran [sic] a tu poder el tomo de versos de aquel señor. Cada vez me parecen más insignificantes e insulsos. Por suerte, hasta se marchó para su tierra (Andalucía) el citado señor; así es que ni siquiera tengo o [he] tenido el disgusto de contarle mentiras. Lo que siento, y es tan solo por la mala administración que indica, el extravío del paquete.

A Icaza[84] no lo he ido a ver todavía; pero tengo el propósito de hacerlo un día que me levante de humor. Luis Carvallo a quien me encontré el otro día en el teatro prometió presentármelo, pero todavía no ha habido ocasión. Este Carvallo es muy buen muchacho, pero demasiado *fino* para

---

[84] Francisco Asís de Icaza. Véase «De los correspondientes».

compaginar con mi carácter. No te puedes figurar con qué *diplomacia* me enseñó el otro día el ateneo. Según me ha dicho piensa disertar uno de estos días, en dicho punto, sobre «la novela y el drama» u otro tema parecido y prometió invitarme. Pienso asistir y te comunicaré mis impresiones.

Supongo, asociándome a tu satisfacción, la alegría que te proporcionó la carta de Gustave Moreau. También es verdad que el caso merecía la pena, pues no se puede pedir mayor finura por parte de él, ni nada más halagador, aunque merecido para ti. Te felicito de todo corazón y te envidio (amistosamente).

2ª carta (26 de sepbre). Poco tendré que contestar a gran parte de esta carta, pues cerca de la mitad son elogios, que en adelante suplico suprimas. Si por lo menos los mereciera.

Comprendo las razones que alegas para no publicar tus versos, y siento sinceramente el percance; como estoy lejos me parece hasta inhábil y anodino el brindarte mis servicios. Quizás reuniendo mis economías hubiera podido servirte; no me agradezcas una intención, que parece aprovecharse de las circunstancias que imposibilitan sus buenos deseos; estoy seguro que casi inmediatamente con el producto de la venta me reintegrarías, y me hubiera quedado como interés, casi usurario, el placer de tener reunidos tus versos y el de ser útil, aunque fuera una sola vez. La sinceridad de mi deseo, es lo único que puede justificar este irrealizable y por lo tanto altamente risible propósito. Esta sinceridad es la que presento ante ti, para no desmerecer en tu opinión. Parece mentira el grado de ignorancia y atraso en que yace nuestro pueblo. Porque de estar educado y civilizado indudablemente no te faltarían editores.

Me parece muy razonable y acertada la mudada de mi tío, por las razones que él probablemente indicará.

En cuanto vaya por París, que todavía no sé cuándo será, trataré de averiguar lo que representan los cuadros de Moreau cuya numeración me envías y de encontrar las otras copias que me encargas. No temas, como me dices, el molestarme por ello, antes al contrario me causas en ello un verdadero placer, por la con[fianza] que esto representa.

3ª carta (7 de octubre, recibida dentro de unos periódicos). Las dos primeras carillas están dedicadas a los consabidos elogios. Algunas veces me figuro que te estás burlando de mí.

Te agradezco muchísimo el envío que me haces de *La Habana Literaria*. Mi tío Pancho también me las manda con otros periódicos que semanalmente me remite. De todas maneras, como estos últimos después de leerlos tengo que mandárselos a otro hermano mío, no me vienen mal los tuyos pª conservarlos, aunque de aquí a que yo vaya a Cuba, tienen tiempo de perderse.

La Habana Literaria, me parece bastante bueno; su lectura es variada y amena. Poco más era mi proyecto; alguna más extensión le hubiera yo dado, pero considerando la poca suscripción con que se puede allí contar, es indudablemente más prudente no extender mucho los gastos. Veo con gusto, sigues siendo asiduo colaborador de ella; la única cosa mala o inútil y hasta impropia que le encuentro es la sección de La Habana Elegante. Será por contar con la sociedad visitadora de allí y por conservar algo del antiguo periódico semanal.

Tu «Horridum somnium» me ha encantado, casi me lo sé de memoria; no tanto, francamente, tu «Camino de Damasco», por el asunto y quizás también por la brusquedad del final.

La «Flor de cieno» digno de tus *Marfiles viejos.* Y de tu estudio sobre Rubén Darío, te hablaré después de ello porque acaba de traérmelo el correo y no lo he leído, pues como me anunciabas no vinieron con tu última carta sino posteriormente, los dos últimos números de la citada revista.

Me hablas de *Là-Bas* y de las *lettres* de María de Bashkirtseff[85]. El primer libro *Là-Bas* de Huysmans, lo tengo, pero no lo he leído, pues últimamente no he tenido tiempo. El 2º de la rusa, lo pienso encargar

---

[85] Marie Bashkirtseff (1860-1884). Escritora y pintora francesa de origen ruso. Comenzó a exponer en 1880, pero no obtuvo su primer éxito hasta 1883 con sus cuadros *La parisienne* y *Le meeting.* Como escritora es fundamentalmente conocida por su *Mon journal,* vuelto a encontrar en la Biblioteca Nacional de Francia en 1964 y publicado íntegramente entre 1995 y 2005.

a París y también su *journal* para no cumplir a ciegas el encargo que me haces de visitar su tumba. Le llevaré las flores en tu nombre y si me despierta igual entusiasmo que a ti, que no lo dudo, por más que no soy, ni con mucho tan romántico, añadiré otras en mi nombre. Es la 1ª vez que sigo el nombre de esa joven.

Gracias por el ofrecimiento que me haces para mi debut, pero falta saber si allí (*Hª Litª*) admitirían mi escrito; pero no te apures, por ahora no pienso *debutar*. ¿Por qué no animas al tío Domingo para que escriba algo para esa revista? Dudo que lo haga, pero se podría hacer un esfuerzo. Yo creo que Valdivia, con su eterno pesimismo, es el que más lo desanima. Te diré una cosa, creo que así como *En el cafetal* resultó un fiasco, hasta cierto punto merecido, si mi tío Domingo escribiera ahora otra novela saldría buena, quizás, muy buena. Su primera obra se resiente, sobre todo, por una forma anticuada, y como desde entonces acá (cosa que no había hecho antes), ha leído varias obras críticas y ha tenido ocasión y voluntad de leer y estudiar las principales novelas modernas, resultaría que ya con el gusto formado, más modernista, y un plan y un método contemporáneo, escribiría una obra que no dudo en calificar anticipadamente de notable. El único peligro sería que resultara un poco retrasado en ideas, pero esto sería perdonable, con tal de que no lo fuera mucho. No te quepa la menor duda que el pesimismo desesperante de Valdivia y por desdicha razonable, es el que le impide realizar un nuevo ensayo por lo menos.

No te lo prometo, porque a la verdad no pienso hacerlo, sino privadamente para ti, el transcribirte el resultado de mi visita a la tumba de María Bashkirtseff (q apellido más raro).

Acabo de leer tu artículo sobre Rubén Darío. Este y el que hiciste sobre el viaje por Europa de la del Castillo[86], me han revelado una nueva fase o dos de tu existencia literaria. La de crítico y la de prosista, en las que muy poco te conocía. Bajo la primera (fase) noto en ti una seriedad

---

[86] «Libros nuevos. *Pompeya*, por Aurelia Castillo», *La Discusión*, 6 y 7 de junio de 1890.

y una profundidad analítica, que ya he admirado en E. J. Varona. Puede ser que tengas más puntos de semejanza con otros críticos de mayor categoría, pero como no los conozco, no puedo establecer analogías. Como prosista, harás el favor de decirme de dónde sacas tantas imágenes y comparaciones? Me has dejado deslumbrado y admiro lo apropiadas y lo felices que son todas ellas. Solo he leído de Rubén Darío, algunos, muy pocos versos, pero te aseguro que con tu artículo me has despertado los deseos de conocerlo, literariamente. Cuando vaya por allá, me harás el favor de prestarme su *Azul*. No me lo mandes, pues probablemente aquí no tendré tiempo de leerlo. El prólogo (llamémosle así) de tu artículo, tiene unas consideraciones encantadoras en todos [los] conceptos. ¿Por qué no escribes una novela? Solo tres cuartillas al día, pues al menos que no seas un ente fenomenalmente privilegiado, ese dificilísimo y *subyugador* estilo tuyo debe romperte el cerebro y fatigarte la imaginación. No sigo, por temor de cansarte, pero te aseguro, con toda sinceridad, que estoy encantado.

4ª carta (30 de Octbre 91). Llegó con diez días de atraso o sea por el correo siguiente; no sé si sería por equivocación tuya al poner la fecha o fallo del correo.

La media docena de líneas anteriores te las puse ayer para adelantar trabajo; ahora son las $4^{1/2}$ de la madrugada. Acabo de llegar de un punto característico de Madrid, en compañía de un conocido huésped de este hotel y que, como yo, tiene sus pretensiones literarias. Te transcribo inmediatamente algunas de mis impresiones.

Lleva el punto por fuera el nombre de chocolatería, en realidad es una taberna. La entrada es la tercera parte de la puerta, reducción debida a lo avanzado de la hora. Al entrar casi no distingues nada; una media luz sospechosa ilumina el centro, al fondo percibes una viva claridad. Un vaho, ebrio de vino, y mareado por las tagarninas, medio te sofoca. Poco a poco te acostumbras y cuando ya el mozo, de discutible catadura, te presenta la bandeja atestada de buñuelos y de churros empiezas a hacerte cargo de la situación. El local es prolongado y estrecho, las mesas de mármol, colocadas a lo largo de las paredes desaparecen tras los parroquianos, y sus siluetas difusas, sin contornos, dibújanse como sombras, en el barnizado zócalo de azulejos blanquecinos, que limitan el floreado papel de las paredes. En el mostrador un hombre se apresura a despachar copas de aguardiente; a nosotros nos traen unas. Con el alcohol se sobreexcita tu imaginación; la claridad del fondo se te antoja más viva y deslumbrante y te sugiere imágenes candentes de crímenes y avernos. Es el punto donde confeccionan los buñuelos y que ayuda con sus fulgores a presentarte como un antro sospechoso; su [ininteligible].

Una *campana* de colosales proporciones ampara el fogón y bajo sus alas el buñolero te resulta horriblemente grotesco, negro como un demonio y con perfiles de aterrador misterio. Agítase y muévese; de una gran cazuela metálica, que por su forma parece el desecho de un tambor mayor; saca la pasta, retuércela, la fríe y colócala en un plato de zinc en desordenado montón. Los churros se sobreponen a su lado, y un gran pincho en la pared atraviesa unas tortas grandes, húmedas, chorreantes, aceitosas. Dos o tres luces de gas permiten ver su color de barquillo y su aspecto indigesto. Todo esto lo vislumbras a ratos, pues de vez en cuando la salida de alguna chula de rico mantón más o menos mal acompañada oscurece la perspectiva con su cuerpo airoso y su gracia problemática. Más a menudo aún, algún chulo de canallesca expresión y con el gorro clásico de los ratas, cruza ante ti. Otras es algún embozado el que se atraviesa.

Ya por la costumbre, no notas el hálito alcohólico que te chocó al entrar. Ahora percibes miasmas de crimen, olor a bajezas, vapores de presidio. A ello te ayuda la semi-dudosa claridad, el aspecto de las personas, y hasta el rumor confuso, incierto que como temeroso, sale de todos lados. No hay roñas, ni discusiones, todo se vuelve sigilo y precauciones y la vergüenza parece hasta impedir demostraciones tan clásicas del pueblo español como son el alboroto y las puñaladas.

Salí sofocado, pero a la verdad alegrándome haber estado allí. Al traspasar la puerta y al sentir en mí el viento helado de la madrugada pensé en ti, me propuse hacerte conocer mis impresiones. Ya que he cumplido mi propósito me voy a la cama; dispensa si te he aburrido con ellas.

Tengo que advertirte antes de continuar, que esta chocolatería-taberna o buñolería taberna, solo se abre de la una de la mañana en adelante. Dícese y está de moda el que las personas decentes que tras-nochan, concurran por excentricidad a estos puntos. A decirte verdad las únicas personas que vi allí de aspecto presentable, éramos nosotros. A estos y a otros puntos parecidos, que quizás recorra, era adonde concurría el célebre Vázquez Varela[87], cuando se escapaba, o más bien, cuando le dejaban salir de la cárcel modelo. Supongo que a pesar de tu habitual concentración artística y de tu desprecio por todo lo que no sea literatura y arte, oirías hablar hace tres o cuatro años y por lo tanto recordarás a este personaje. De buenas ganas continuaría tra-tándote de este asunto (la de [sic] mi excursión), añadiendo algunas consideraciones psicológicas. Te las suprimo en honor de la brevedad, y porque no me encuentro suficientemente provisto de originalidad para distraerte con ellas.

7 de Dbre. Contesto por fin a tu cuarta y última carta.

Justifico tus reproches por haber estado tanto tiempo sin escribirte. De las dos razones q supones existieron para no hacerlo y con la[s] que pretendes disculpar mis descuidos, ya te he dicho cuál es la verdadera; mis estudios. La 2ª hipótesis que admitías, era el suponerme de viaje por alguna antigua ciudad española. Es un *error*; salvo la pequeña visita que hice a Aragón, no he salido de Madrid. Pienso sí ir a algunos puntos y desearía mucho conocer a otros. Hablo de ciudades españolas; en todas ellas he estado, pero cuando pequeño, y no las recuerdo. Al Escorial y a Toledo iré un día de estos; a Barcelona muy pronto; a Sevilla es probable y puede que a Granada y si de allí pudiera dar un saltico a Marruecos, no me disgustaría. Como proyectos más serios y quizás, quizás, realizables, cuento con que Londres me hospede, recorrer la Suiza y estacionarme por unos días en la bella Italia. Todo depende de encontrar un compañero apropiado y que reúna circunstancias especia-

---

[87] Al parecer se trata de José Vázquez Varela, personaje implicado en el proceso del crimen de la calle Fuencarral (Madrid), famoso asesinato de la época ocurrido en julio de 1888.

les; pues no te puedes figurar lo aburrido que es viajar solo. En París, a pesar de que no tenía tiempo para ello, me sucedió algo de esto. Siempre es grato tener una persona a quien comunicarle sus [sic] impresiones del momento, con quien comentar lo visible y que te quite el aspecto de pájaro errante, que despiertan esos turistas solitarios. Además por poco hablador que yo sea, es desagradable pasarse días y más días, sin tener más comunicaciones personales, que las que te suministren los criados y las imprescindibles que requieren las rameras. Me dirás, y puede que con razón, que en todos los puntos a que vaya encontraré personas en idénticas circunstancias. Sí, pero puede uno sufrir muchos chascos, y me confesarás que además de problemático es también esto algo arriesgado. No todas son personas tratables en este mundo, ni mucho menos simpáticas.

Comprendo tu impaciencia por recibir respuesta a la 2ª carta que le escribiste a Gustave Moreau. En cuanto la recibas, no dejes de comunicármela.

Me supones ya con la digestión hecha de *les sensations d'Italie*[88], de Bourget. Tengo el libro, pero a decirte verdad, todavía no lo he leído. En estos últimos tiempos he leído muy poco, parte por mis estudios, parte por diversiones, que resultan algunas veces aburridas. Solo, asómbrate, me he tragado dos novelas de la Pardo Bazán[89]; pero esto tiene su razón de ser. No sé si te he dicho que el tío Domingo me encargó por una de sus cartas, que le hiciera una visita en su nombre a dicha señora. Como preparación necesaria compré algunos escritos suyos y ya, suficientemente preparado, me encaminé a su casa.

Bata elegante de terciopelo negro, cuerpo ajamonado, pero aceptable; 40 años, quizás largos; quizás también las tinturas tuvieran que ver algo en su pelo rubio; cara placentera y agradable, aunque no distinguida; conversación amena, con frecuentes transiciones bruscas (aun más que yo) de un asunto a otro; muy amable, a lo menos conmigo. Habla como

---

[88] *Sensations d'Italie*. Alphonse Lemerre, París, 1891.
[89] Emilia Pardo Bazán. Véase «De los correspondientes».

escribe, que es bien; me presentó a una señora de buen aspecto como
a su madre; a una niña de unos doce años como a su hija; y un joven
flaco, que pretende ser [ininteligible] gracioso a pesar de sus 14 años,
resultó ser su hijo.

Detalles accesorios; usa impertinentes, pero no abusa de ellos; habló
poco de sus obras y de ella; mucho del tío Domingo; incidentalmente
de Valdivia, a quien calificó con cierto retintín de enemigo literario,
y bastante del arte indio en las Américas. Mi visita, aunque no muy
corta, lo fue en realidad, pues como recibía aquel día llegaron otras
visitas que interrumpieron nuestro *tete à tete*. Resumen: salí bien impre-
sionado y con ciertos deseíllos, que no me atrevo a confesar, de volver
por allá; probablemente no lo haré. Salí también felicitándome de que
no me hablara de su repertorio, pues aunque se lo hubiera celebrado, no
hubiera sido con toda la sinceridad apetecible. Las dos últimas novelas
suyas que leí no me satisficieron; antes bien me aburrieron. Me refiero
a *La tribuna* y a *Insolación*, sobre todo a esta última. Vulgaridad en los
caracteres, en muchos detalles, en el argumento; en fin algo parecido a
mi «tierra-adentro».

Se me olvidaba hablarte de la decoración. Peca a mi parecer del mismo
defecto; aunque rico y en un correcto desorden, de rigor hoy día, no noté
nada peculiar ni característico. Puede que la media luz crepuscular primero, y la indecisa de los quinqués, después, no me permitieron admirar
el valor, ni el mérito de los cuadros, espejos y bibelots de los estantes;
pero nada japonés, nada original, excéntrico. Ah, so[lo] una mesa de gran
tamaño, llamó mi atención en un rincón. Al parecer moderna, pero seis
veces mayor que las que se ven comúnmente; del mismo género eran unas
sillas de alto respaldar y forma gráfica, pertenecientes, salvo error debido
a mi ignorancia, al estilo del Renacimiento. El cortinaje y alfombrado,
obscuro, serio, elegante. Basta de Pardo Bazán.

El misticismo que vas observando en Bourget, y en su próxima con-
versión a la fe, me recuerdan mucho tu modo de ser. Tanto tú como
él; más tú, pues a él no lo conozco, os volverías gustosos cartujos; pero
habría de ser en una cartuja refinada, con escritores por monjes, con una

habitación japonesa por celda; en que la lectura reglamentaria fueran artísticas [sic] y que se os permitiera hacer vuestra santa voluntad, el tiempo suficiente para que no os aburrierais de ella. Cuando descubras ese retiro ideal, avísame que te haré compañía. Dirás que no, que de ir a una cartuja sería para guardar silencio, abstraerte en contemplaciones místicas y olvidar por completo las cosas terrenales. Confiésame, sin embargo, que aunque fuera en sueño, no *horridum*, sino placentero, te gustaría comunicarte con Moreau, con Huysmans, con Goncourt[90], con tantos otros que causan tus delicias. Desengáñate, pronto te aburrirías, pues faltándote el principal agente que origina tu pesimismo, no podrías sostenerlo. Allí no tendrías ocasión de apreciar las bajezas, que hastían, ni de despreciar al mundo, que hoy te asquea y que no podrías entonces tratar ni por tanto aborrecer. El recuerdo, por mucho que digan, no llega nunca a sustituir la realidad.

Sóspechome[,] querido amigo, que con todas estas disertaciones me estoy poniendo algo estúpido y cargante.

Ya he acabado de contestar tus cartas y paréceme que ya es hora de concluir esta. Digo en ella tantas boberías que te agradecería la rompieras. Espero que juzgarás esta como suficiente desagravio, por haber estado tanto tiempo sin escribirte. En adelante procuraré hacerlo con más puntualidad.

Te quiere y queda tuyo afmo. amigo.

Eduardo Rosell

Dime si recibiste una carta mía en que te hablaba del cuadro célebre, *La maja* de Goya.

---

[90] Edmond de Goncourt (1822-1896). Novelista francés. Publicó, junto a su hermano Jules (1830-1870), *Renée Mauperin* (1864), *Germinie Lacerteux* (1865) e *Idées et sensations* (1866). A los Goncourt se les reconoce la creación del «estilo impresionista» y su gusto por lo patológico.

Madrid, febrero 28 de 1892

Sr. D. Julián del Casal

Queridísimo amigo:

Por fin recibí tu carta certificada y no solamente ella sino también tus otras dos posteriores, las que siguiendo el estilo comercial, que es bueno, te diré que fechaste el 28 de enero la una y la otra el 4 del corriente.

Inútil me parece decirte el placer que con ellas me has proporcionado y a las que no he contestado antes, por haber estado casi todos estos días pasados de caza. Es casi mi única distracción en esta corte y aprovecho casi siempre que va mi hermano para acompañarle y hacerle pagar a los infelices conejos los ratos de aburrimiento que me proporciona la vida madrileña. Anoche llegué de una de estas cacerías, poco lucida por cierto, a causa del mal tiempo, y mañana probablemente, desdeñando los placeres carnavalescos que me brindan los numerosos bailes de disfraz y demás estupideces de careta, partiré para otra. Allí, si no cazo, leo, y con esto mato el tiempo. En el intervalo de ellas, te pongo estas líneas, que prolongaré todo lo posible y te la[s] enviaré por vía extranjera, certificándola si llegara a ser muy larga.

Me gusta cazar a pesar del frío; es tanto lo que me seduce la perspectiva de un conejo dando la voltereta, que me levanto muy temprano, desdeñando los campos helados y una temperatura casi siberiana. Pero en estos últimos días hacía demasiado frío; en las lagunas, en los charcos, hasta en las pisadas profundas hechas por los animales en el lodo de la tierra, helábase el agua, allí depositada por las recientes lluvias. Y es bonito, no te creas; en las superficies considera- de agua [sic][91], lo ves todo a través de un cristal, de un dedo de gordo y aun más: en algunas partes está rajada, pero en otras se presenta lisa y constante[,] tanto que si tiras una piedra pequeña, se desliza suave y rápidamente como si llevara patines, y si es grande la piedra, ves como cruje aquella capa de hielo y se raja y se fracciona. La hierba y la tierra aparecen empolvadas, pero mucho, como nuestras paisanas

---

[91] Fragmento incoherente. Pareciera que al ir al dorso el autor perdió la idea.

cuando van al teatro, y en algunos puntos donde se presta la configuración de la naturaleza, aparecen grutas liliputienses llenas de estalactitas, finas, brillantes, quebradizas. Estas grutas se forman con cinco o seis yerbas entrecruzadas en cualquier cavidad, bien sea en el tronco de un árbol o en la pisada de un buey. Pero todo esto dura poco; el sol las deshace y al evaporarse humea la tierra como si estuviera hirviente; yo gozaría más con ello, si no fuera por el dichoso frío, que al hacerte destilar constantemente la nariz y llorar los ojos quita el humor para todo, hasta para sonarse.

Pero contestemos tus cartas.

Por complacerte volví el lunes pasado a casa de Dª Emilia Pardo Bazán; pero como es natural no se acordaba de mí. El darme a conocer y cumplir con los demás requisitos sociales y estúpidos me abochornaron completamente; tanto, que *ni la encontré tan buena moza, ni tan artístico su salón, ni tan grande su mesa.* Estuvo sin embargo muy amable conmigo, pero no obsequiosa como la primera vez; indudablemente es una mujer de talento y habla muy bien; disertó sobre Suiza, Galicia, otras poblaciones españolas y nada sobre literatura. Piensa publicar los versos *Jaime* en su nueva colección, adicionándolos a cualquiera de sus libros; tiene intenciones de abandonar su *Teatro Crítico* porque le da mucho trabajo, pero quizás no lo haga, porque parece que le da buen resultado pecuniario y se me olvidó preguntarle, según tu encargo, por *Dictamaro.* Hice una visita de más de una hora, lo cual fue una torpeza, pero como estaba tan ciscado no encontraba oportunidad para irme; no pienso volver, aunque, siempre fina, al despedirme, me animó a ello. Total que salí de allí con una de esas rabias frías, que le producen a unos el haberse tirado una plancha. Repítote, sin embargo, que estuvo, muy amable, pero con esa amabilidad sociable y que parece forzada.

Quizás no me pareció tan bella, ni escogido el decorado, porque todavía era de día y no estaba tan seducido por la idea de hablar con ella como la primera vez; fue sobra de luz natural y falta de la intelectual; la 1ª vez era casi de noche y llevaba más ilusiones.

Si voy a París, que no lo sé, no dejaré de ir a visitar, a la que hubieras tú amado, en el cementerio de Passy (celebro me digas cuál es el cementerio, pues lo ignoraba). He leído sus cartas y más de la mitad del libro me aburrió, en verdad; son cartas muy y [sic] espirituales, sobre todo si se tiene en cuenta la edad en que las escribía; pero suprimiendo estas consideraciones, te digo sinceramente que no me parecieron muy publicables (sentido de que merecieran publicarse); en cambio la segunda mitad me interesó mucho y te agradezco me las hayas recomendado, pues me compensaron con mucho, el tiempo empleado en leerlas. Tan cierto es, que deseo vivamente leer su *journal* y procuraré empezarlo cuanto antes. Las cartas a Goncourt, Zola y demás literatos, incluso ese Monsieur M... que supongo será, y no sé por qué, Maupassant[92], me despertaron el más vivo interés; no solo por su asunto, por sus ideas, y por su materia literaria y psicológica, sino también porque vi puestas en práctica, intenciones y deseos, que cualquiera tendría, empezando por mí, de cartearse, aunque anónimamente, con personas tan célebres. Además son verdaderamente espirituales (llenas *d'esprit*) e interesantísimas. Y si supieras cuándo empezaron a interesarme esas cartas! Entre las diversas cacerías que existen, hay una que se llama del *reclamo*; consiste en llevar una perdiz enseñada, colocarla en un punto o *moto* y esconderse uno en un circuito de piedras o de ramaje, que se llama *puesto;* allí tiene uno que esperar que la perdiz del *moto,* a fuerza de cantar logre llamar a atención de las del campo, las que zaheridas por un extraño que se imbuye en sus dominios, quizás para quitarle su hembra, acude presurosa a combatir con él y a castigar tanto atrevimiento. Entonces es cuando el cazador, bien traidoramente por cierto, las mata aprovechando su valentía (la de la perdiz), y la inocencia y despreocupación con que se presentan. Es una cacería de refinados y que sin duda tiene sus atractivos, por oír cantar a la perdiz y por ver el arroje con que acuden a la pelea, a más de las veinte mil peripecias del caso, muy parecidas, según dicen, a las que se observan en los gallos, cuando pelean. Pero para esto hay que estar una hora o dos, y algunas veces hasta más, sin hacer ningún movimiento y en una mala postura; amén del frío y de

[92] Del narrador francés Guy de Maupassant (1850-1893) escribió Casal «*La vida errante* por Guy de Maupassant», *La Discusión* y *La Habana Elegante*, 11 y 13 de abril respectivamente, 1890.

la humedad y yo, no tengo paciencia para tanto. Para adormecerla lo que hago es llevar un libro, aunque todos me lo critican y quizás sea por esto, por lo que no haya logrado todavía matar ninguna. Procuro que el libro no sea de lo más interesante, para no ensimismarme mucho en él y poder, llegado el caso, atender a mis obligaciones cinegéticas. Por eso llevé esas cartas; pero quién te dice que empezaron entonces a interesarme tanto, que creo que hubieran podido presentarse impunemente una docena de perdices, con perdón sea dicho de los entusiastas. Sí, me interesaron mucho y no me levanté hasta concluir el libro, que fue a las dos horas y cuando ya estaba completamente entumecido por el frío; llegué a perder por él, la noción de mis pies. ¡Bien se vengó Mª Bashkirtseff de mi primitiva indiferencia! Pero se lo perdono, porque vale la pena.

Mucho me ha alegrado la epístola de Gustave Moreau y supongo y *envidio* el efecto que te habrá causado, las notas tuyas me ayudaron mucho para la comprensión de algunos párrafos. En cuanto a si verlo en tu nombre, si voy a París, no me comprometo a hacerlo: no poseo lo suficiente el francés para que no resultara estúpida mi visita. De lo contrario sería inmenso el placer que experimentaría al ver hombre tan privilegiado y al poder darte noticias detalladas de él; desiste pues de tu propósito de mandarme una carta, pero no dejes de comunicarme las sucesivas que de él vayas recibiendo.

Vi *La maja vestida* de Goya, pero me gusta más la *desnuda*, en aquella como hecha sin modelo y solo por la causa que tú sabes, resultan las ropas demasiado adheridas al cuerpo, tanto que si estuvieran pegadas no dibujarían más sus formas. Puede que esto sea su principal mérito, pero reconozco mi poco gusto. *La desnuda*, es un primor.

El autor del libro de versos, que supongo serán aquellos que te mandé y por el que me preguntas, se llama Tejón y R. de la Granda. Ahora ha publicado otro tomo, según he visto anunciado; no pienso comprarlo por ahora y te ruego no te ocupes más de eso.

Sigue mandándome tus cartas a la misma dirección, pues mi hno. siempre sabrá dónde estoy y me las remitirá. Yo no puedo avisártelo tan anticipadamente, pues ni yo mismo lo sé.

No me ha extrañado que todavía no hubieras recibido la careta japonesa, pues ya me advirtieron no podría ir por aquel correo. Espero ya estará en tu poder y en caso contrario avísame para reclamar. No fue por correo, sino como paquete [ininteligible] postal.

Gracias por tus elogios; manejas muy bien la *sátira;* y no te lo agradezco pues me impides que te hable del *Gran Galeoto,* de Echegaray[93] y sobre todo del *Obstáculo* de Daudet[94]. ¿Te acuerdas?, de aquel Obstáculo que apareció en la colección Guillaume y que se vendía en casa de Wilson. Aquí lo han representado en «la Comedia» y, a mi parecer, bastante bien. Solo te diré, que menos el final, me ha parecido muy buena y aun con el final mucho mejor, que cualquier obra del repertorio moderno español.

Ignoraba las noticias que me das sobre el tío Domingo y su nueva novela; en sus cartas nunca me ha dicho nada; no te puedes figurar lo que me alegro y lo que te agradezco la nueva. En mis cartas a mi tío sigo ignorándolo todo. Sí, es probable que nos veamos este verano como te dijo mi hno. Pancho, pues pienso ir a estudiar una especie de ingeniería agrónoma a los Estados Unidos, y antes procuraré pasar por allí. Ese proyecto de estudios, no me hace mucha gracia, pero puede que de él dependa mi porvenir y hay que hacer por la vida. Sin embargo nada menos literario y *casi* más opuesto a mis deseos y aficiones.

No he recibido *La Habana Literaria* y lo siento porque a mi hno. Pancho, también se le ha olvidado mandarme el último número. Y más lo siento porque según he leído en *La Lucha* traía un artículo de Lombroso[95]

---

[93] José Echegaray y Eizaguirre (1832-1916). Dramaturgo y político español. Comenzó su carrera literaria en 1874 y produjo más de setenta dramas en prosa y en verso, entre los que destacan *Locura y santidad* (1876), *El gran galeoto* (1881; 1908) y *El hijo de Don Juan* (1892). Recibió en 1904, compartido con el poeta Frédéric Mistral, el Premio Nobel de Literatura.

[94] Alphonse Daudet (1840-1897). Novelista francés. Autor de las novelas *Fromont jeune et Risler aîné* (1874), *Jack* (1876), *Le Nabab* (1877), *L'Évangéliste* (1883) y *Sapho* (1884).

[95] Cesare Lombroso (1835-1909). Médico, criminalista y antropólogo italiano. Fue profesor de Psiquiatría, Medicina Legal y Antropología Criminal en las universidades de Pavia y Turín. Autor de *L'uomo delinquente* (1876), *La donna delinquente* (1893) y

sobre Mª B. que me hubiera agradado leer; así es que si no te perjudico, te agradeceré me lo envíes. Igualmente siento que vaya anticuándose esa revista.

Lo que me ha parecido bastante bueno es el número Noel del *Fígaro;* todavía no lo he leído, pero por los grabados y el sumario me he adelantado a juzgar.

Dale un abrazo de mi parte a Ricoy, pues por él espero tus versos. ¿Cuándo es?

Lamento de veras no hayan llegado a tu poder los periódicos franceses que hablan de Maupassant. Este *creo* sigue mejor. Por el correo antepasado te mandé otros, entre ellos unos suplementos literarios del *Fígaro* y de *L'Écho* con artículos notables y originales (uno de ellos se titula «Du mourir dans l'amour») y otros porque hablaban de *Por le glaive,* ese exitoso del que creo es tu admirado Richepin[96]. Serán los últimos que te mande, pues aquí en Madrid no tengo la misma facilidad que en Barcelona; además de que piden mucho más caso, nunca dan los suplementos literarios, que es para mí, una de las cosas más interesantes. Un cargo más que tengo para esta villa! Pero no es ese el solo. ¿Te puedes creer que en plena capital de España, y en plena calle de Alcalá, que es su calle más importante, se ven en algunas casas, los balcones con ropa blanca tendida para secar?, ¿que muchas personas, sobre todo en el verano (ahora el frío no se los permite), sacan las sillas de las casas y se sientan en las aceras interrumpiendo el paso? Ni más ni menos que en cualquier pueblucho. Yo no niego, no, que Madrid tenga sus encantos y comodidades, pero afirmo que tiene muchas ridículas costumbres y que aquellas, aunque existan, serán para las personas que vivan en él y las conozcan y no para un forastero y más cuando es tan retraído y solitario como yo. Y no es

---

L'antisemitismo e le scienze moderne (1894), su trabajo sentó las bases de la antropología criminal moderna.

[96] Jean Richepin (1849-1926). Poeta, teatrista y novelista francés oriundo de Argel. Publicó los cuadernos de poesía: *La chanson des gueux* (1876), *Les caresses* (1877), *Les blasphèmes* (1884), *La mer* (1886), *Mes paradis* (1894) y *La bombarde* (1899). *Por le glaive*, es un drama en 5 actos de 1892.

solo lo que te he dicho lo que tengo que echarle en cara; hay también muchas cosas, pequeñeces quizás, pero en fin cosas muy criticables y que no te enumero, no solo por no aburrirte, sino también porque hay que recordarlas y son tan absurdas que para ello hay que estar viéndolas. En una palabra, creo que La Habana está más civilizada que esto en muchas cosas y casi sin relatividad, sobre todo en literatura.

El periódico madrileño que te mandé es *Blanco y Negro* y su mismo carácter jocoso que ha tenido que emplear, por no gustar aquí la seriedad literaria, es una prueba de mi última afirmación; la de que estamos más adelantados en literatura. Hay cada personaje de letras aquí, que también lo confirman; en Francia ni soplarían.

No he leído *La piedra angular*[97] ni pienso hacerlo por ahora, por las mismas justas razones que aduces. Se pierde demasiado tiempo.

Celebro el estudio que piensas hacer de Huysmans; no dejes de mandármelo; yo también pienso comprar todas sus obras, pues su último libro, *Là-Bas*, me ha encantado. ¡Qué originalidad y qué estilo! ¡Qué estilo, sobre todo! Es un estilo que subyuga, que *se enardece* cuando habla de lúbricos desenfrenos de Gilles de Rais, que *se* sataniza al hablar de los misterios de la magia negra y de los epilépticos excesos de sus asociados y que *se* purifica al disertar sobre el misticismo de la Religión y del encanto simbólico de las campanas. Aquella descripción de los remordimientos y de las pesadillas de su personaje cuando se pierde en el bosque y cuando le parece ver en cada árbol una reproducción de sus crímenes es verdaderamente genial. Genial en eso y en sus demás disertaciones, hasta en su nihilmismo [sic] pesimista, a quien todo disgusta incluso los estudios psicológicos de los modernos autores. Pobre Bourget! Y además instructivo, pero mucho, yo por mi parte ignoraba casi todas esas cosas de que habla, esos misterios, esos pecados epopéyicos y toda la farándula infernal que se traen algunos curas. ¿Pero será cierto, no la posibilidad que existan tales cosas, pues peores cosas cuenta la historia, sino el resultado obtenido por aquellos santones, y por sus oraciones, más o menos católicas y bíblicas? De admitirlas, hay también que aceptar la

---

[97] Emilia Pardo Bazán (1891): *La piedra angular*. Madrid: Imprenta Renacimiento.

religión católica como verdadera y a su Dios, como el único existente. Respecto a la posibilidad de que haya quien practique tales actos, no lo dudo; en nuestra misma Isla, ¿qué es el ñañiguismo, sino un diabolismo, grotesco y estúpido sí, pero al fin diabolismo? Y todas esas teorías sobre los *incubats* y los *sucubats* es sumamente interesante; ¿pero será real? o ¿solo efecto de imaginaciones sobreexcitadas y de histerismos depravados? de todas maneras hay que confesar que todo ello, «si non e vero, e ben trovato» como diría un italiano. Me ha gustado *Là-Bas*, mucho más que *À rebours*. No se te ocurra prestárselo a ninguna joven impresionable, pues de seguro tendría visiones nocturnas.

Tengo curiosidad por una cosa. ¿Qué nombre le dan los autores franceses a esos libros? Pues novelas no son; o a lo menos difieren tanto de ellas, por la trama, por el plan y por todo, que hay que confesar que son unas novelas muy especiales y que bien merecían otra denominación.

Siempre que leas algún libro así, de tu gusto, no dejes de recomendármelo. Estoy seguro que también será del mío.

Tanto te he anunciado mi aventura *bourgetista* de Valvidrieras, que casi no me atrevo a hablarte de ella. Es un hecho sin importancia, pero al que, a fuerzas de reticencias, he dado algún valor.

Prepárate pues a sufrir un desengaño y disimúlame la mala impresión.

Valvidrieras, como te he dicho, es entre los alrededores de Barcelona de los más pintorescos. Vase a él, en tren, hasta un pueblo llamado Sarriá y de allí en ómnibus, siguiendo las curvas de unas carreteras, formadas en una montaña se llega a la cúspide o sea a Valvidrieras; se entiende que este es el viaje económico.

Entre tanto vas gozando de preciosas vistas; pueblecitos poéticos situados en el valle, bosques de pinos, no como los de Cuba escuetos y graciosos, sino macizos, en forma de cáliz o de copa de champagne. Hay el inconveniente de que las innumerables vueltas de la carretera te hace casi siempre contemplar, a intervalos, los mismos paisajes. El verde oscuro de los pinos, resalta bien sobre el amarillo de oro *anémico* de la retama y aunque en sí el paisaje no es una cosa sorprendente por su originalidad, ni tan poéticamente melancólico como el de Cuba, ves por lo menos arbustos que parodian árboles y bastante verde; ese verde tan bonito de que están desprovistos los alrededores de Madrid. (Los de esta corte, son verdaderas *calvicies*; lo único que interrumpe la vista son algunas chaparras escasas y rastreras, alternando con raquíticos enhebros de enana estatura. Los tomillos son del mismo color de la tierra y lo único que hacen es llenarla de manchas más obscuras, pero sin alegrar por sus tonos. Y así se suceden los campos, en barrancos antipáticos o en ondulaciones formadas por colinas; solamente en el horizonte las montañas del Guadarrama, con sus nevadas vertientes, interrumpen la igualdad. Pero con poca fortuna, pues con sus nacaradas blancuras se anticipan a las nubes y llegan a confundirse sin línea divisoria perceptible con un cielo, siempre gris y triste. Esto es Madrid.)

En Valvidrieras ya te he dicho; al llegar a él, o sea donde se agrupan varias casas y hoteles, es otra cosa; como es tan elevada su posición, el panorama se extiende. Pero no me fijé, pues me dijeron que desde un monte cercano, llamado el Tibi-dabo y a donde pensábamos ir podría gozar aun de mejor perspectiva y al llegar a él tuve tan poca suerte que no pude ver nada, pues la neblina, tan impalpable como espesa, vino a interponerse, y a impedir con su obstáculo, como cualquier mujer envidiosa, el que solazáramos nuestras retinas. Lo sentí y solo pude admirar el pabellón de estructura morisca, que en honor de la reina habían levantado, cuando la exposición. Aunque es de madera y hecho a la ligera, es de buen efecto y *cae* muy bien sobre las alturas del Tibi-dabo.

En cuanto a paisajes reducidos, pude admirar algunos muy bellos en Valvidrieras, valles regularmente profundos, arroyos poco caudalosos, algunas quintas casi palatinas por sus proporciones y destacándose sobre un laguito que se escondía entre el ramaje, el campanario de una Iglesia, bello en su misma modestia.

Se me ocurrió visitarla, más por matar el tiempo que por otra cosa. Felizmente nos encontramos con un cura amable, que a pesar de que estaba acabando de almorzar, nos hizo admirar unos retablos, dos cuadros en que sobre un fondo de oro, destacábanse las figuras de San Pedro y S. Pablo y que según él, estaban tasadas en más de quinientos duros cada uno. La penumbra del lugar me impidió hacerme cargo de ello. Luego nos enseñó el

cementerio, reducido cuadrilátero donde se alineaban los nichos, y en uno
de ellos me encontré la siguiente inscripción que te transcribo fielmente:

> Aquí descansan los restos de
> Jaime Sauró.
> Murió el 10 de septiembre de 1875
> a los 20 años de edad.
> Tú que me miras hoy
> serás lo que yo soy.

Quedé encantado con ella. La placidez de la tarde, la bondad del
cura y la sencillez cristiana y casi pueril de esos versitos, eran cosas que
influyeron tanto en mi ánimo, que sentí dentro de mí como un airecillo
bienhechor y consolante. Nuevo Bourget, me creí trasportado a aquella
abadía que figura en su *santo,* primero de los cuentos de su *Noveaux pas-
tels.* Empezaba hasta encontrar buena la Religión y su misteriosa sencillez
y a gozar con sus cándidas exterioridades, cuando para imbuirme más
en ella, llámele la atención al cura sobre el objeto de mis reflexiones y
mostréle la lápida. En mala hora, chico; *el diablo* sin duda alguna velaba;
empezó a disertarme sobre ella y a insertarme tal cúmulo de vulgaridades que pronto todas mis ilusiones se desvanecieron. Empezó a citarme
pasajes más o menos auténticos de la biblia y a hacer consideraciones
filosóficas sobre la vanidad terrestre, pero con tan poca gracia, con tal aire
de malignidad y hasta de hipocresía, que renegué de él y de sus jesuíticas
manifestaciones. Su mirada era sardónica y en su aspecto nada revelaba
la santidad; a todas estas concluyó por echar indirectas sobre los ricos y
sobre las limosnas que debían dar y a indicar tan poco disimuladamente
una bandeja colocada sobre una mesa cercana, que veíase claramente la
codicia de que estaba animado. ¿A qué hablarte más de esto? Me costaría
mucho trabajo y sería muy largo el expresarte todo lo que se me ocurre
sobre el particular; dejo que tu ingenio supla todo lo demás.
Para concluir pienso indicarte mis impresiones sobre mis últimas lecturas. No te asustes y resígnate, que no en balde se me ofrece la amistad.
¿Quién no te mandó protestar a las primeras de mis interminables cartas?

De las cartas de Marie B. y de *Là-Bas* ya te he hablado.

Dos generaciones de Tolstói es una novelita o más bien *nouvelle* de ese autor ruso. Es un estudio sobre los diversos caracteres que se presentan, gracias a la diferencia del *medium* y de la educación, entre dos personas, aunque sean padres e hijos. Antes todo era corazón, hoy todo es cabeza; el positivismo moderno anula o más bien eclipsa todas las bellas cualidades que eran el encanto de nuestros mayores. Indudablemente es un estudio admirable; los caracteres están como cincelados y hay relieve en todos los pasajes. Al principio te choca y encuentras una especie de incoherencia, pero luego confundido, te descubres y confiesas humildemente tu error. Es una obra de arte; pero a pesar de ello, me parece que si en vez de ser la obra de un autor tan discutido y hasta genial, fueran las primicias de un *debutante,* parecería digo algo incompleto. Mi voto es nulo; pero esa misma falta de minuciosidad, da más realce al conjunto, y debe ser una especialidad de los autores rusos, pues algo por el estilo he observado en *Humo* de Turguéniev (otra de mis últimas lecturas). Es una crítica atroz para los rusos y en los primeros capítulos, sin mencionarlos, hace tal descripción de sus absurdos y de sus defectos, que verdaderamente se queda uno como alelado, al ver las diversas materias de que tratan, su confusión, la retahíla de nombres que se barajan y hasta el barullo que forman tan avanzadas como diversas ideas; sientes la sensación del vacío. Sea porque no estoy todavía acostumbrado al *modelo* ruso, sea porque no soy lo suficientemente inteligente, *Humo* no me ha llenado. Es verdad que la había oído celebrar demasiado por algunos (Bourget entre ellos) y como también la he leído en español, traducida del francés y esta del ruso, debe haber perdido mucho la obra, en la traducción de una traducción. De todas maneras merece leerse.

La lectura que hasta cierto punto siento haberla hecho es la de *Manon Lescaut* por el abate Prévost[98]. No dudo que cuando apareció fuera una

[98] Antoine François Prévost (1697-1763). Novelista francés. Autor de *Mémoires et aventures d'un homme de qualité…* (1728-1731), en siete de volúmenes, el séptimo de los cuales, y por el que más notoriedad alcanzó, se titula *Histoire du chevalier Des Grieux et de Manon Lescaut.*

notabilidad; pero hoy estamos más refinados y necesitamos más profundidad. Es la historia de unos amores en que la pasión se sobrepone a los celos y a toda especie de bajezas. Algo parecido, pero con una diferencia notable, a los que estudia Bourget (siempre él) en la persona de Claude Larcher. ¿Te acuerdas? figura en *Mesonges* y es el que se confiesa en la *Physiologie de l'amour.*

Es el mismo asunto, pero con otras aventuras y el modernismo necesario, añade esa psicología, que tanto me seduce y que no analiza Prévost y verás la diferencia.

Hablarte, aunque en forma de panegírico de *Cherie* de Goncourt, es cosa de que no me atrevo; sería profanar tan gran maestro. Es el examen fisiológico de una parisiense de la alta sociedad. ¡Qué capítulos tiene! ¡Qué descripciones y qué rasgos! Es una anatomía de las más interesantes. Lo único que siento es haberla leído en castellano, pero quise aprovechar el que la hubiera comprado mi hno. Uno de mis propósitos es comprar todas las obras de los Goncourt; no tienen desperdicio.

Voy preparándome de antemano a saborear *La dèbacle* de Zola. Ya sé que este autor no te gusta, a mí sí, por sus grandezas magistrales; me prometo una verdadera epopeya, aunque desastrosa y triste.

Y basta.

Es siempre tuyo afmo. amigo,

Eduardo Rosell

Acabo de leer en un periódico una crítica de *Clarín* sobre *La piedra angular.* No te digo si es buena o mala (la novela) porque no me fío mucho de ese crítico. Pero el asunto es, según he podido comprender, algo de *verdugos* y parece que en ella se diserta grandemente sobre las modernas teorías *criminalísticas*; según *Clarín* con poca ciencia y profundidad.

&

[En la esquina superior izquierda: «Muy reservado».]

Nueva-Orleans, noviembre 27 de 1892

Sr. D. Julián del Casal

Queridísimo amigo. No puedo resistir por más tiempo las ganas de escribirte. Tal propósito me lo hice considerando, dada la vida que venía a hacer aquí, que lo mejor sería apartarme de cuanto pudiera ser opuesto a mis estudios y más de ese medio literario que tanto me gusta. Como comprenderás esto era superior a mi voluntad; estoy ya cansado de tachas de azúcar y de cuanto a ella se refiera. La química me hastía y la agricultura me subleva. Necesito de tus cartas, de hablar con alguien que como tú tan bien entiendes todo esto, para por lo menos tener una distracción, un aliciente para vivir. No te puedes figurar lo aburrido que estoy aquí; el *spleen,* hay días que me ahoga y me desespera; pero por Dios, no se lo digas a nadie; mira que es el mayor favor que te puedo pedir y sobre todo que mi tío Domingo ni nadie de su círculo se entere.

Ni siquiera puedo desahogarme con satisfacción; en el mismo cuarto en que te escribo, están mis dos compañeros hablando estupideces, y a cada rato me interrumpen para preguntarme sobre cualquier puta de alta o baja sociedad o para decidir cualquier discusión insulsa sobre esgrima o caballos. Y tengo que contestarles *amablemente* y hasta sonreírme. Y no estoy obligado sino por mi gusto, ¿comprendes esto? Yo no, muchas veces me pongo a pensarlo y me quedo alelado, embrutecido completamente. ¿Será falta de voluntad o sobra de fatalismo? Creo que las dos cosas, pues no pienso hacer nada por libertarme y fastidiarme y embromarme aquí con una resignación digna de un asceta.

Mucho podría escribirte sobre el particular, ¿pero para qué? Habría cosas que ya tú te supones y cosas que no te interesarían. De todas maneras temo cansarte con mis jeremiadas. Pero dispénsamelas, y considera que con ellas, descarga un poco su corazón un amigo.

He leído algunos de tus últimos versos, en *La Habana Literaria,* que me manda mi hno. Uno de ellos me ha hecho llorar.

Estoy tan aburrido que esta carta que me prometí interminable, no tengo ánimo para seguirla.

Pero a pesar de eso contéstame, escríbeme y si puedes hazlo bien largo y sobre todo pronto. Acuérdate de que la estaré esperando con muchas ansias y que los que ya hoy me parecen siglos, me parecerán hasta entonces, eras.

Mi dirección es:

U.S.
Mr. E.R.
Experimental sugar Station
Audobon Park.
New-Orleans. La.

Te quiere muy de veras, tu amigo,
Ed° Rosell

Nueva-Orleans, feo, antipático, sucio, cargante y anti artístico. El espíritu yankee en todo su desarrollo; nada francés.

&

Nueva-Orleans, diciembre 16 de 1892

Sr. D. Julián del Casal.

Querido amigo: Te felicita cordialmente por las entrantes Pascuas y por el próximo año nuevo, uno que se cree fiel en amistad y sobre todo que no olvida las que él cree suyas.

Eduardo Rosell

Hace días te escribí. ¿Recibiste la carta?

Audobon Park.
New-Orleans.
La.

&

[En la esquina superior izquierda: «Muy reservado».]

Nueva-Orleans, diciembre 19 de 1892
Sr. D. Julián del Casal.

Reservada.

Muy querido amigo: La misma impresión que a ti me hizo el artículo «Soledad» de Guy de Maupassant, cuando lo leí en *La Habana
Literaria*. La traducción que he supuesto ser tuya, por el amor con que
está hecha, me ha sugerido grandes meditaciones. Indudablemente es
cierto y el escrito me gustó muchísimo, lo creo capaz por sí solo de
inmortalizar a un hombre; qué exactitud en sus observaciones y qué
tristeza infinita en su redacción; la amargura melancólica se impone en
todo él y se filtra voluptuosamente en lo más profundo del alma. ¡Y por
desgracia cierto! Quizás, sean presunciones mías y sin embargo yo creo
que tú y yo en esta y en otras muchas cosas podríamos entendernos; no
de palabra, porque la escasez de la mía, mi maldita timidez y el temor
al ridículo, unido a una especie de desconfianza nativa, me impide de
viva voz comunicar por completo mis impresiones y dejarme llevar de
mis naturales instintos. Después contigo, quiera que te diga la verdad,
me lo impedía, lo poco reservado que eres (para mi gusto al menos) y
la influencia que tiene sobre ti, el materialismo egoísta de uno de tus
amigos; ya supondrás cuál. Por lo demás no te puedes figurar, con qué
gusto me desahogaría contigo, descubriéndote lo más íntimo de mi
ser y lo más obscuro de mis aspiraciones. Y todo esto lo habrás podido
observar; habrás notado, que el Eduardo de sus cartas, no es el mismo
al que todo el mundo conoce; de viva voz, parezco seco, bruscote, hasta
egoísta, y sin embargo…

Pero hablemos de tu carta, la del 8 de Dbre, que recibí ayer. Tu letra
me dio un grandísimo alegrón; temí me tuvieras ya olvidado; en cambio
su contenido me ha preocupado sobremanera.

Será verdad, querido Casal, que te quieres suicidar? Lo comprendo perfectamente, pues a mí también se me ha ocurrido. Pero por Dios no lo hagas; te lo digo hasta por egoísmo, mi único orgullo lo cifro hoy día en tu amistad, y qué me haría sin ella. Todavía puede haber días buenos en esta vida. Cuando concluya yo aquí, me meteré en el campo; te podrías venir a vivir conmigo; allí tendríamos nuestra bibliotequita, algunos periódicos franceses y nuestras personas, que yo por mi parte haré todo lo posible por pesar poco. Entre tanto, por qué no te entretienes con la publicación de aquel periódico de que me hablabas? Aquí tengo una mesada de $100, de ellos solo vengo a gastar al mes, las tres cuartas partes; la otra parte te la podría remitir y eso quizás te ayudara para los gastos de impresión. Para mí no sería esto sacrificio, al contrario, hasta me evitarías un vicio, pues aquí por gastarlo, hasta juego algunas veces.

No te creas que a pesar de esto he descuidado mis aficiones literarias; ya tengo hechos algunos pedidos de libros a Francia. Estoy esperando el Gervinus, algunas obras de Rod[99], las que me faltan de los Goncourt; todo Rollinat[100] y todo Paul Verlaine. Además toda la petite collection Guillaume y algunas más que no recuerdo. La próxima vez encargaré las obras de Barbey d' Aurevilly[101] y mandaré que te las remitan a ti, donde al mismo tiempo que estarán bien guardadas, te servirán de distracción.

Pero no apeles al recurso de que me hablas; entrégate antes a los brazos de la Religión. En estos días me he leído toda la *Imitación de Cristo*[102] e

---

[99] Édouard Rod (1857-1910). Novelista francés, adscrito al naturalismo. Autor de las novelas *Le course à la mort* (1885) y *Le sens de la vie* (1889), fue profesor de literatura comparada en la Universidad de Ginebra (1886-1893).

[100] Maurice Rollinat (1846-1903). Poeta francés, autor de *Dans les Brandes. Poèmes et rondeux* (1877), *Les néuroses* (1883), *L'abime* (1886), *La nature* (1892) y *Les bêtes* (1911). Su obra principal, *Les néuroses*, mereció la atención Barbey d'Aurevilly, quien la reveló en un artículo al público.

[101] Amédée Barbey d'Aurevilly (1808-1889). Novelista y crítico francés. Publicó *Une vieille maîtresse* (1851), *L'Ensorcelée* (1854), *Un pêtre marié* (1864), *Le chevalier des Touches* (1864), *Les diaboliques* (1874) y *Ce qui ne meurt pas* (1884). Reunió buena parte de sus trabajos críticos en *Les oeuvres et les hommes* (1860-1909).

[102] Libro espiritual del monje y escritor alemán Tomás de Kempis (1379-1471).

indudablemente quien tenga Fe, encontrará consuelo en ella. Lo prueba Silvio Pellico[103], en *sus prisiones*, que a pesar de sus sufrimientos, encontraba ánimo para disculpar y encontrar buenos a sus verdugos. Tú tienes el espíritu católico; por qué a ti no te había de suceder lo mismo?

No dejes de contestarme y especialmente a lo que me refiero de tu periódico; si accedieras a mi ruego me darías un grandísimo placer, pues me probaría que merezco tu confianza. Además ya te he dicho que no me servirá de extorsión; feliz me consideraría si por otros motivos, pudiera servirte en algo más.

El *latin mystique*[104], guárdalo y consérvalo como recuerdo mío; cuando nos veamos ya me lo prestarás.

En las navidades no podré ir por esa; solo dan una semana de vacaciones. Mi *spleen*, es felizmente intermitente; cuando te escribí mi primera carta, me hallaba casi en el apogeo.

Y tu salud no la descuides; te debes a la humanidad y todavía tienes que hacer mucho en este mundo; aunque tan solo sea para los futuros desgraciados como nosotros.

Mucho te escribiría, pero estoy rendido, me he pasado todo el día en el laboratorio y es ya muy tarde. Pronto te volveré a escribir.

Te pido por favor, como el mayor que te puede pedir un hombre, que me contestes con entera confianza. Suponte que soy tu hermano y me harías feliz.

                                                                        Eduardo

---

[103] Silvio Pellico (1789-1854). Poeta y dramaturgo italiano. Autor de *Leodania* (1812), *Francesca da Rimini* (1814) y *Eufemio di Messina*, pero conocido sobre todo por *Le mie prigione* (1832), testimonio de su experiencia en cárceles austriacas desde 1822 hasta 1830.

[104] Rémy de Gourmont (1858-1915). Crítico, ensayista y novelista francés y uno de los principales exponentes del movimiento simbolista. Autor de los libros *Épisodes* (1895-1910), *Esthétique de la langue française* (1899), *Le problème du style* (1902) y *La culture des idées* (1901). *Le latin mystique: les poètes de l'antiphonaire et la symbolique au moyen âge*, con el sello del Mercure de France, se editó en París en 1892.

&

Nueva-Orleans, enero 1 de 1893

Sr. D. Julián del Casal.

Queridísimo amigo: ¿No es verdad que empezar un año con *spleen* debe ser una mala señal? No me bastan ni tus dos últimas cartas que tengo en mi poder para disiparlo. La del 26 del mes pasado casi me lo aumenta al considerar, que ni siquiera el arte ofrece consuelo suficiente contra la vida. La prueba la veo en ti; tú también estás aburrido y hastiado; sin fuerzas para el trabajo y hasta con pocas para vivir. Y sin embargo eres muy joven y ya la fama te ha envuelto con su manto. Tus poesías las conocen todos los literatos y tus versos hasta hacen llorar. ¿Qué puedo esperar yo, sin ninguno de esos alicientes y privado como estoy de fin alguno, de cualquier ideal? Porque hay que desengañarse, yo no tengo ideal, ni aspiraciones, ni aun fuerza de voluntad. En caso contrario no estaría aquí.

En consideraciones como estas podría llenarte varias páginas. ¿Pero para qué?, si además de fastidiarte, no consigo distraerme.

Veo todo lo que me dices del tío Domingo etc. etc. No pienso escribirle más; ya en mi última permanencia allí, me pareció notarle cierta animosidad contra mí, que no está en mi mano disolver. Me queda la satisfacción de tener en este asunto mi conciencia muy tranquila. Si le escribía era por tener el gusto de saborear sus contestaciones, que a la verdad me causaban placer. Pero me estoy voluntariamente privando de tantos, que uno menos, aunque sea tan inocente como este, me deja indiferente. Además yo no puedo remediarlo.

Seré majadero, pero es tanto mi afán de retraimiento, que te agradeceré profundamente el más absoluto silencio, respecto a todo lo mío y en especial por lo que te acabo de decir.

Veo esas fiebres que te están dando y encarecidamente te suplico te las cuides.

Antes de que se me olvide, te diré que las cartas para los E. U. solo necesitan 5 centavos de sello y no 10 como tú le pones. Qué poco artística es esta observación; pero dispénsamela.

Si el devolverle mis manifestaciones cariñosas de simpatía a Hernández Miyares, no sirven de pretexto para leerle esta carta, te agradeceré se las comuniques de mi parte.

En tu carta he encontrado una frase misteriosa que no he sabido descifrar. ¿Te acuerdas de ella? Si es si; te agradecería me la explicaras.

He leído ya *Cosmópolis* y estoy por la mitad de *Terre promisse.* El capítulo en que se estudia a Francis de Nayrac me ha encantado; quizás por cierta analogía.

Cuento con tu ofrecimiento y cuenta con la seguridad de que esa confianza de ti hacia mí, lo consideraría como un grandísimo favor.

He tenido noticias de Magdalena[105] por uno de mis compañeros míos aquí, Carlos Martin, que la conoció en Saratoga[106]. Salvo ligeras e inevitables murmuraciones (inocentes), he comprendido que es una señora muy amable y de bastante instrucción. Lo que más se le critica son sus pretensiones literarias; de algo tenía que echar mano, el carácter criollo.

He encargado a París la colección completa del *Mercure de France.* Si la recibo te la remitiré. Lo mismo haré con los nuevos números, pues me he suscrito.

No te olvida tu amigo,
Eduardo

Feliz año nuevo y larga vida y muchas prosperidades, hª la nueva *Hª Elegante.*

---

[105] Magdalena Peñarredonda.

[106] Ciudad situada en el estado de Nueva York, de muy buen clima y rico en manantiales de aguas salutíferas, donde se asentó una comunidad de cubanos. Sobre esa ciudad publicó Raimundo Cabrera un artículo en *La Habana Literaria*, nº. 18, La Habana, 30 de septiembre de 1892, pp. 122-124.

Nueva-Orleans, enero 16 de 1893

Sr. D. Julián del Casal.

Muy querido amigo: Recibí tu carta del 6 de este mes, y dispénsame si te contesto corto, pero tengo muchísimo que estudiar. Cada vez le estoy cogiendo más odio a esto.

También recibí *La Habana Elegante* que te agradezco muchísimo. Con franqueza, lo único que me disgusta es la portada; hay allí un hombrecito de espaldas, cuya posición es un tanto sospechosa. Por lo menos no dejará algún desocupado de murmurar. No se lo digas a Miyares pues quizás no sea de su agrado la observación y más si no es fácil remediarla.

Gracias por lo que me dices del *spleen*. También hay un proverbio que dice «bien vengas mal, si vienes solo».

Los míos siempre traen su corte; por felicidad tus cartas interrumpen su monotonía.

Sospéchome que el simpático Aróstegui, debió cotizarme muy bajo en esos días pasados. ¿Qué prima logró alcanzar Rubén?

Veo que todavía no me conoces de cuerpo entero.

Me harás el favor de decirme cuáles son mis ideales. He quedado muy sorprendido al saber que son muchos.

No dejaré de mandarte los Mercures atrasados, cuando los reciba.

También en la primera oportunidad encargaré algo de Jean Lorrain[107] y Rachilde[108]. Con lo que me dices de esta última has llegado a intrigarme. Lo único que me la ha entibiado (la curiosidad) es la comparación que haces con la Rusquella; no por la virginidad sino por el nombre.

---

[107] Jean Lorrain, seudónimo de Paul Duval (1856-1906). Poeta, narrador y periodista francés. Autor de *Modernités* (1885), *Les griseries* (1887), *Monsieur de Phocas* (1902) y *Fards et poisons* (1904), se hizo famoso tanto por sus ácidas crónicas sociales, como por sus perversos y pesadillescos relatos.

[108] Rachilde, seudónimo de Marguerite Vallette-Eymery (1860-1953). Novelista francesa. Autora de *Monsieur de la nouveauté* (1880), *Monsieur Vénus* (1884), *La marquise de Sade* (1887) y *La jongleuse* (1900). Esposa de Alfred Vallette, algunas de sus novelas resultaron controversiales y escandalosas para la moral de la época.

En esta ciudad hay tan solo una librería buena y entre los libros franceses solos [sic] tienen los corrientes; pero ninguno de esos raros, ni refinados. Ni siquiera conocen a Huysmans. Con eso, no es verdad, está dicho todo. Los encargaré directamente y así me llegarán más pronto y económicamente.

Cítame también los principales libros de la escuela decadente: al principio encargué de Mallarmé y me contestaron no había ninguno publicado, pero me lo anunciaban. Volveré a encargarlo, pues según la última *Hab^a Lit^a* acaba de aparecer un tomo.

Adiós, te quiere tu amigo

Eduardo

Qué título tiene ese diccionario de los decadentes, de cuya posesión tanto se vanagloria Valdivia? Éste por fin no me devolvió *En Rade*[109]. Sentiría se perdiera; pero no le digas nada *directamente*.

&

Nueva-Orleans, enero 22 de 1893

Sr. D. Julián del Casal

Queridísimo amigo: ¿Quieres que te diga la verdad? hubiera preferido que la carta que contenida por un sobre que recibí ayer con letra tuya, hubiera sido del gran Casal y no del tío Domingo. Y sin embargo esta también me alegró y como considero que tú influiste en ella te doy las más expresivas gracias. Un día de estos cuando tenga tiempo y humor la contestaré.

Nunca más que ayer experimenté la gran verdad del artículo «Soledad», de Guy de Maupassant. Como hacía tiempo no me sucedía, tu artículo sobre Rubén Darío, en la última *Habana Elegante*, que tuviste la amabilidad de mandarme, me sumió en una visión, de nubes de ópalos,

---

[109] Joris-Karl Huysmans (1887): *En rade*. Paris: Tresse et Stock.

de decoración de hadas parecidas a las que tal [sic] magistralmente describes en el esbozo simbólico de tu gran amigo. Y ni este placer inocente e inofensivo por demás, pude saborear; los que se llaman amigos, inconscientemente me lo destruyeron con preguntas inoportunas y reflexiones ridículas. Roto ya el encanto no me quedaba más remedio que resistir, y el gran mal humor que me sobrevino, me obligó a meterme en cama. ¿No es cierto que soy de compadecer?

Veo le han cambiado la portada a la *Hª Elegante* y según mi entender tampoco resulta bonita. Del Barrio[110] no se lució.

Tengo un buda. No te lo he dicho antes, porque es muy reciente la adquisición. Vino a mis manos por una casualidad. Se lo mandaron como regalo a uno de mis compañeros y como a este no le gustara, se lo compré. Me resultó muy barato ($5⁰⁰). No es el Buda clásico de gran abdomen y color rojizo; sino que es de laca con sus tintes dorados y posición enigmática. Tiene sin embargo en su fisonomía todo el misterio de la China y en su forma las rarezas de lo exótico. Sentado sobre su pedestal, también de laca, vendrá a tener medio metro de altura. De su autenticidad respondía el que lo regaló. Yo únicamente te puedo decir que no es nuevo, a juzgar por los pedacitos que faltan y que en su interior, quitando un cuadradito que tapaba el hueco, encontramos un pergamino de forma larga y estrecha, de color rosado y todo cubierto de jeroglíficos orientales. En fin ya lo verás cuando vaya por allá: por lo pronto me sonríe cabalísticamente desde encima de mi mesa y en sus ojos que son de cristal y los que solo se adivinan por una línea, me parece descubrir toda la ironía de la vida. Estoy entusiasmado con él y me paso grandes ratos, tratando de adivinar en su posición, la mejor filosofía para pasar la vida. Sus manos en actitud de accionar quieren indicar algo, pero por

---

[110] Manuel del Barrio Llorens (1873-1944). Ilustrador y pintor cubano. Estudió pintura en la Academia de San Alejandro, donde fue alumno de Valentín Sanz Carta. Trabajó como ilustrador para *El Fígaro* y *La Habana Elegante*. En 1889 participó en la Exposición Internacional de Atlanta, en la que obtuvo dos medallas por sus óleos *The decided husband* y *The spanish girl*.

desgracia sus labios no se despliegan. ¿Querrá recomendar con esto el silencio de la tumba?

Siempre tuyo
Eduardo

&

Nueva-Orleans, enero 30 de 1893

Sr. D. Julián del Casal.

Muy querido amigo: Si por casualidad, mi hermano no hubiera llegado a escribirme sobre el particular, tu carta del 23 me hubiera sorprendido sobremanera. En efecto, puede decirse que apenas tengo yo que ver en lo que motiva tu agradecimiento; lo único que hice en una de mis cartas, fue decirle a Pancho algo sobre tu *spleen*, y él, pensando complacerme y por otra parte queriendo corresponder a tus atenciones para con él, y al tomo de versos que le dedicaste, le habló al tío Domingo sobre el particular. Si utilizó mi nombre, sería creyendo que tu delicadeza se resentiría menos, utilizando la amistad que nos une. Ya ves, que en caso de que entre tus genialidades se te ocurra contar una buena memoria, no es a mí, sino a él, a quien debes recordar. Por otra parte, uno solo de tus versos vale más que todo el oro del mundo. Lo confirma la última *Hª Literaria* con tus [«]Bohemios[»][111] y todas Las Habanas Elegantes con tus trabajos. De todas maneras agradezco tu amabilidad y si no te has de ofender, te agradecería no me dedicaras más composiciones tuyas, porque me enorgullecen demasiado. Me basta con saberlo yo y apreciar doblemente, si es posible, tus obras y especialmente la que aparecerá en el cuarto número de *La Habana Elegante,* que no sabes con qué ansias deseo.

Espero esos dolores que te aquejaban habrán ya desaparecido y que te encontrarás perfectamente restablecido.

No sé cómo darte las gracias por el ejemplar de Stephane Mallarmé que tienes la bondad de mandarme. Lo recibí esta mañana y te prometo

---

[111] «Bohemios», *La Habana Elegante*, 5 de enero de 1893.

leerlo con verdadera religiosidad y gran placer. Lo único que temo es no estar a la altura de ese refinamiento y que los simbolismos de que debe estar esmaltada la obra me dejen medio ofuscado.

Lo leeré con despacio [sic] y pondré en juego todos mis sentidos para comprenderlo. Gracias a ti, asimilaré algo.

Me atribuyes tus ideales en tu carta y sobre ellos voy a contestarte con entera franqueza.

1º. No estoy enamorado de H. y confieso que por desgracia. Y esto lo digo porque casi me avergüenzo de confesar que a mi edad todavía nunca me haya enamorado. Quizás esto me hubiera pasado con ella, si llego a tratarla, sobre todo si su trato es tan seductor como su presencia. Esto de estar aún virgen de amor no deja de preocuparme a veces, pues a la verdad deseo estarlo no tan solo para disfrutar de un goce más, sino también para sufrir dolores nuevos, al menos para mí. No cuento entre estas cosas caprichos que solo han durado una tarde, ni tampoco estupideces de colegio.

Tercer ideal. Hacer dinero. Quizás sea verdad, pero te aseguro lo sacrificaría gustoso en aras de otro. Sí, quisiera hacer dinero o más bien tenerlo, pero no por el estúpido placer de atesorarlo, sino por tener una excelente biblioteca y mi casa hecha una especie de museo artístico. Además para muchas otras cosas. Viajaría también muchísimo; en verano y no solo.

En lo segundo creo que es en lo que estás más acertado, tanto que si yo tuviera la seguridad, pero la seguridad íntima, completa de que sé escribir con alguna originalidad (me contento con muy poca) mandaría todo esto a paseo y me dedicaría de lleno a estudios literarios. La duda que tengo sobre mí mismo es lo que me tiene aquí. Suponte que dejándome llevar de mis inclinaciones me pusiera a escribir y resultaría uno de tantos, sin originalidad, ni talento, ni nada. Lo que sufriría sería indecible. En cambio no te puedes figurar lo que le agradecería a cualquiera que me desengañara con franqueza y lealtad. El peso que me quitaría de encima sería inmenso. Me dedicaría por completo a mis estudios actuales y puede que consiguiera con ellos algún provecho. Mientras que ahora estudiando una cosa y pensando en otra, no conseguiré nada serio, ni aprovechable.

Ahí tienes mi plena contestación; mucho te contaría sobre estos tres puntos, pero están hablando como mujeres a mi alrededor y no sé ni lo que te estoy poniendo. ¡Qué razón tenía Maupassant!

Recibí el Mercurio de France; y tu carta no me cogió de sorpresa, sobre este punto, pues ya había leído en la revista lo que te dedicaban[112]. Y creo que debes estar muy satisfecho con ello, excepción hecha de lo de Vigny[113], que más que otra cosa parecen ganas de mortificar. Respecto a los sonetos sobre Gustavo Moreau, deberían considerar que de él tan solo conoces copias fotográficas malas, lo cual dista mucho de los originales. Si a todas tus reflexiones, muy justas, añades que eres extranjero y que, por lo tanto, según la tradición romana, enemigo, no veo motivo de queja y especialmente cuando te celebran tu Baviera e incondicionalmente lo cual, aunque solo contuviera dos versos, bastaría para inmortalizarte. No te quepa duda, de que de ser francés, ya te hubieran abierto los brazos y entre todos sus partidarios, te reconocerían de los principales.

Quisiera continuar pero me es imposible. Gracias mil por el Mallarmé. Contéstame en cuanto puedas.

Te quiere muchísimo
Eduardo

Otro día te diré otras cosas.
Dispénsame tu etc etc.

---

[112] P. Q [Pierre Quillard]: «*Nieve*, por Juan [sic] del Casal», *Mercure de France*, n°. 37, Paris, Janvier, 1893, p. 83. Véase el «Apéndice» de esta edición, donde se reproduce dicho texto.

[113] Alfred de Vigny (1797-1863). Poeta, novelista y dramaturgo francés. Autor de los cuadernos de poesía *Poèmes antiques et modernes* (1826, 1827, 1837) y *Les destinées* (1864), póstumo, publicó la novela histórica *Cinq-Mars* (1826) y estrenó en 1835 su drama *Chatterton*.

Nueva-Orleans, febrero 5 de 1893

Sr. D. Julián del Casal.

Queridísimo amigo: Tan cariñosa y llena de bondad como siempre, ha llegado a mi poder tu última carta del 30 de enero. No sé cómo agradecerte tus frases amables, ni el tiempo que empleas en escribirme, porque el dirigirse a mí no debe ser muy divertido. Te agradecería sin embargo no dejaras de hacerlo; porque tus cartas me hacen mucho bien. Si estoy triste, humanizan mi pena y si por casualidad alegre (sucede tan raras veces) te lo agradezco doblemente, porque en esos momentos parece estar el alma más propensa a lo bueno y me hacen aumentar el cariño que siento hacia ti. Pero cuando más apelo a ellas es en mis momentos de *spleen*. Entonces me complazco en sacarlas y experimento un gran placer en leerlas, meditarlas y volverlas a leer. Será egoísmo y quizás hasta lo califiques de bobería, pero al pensar que poseo tu amistad, la de una persona superior a mí, que sufre aún más que yo, siento como una especie de éxtasis que al mismo tiempo que me embotarga [sic] me sumerge en regiones desconocidas.

Tu artículo «La última ilusión» es magistral. Tiene una tristeza tan real, tan profunda, que me ha conmovido y entusiasmado. No se puede expresar con más delicadeza ese gran refinamiento del dolor, que llega hasta el punto de no realizar una cosa deseada, por temor de sufrir una desilusión más. Realiza la expresión de la sensibilidad llevada hasta el último extremo, sin contar con que encierra ideas sufrientes para componer diez libros y opiniones, para aplastar a media burguesía.

Los versos anteriores, también me gustaron mucho y ya antes de que me lo dijeras, comprendí que a Rubén y a ti se referían. Cada vez te estás volviendo más triste; será esto hoy día una necesidad? Yo por lo pronto, voy acostumbrándome tanto a sufrirla, que hasta siento placer en ella; un placer especial y quintaesenciado, pero placer al fin.

Por más que me lo digas no llego por completo a creer, que la carta del tío Dgo. se la debo a Dª Fern. ¡Es tan estupenda la noticia!

Mi hermano quedó muy complacido de aquel almuerzo; prueba de ello es, que acto continuo, me escribió una carta rebosando alegría y satisfacción. También a él le sucede rara vez; otros motivos, pero idénticos efectos. Indudablemente la vida es mala.

Y tu reuma? No hagas disparates y cuídate bien.

Ya he empezado el libro de Mallarmé[114], tan solo he leído unas 30 páginas, por escasez de tiempo y porque quiero leerlo con despacio. Hasta ahora lo que más me ha gustado es la poesía titulada «Les fenetres», la primera, o sea, «L'apparition» y también mucho «L'azur». Otras no tanto, porque hay algunas cosas a cuya altura aun no estoy; por ejemplo la exclamación «Palmes» en «Le don du poeme» [sic][115]. También algunos simbolismos, me confunden un poco. Por todo esto te pedía en una de mis cartas atrasadas, el nombre y autor de una especie de diccionario decadente, de que le oí hablar una vez a Valdivia, vanagloriándose de ser en La Habana el único poseesor [sic].

Veo todo lo que me dices de la *Hª Eleg.* y por lo visto pretende emburguesarse [sic] aún más; lo siento. Por qué no influyes en Hdz. Miyares? A propósito, dale la enhorabuena de mi parte por su paternidad, admitiendo según la creencia vulgar, que la paternidad sea una dicha.

Mucho me ha sorprendido tu noticia sobre *Des Esseintes*[116], aunque ya algo me habías tú dicho sobre el particular hace tiempo. Me temo que en la forma que tú lo has hecho, fracase la petición; ¿por qué no la hiciste por conducto de Huysmans?; si llegas a conseguirlo puedes darte por muy satisfecho; debe de ser rarísimo y de inestimable valor. No dejes de tenerme al corriente de ello y si te parece bien, dime también algo sobre el estado de tu correspondencia con el autor de *Là-Bas.* ¿Cuándo aparece su *La-haut*? *Murciélagos*! el nombre por sí solo es ya un incentivo.

No te creas, que al leer el artículo, sobre Oscar Wilde, pensé en comprar sus obras. Al efecto fui a la mejor librería de aquí y no las tenían, pero quedaron en pedírmelas.

---

[114] 1893: *Vers et prose*. Paris: Perrin.

[115] «Don du poème».

[116] Jean Floressas des Esseintes, personaje protagónico de la novela de Joris-Karl Huysmans *À rebours* (1884).

Por ahora me tiene con cuidado un pedido de libros que hice a Francia. Temo se haya extraviado mi carta, pues hace ya de ello dos meses y aún no he recibido contestación. Si hay alguna irregularidad me divierto; entre otras cosas porque en cuanto las reciba pienso hacer otro pedido. En él no olvidaré ni a la Rachilde, ni a Jean Lorrain.

En el *Mercure,* leí un articulito de la primera y a la verdad no me satisfizo, quizás porque esperaba otra cosa. Sin embargo la imagen final es enérgica y expresiva, e indudablemente la descripción está muy bien hecha. Pero esperaba algo más original, más valiente.

Mi buda sigue enigmático; si fuera mejor te lo mandaría; no me atrevo por temor de que sufras una decepción. Creo haberte dicho, no es el Buda clásico de gran abdomen y color rojizo, pero así y todo no carece de atractivos y de exotismo. Si me aseguras lo recibirás bien, a pesar de no ser bueno, te lo mando.

Dímelo con franqueza.

Tuyo,
Eduardo

Es bonita la *Canción* de Darío.

&

Nueva-Orleans, febrero 13 de 1893

Sr. D. Julián del Casal.

Querido amigo. Tu «Neurosis» me ha gustado mucho y estoy esperando con impaciencia el próximo número de *La Habana Literaria,* para recrearme con el hombre de las muletas de níquel. Conozco el tipo y más de una vez me ha llamado la atención, siempre pulcro y elegante, a pesar de su defecto físico.

Ya he encargado el *glossarie des decadents*[117]; me hace falta para leer
el libro de Mallarmé, pues si he de decirte la *verdad,* de muchas cosas,
la mayor parte me quedo en ayunas. Después de leerlo, me resulta que
estoy confundido, como si lo que acabara de leer, no estuviera escrito en
francés, sino en un idioma que poseyera muy poco. Cojo la idea, o al
menos la del conjunto, pero no puedo apreciar las bellezas de detalle, ni
mucha[s] de las imágenes y pensamientos. Después de varios esfuerzos
me he resignado: si estuviera en La Habana tú me explicarías todas estas
cosas.

Y el *latin mystique* ¿respondió a tus esperanzas?

El otro día sufrí una verdadera emoción y pasé un rato agradabilísimo.
Fue en la *Cleopatra* de Sardou[118], representada aquí, donde experimenté
ese placer. El quinto acto me lo proporcionó; representa el templo de
Isis (creo); los romanos persiguiendo a Marco Antonio se introducen
en él y Cleopatra los detiene. Como argumento en su favor, implora la
protección de los dioses y a sus ruegos se desata una terrible tempestad.
Está tan bien representada, hay tal conjunto de detalles, tal propiedad en
todo y tanta majestad en el conjunto que el acto resulta maravilloso. Y
a ello contribuye Fanny Davenport[119], indudablemente actriz de primer
orden; con el metal de su voz, dulce a veces, imponente otras y siempre
fascinadora y apropiada. Resaltaba al fulgor de los relámpagos sobre
un fondo de escenario barrido por un huracán, con perfiles hieráticos,
gestos de reina y actitud de diosa; pero de diosa egipcia y enigmática.
Ya sé que todo es ficción, que ni tal tempestad existió y que la historia
ha tenido que deformarse atrozmente para todos estos efectos de escena;

---

[117] Jacques Plowert: *Petit glossaire pour servir à l'intelligence des auteurs décadentset
symbolistes.* Vanier Bibliopole, París, 1888.

[118] Victorien Sardou (1831-1908). Dramaturgo francés. Autor de numerosas piezas teatrales como: *Les pattes de mouche* (1860), *Patrie !* (1869), *Le Roi Carotte* (1872),
Théodora (1884), *Cléopâtre* (1890) y *Spiritisme* (1896).

[119] Fanny Lily Gipsy Davenport (1850-1898). Actriz estadounidense. Debutó a
los doce años en Nueva York en la pieza *Faint Heart Never Won Fair Lady* (1862) y
asumió exitosamente sus roles en *Fédora* (1882) y *Cléopâtre* (1890), de Victorien Sardou.

pero qué importa, la impresión era real y la emoción verdadera. Soñé con Cleopatra, con esfinges y con civilizaciones muertas; envidié a Marco Antonio, a los días deliciosos que debió pasar en el [ininteligible] y hasta las esclavas que murieron en compañía de su dueña.

Sueños: aquello era vivir: hoy vegetamos.

Tu amigo,
Eduardo

Con poner en el sobre, mi nombre *Audobon Park.* New-Orleans
Ya basta *y sobra.*

Acabo de leer los versos de Leopardi; pero en prosa traducida. Suprimo elogios por innecesarios.

Nueva-Orleans, febrero 20 de 1893

Sr. D. Julián del Casal
Muy querido amigo:

Acaban de pasar los carnavales y aquí se han celebrado, siguiendo la costumbre con bastante esplendor. Además de grandes bailes etc. etc. hacen unas especies de procesiones, en que en varias carrozas, muchas veces hasta veinte, representan escenas de la historia, de alguna novela o tradición y también a veces fantasías. Este año me cupo ver a *Salambó,* la gran novela de Flaubert y lo siento, pues aunque relativamente lo hacen bastante bien, el ver a un hombre vestido de sacerdotisa de Fanit y otras incongruencias por el estilo, lo llegan a uno a disgustar. Vulgarizan el asunto, lo estropean y lo ridiculizan. Después [de] todo, fue la mejor de todas, e indudablemente el que no haya gozado con la novela, la encontraría magnífica.

He recibido tu última carta del 12. También *La Habana Elegante,* y tu artículo «Seres enigmáticos» me ha gustado mucho, aunque a la verdad, no tanto como tu «última ilusión».

Del cuadro de Menocal podría hablar, aunque no con fundamento sin conocer el original. La figura de Colón me gusta[120]. ¿Qué piensa el tío Domingo de todo él?

¿Valdivia se va de veras a París, o es uno de tantos proyectos? Ya estaba enterado por mi hno Pancho, de su nueva y valiosa adquisición. De todas maneras te agradezco la noticia.

Te veo desconsolado por lo de los *Murciélagos*. Tengo un amigo en París, Luis Moliner, y voy a ver si se lo encargo; quizás revolviendo mucho, encuentre un ejemplar. Ahora está él en Suiza, pero pronto pensaba volver para Francia.

Quizás tu carta para Huysmans, se haya perdido, ¿por qué no le vuelves a escribir?

En cambio G. Moreau, veo sigue siendo tan amable.

Creo te he dicho ya había encargado las obras de Oscar Wilde. Prometieron conseguirme *les* [sic] *Intentions* y otro libro titulado (creo) los Cuentos para el Príncipe, *The tales for the prince.* Los espero de un día para otro. No supieron darme razón del retrato de John Gray [sic];[121] quedaron sin embargo en encargármelo.

En cambio de París no he tenido noticias y hace ya más de dos meses de mi último pedido (8 de Dbre); el otro día volví a escribir. Temo se vayan a perder esos $80^{oo}.

En la primera ocasión que tenga te mandaré el buda, pero me temo esta tarde en aparecer. Refrena pues tus nervios y tómalo con mucha calma. En último caso sería a mi vuelta por La Habana. Tú eres más digno de él y también sabrás apreciarlo más.

El tío Domingo debe estar medio incómodo conmigo pues todavía no le he contestado: ha sido por falta de humor. A él no puedo escribirle cartas spleenéticas, pues no son de su agrado. Tengo que mostrarme con él, hasta optimista. Aprovecharé la ocasión para mandarle unos

---

[120] Se refiere al cuadro *Embarque de Colón por Bobadilla* (1893), de Armando García Menocal.

[121] Debe de referirse a *The picture of Dorian Gray.*Ward Lock and Co., London-New York-Melbourne, 1891.

periódicos con las vistas churriguerescas de las procesiones; con ellas te podrás formar una idea, aunque en honor de la verdad los originales son mejores, excepción hecha de que son hombres y no mujeres, los que representan los personajes femeninos.

No creí te escribiría tanto, pues es ya tarde y estoy cansado; hoy he sufrido ¡horror! un examen de química. Lo que es mi estilo con estos estudios no promete mejorarse. Procuro contrarrestar su efecto con algunos caprichos, de los que me he impuesto dos como obligación mensual.

Cuando empiezo a escribirte, no sé cuándo acabar,

No te aburras,
Eduardo

Nueva-Orleans, febrero 27 de 1893

Sr. D. Julián del Casal

Muy querido amigo: La verdad es que aquel día que te escribí la carta que me contestas el 20 de este mes, estaba en un estado especial de ánimo que cada vez va siendo en mí más raro; y sin embargo por no faltarle su pero, tenía aquella noche una jaqueca terrible. Si me salió pasable mi carta fue por la impresión de *Cleopatra* q todavía conservaba: volví a verla dos veces más; pero no encontré el [sic] especie de éxtasis de la primera noche. Era cosa demasiado agradable para que pudiera repetirse. Conozco esos sonetos de José María de Heredia y aquella misma noche los había leído, en el artículo que a Cleopatra dedica Anatole France en su *Vie litteraire*. Lo traje con intención de leerlos aquí, pero ni siquiera en los ratos perdidos puedo hacerlo. Pienso encargar esos *trofeos*.

Tengo ya tres libros de Oscar Wilde y han quedado en encontrarme uno que vale $5. El otro día en el carrito estuve leyendo unos cuentecitos y me gustaron mucho. Sin embargo, no eran de los de más importancia.

No tenía la menor noticia de ese lance de honor ocurrido a Huysmans.

Te agradezco me hayas transcrito el párrafo de Gómez Carrillo. Comprendo lo satisfecho que estarás y te doy la más cordial enhorabuena. El artículo sobre Verlaine, me ha parecido muy bueno; lo leí dos veces y la segunda vez con más placer que la primera. Veo tus últimos versos se inspiraron en él; su misterioso simbolismo me ha encantado; logras inspirar con él una especie de pavor. Es, entre los versos, de los más sugestivos que he leído; le dan a uno ganas de volver la cara atrás, por cerciorarse de que nadie está acechando. Y de contra decadente hasta la médula: ha de valerte entusiasmos y también críticas valiosas. Lo único que no comprendo es quién le consuela: es el alcoholismo, la Religión, o la poesía?

Es ya muy tarde.

Estoy hoy desesperadamente triste.

Te quiere y abraza,

Eduardo

Aquí me estoy hasta *embruteciendo*.

Nueva-Orleans, marzo 6 de 1893

Sr. D. Julián del Casal.

Muy querido amigo: Acabo de escribir al *Mercure de France* encargando un ejemplar de las obras póstumas de Albert Aurier[122] y también el *Iskender* de Judith Gautier que he visto anunciado en el 2° número de este año. Todavía no he tenido tiempo de leerme todo este; tan solo el artículo de Mallarmé y el principio del que habla de Leon Bloy[123]. Este sospéchome será de nuestro gusto y especialmente del tuyo.

---

[122] Albert Aurier (1865-1892). Poeta, crítico y pintor francés. Colaboró con *La Plume*, *Le Moderniste* y *Le Mercure de France*. Entre sus textos críticos se encuentran: «Les Isolés: Vincent van Gogh» (1890) y «Le symbolisme en peinture: Paul Gauguin» (1891).

[123] León Bloy (1846-1917). Escritor francés. Autor de *Les propos d'un entrepreneur de démolitions* (1884), *Le desesperé* (1886), *Le sang du pauvre* (1909) y *L'âme de Napoleón* (1912).

Con tu última carta del 26 del mes pasado; recibí también *La Habana Elegante*. Tu amante de las torturas, me ha subyugado. Es la única frase que encuentro. ¿Por casualidad te has visto así, dentro de algunos años en las angustias de la pesadilla o es que algún tipo, de ti conocido, te ha sugerido esa agua fuerte?

Mucho me ha preocupado tu carta por las noticias que me das de tus males. Cuídate; pero cuídate bien. Quisiera tener derechos sobre ti, para someterte a un régimen riguroso e intransigente.

No creo que las *Intentions* de Oscar Wilde sean muy raras, pues a mí me las consiguieron sin dificultad. Más raro debe ser ese otro libro que ahora espero y del que te hablaba en mi anterior.

Cuando veas a Manuel de la Cruz felicítalo en mi nombre por sus *Cromitos cubanos*, mucho me han gustado; no te trata mal.

Tu buda está ya encajonado. Solo espera una ocasión para ir allá y volver a resucitar en tus manos. Dentro va también un almanaquito japonés, que me gustó por lo gracioso.

Aquí se ha hablado de un expedición que salió de Cayo Hueso para Cuba, con no sé cuántos hombres. Dime si es verdad y también te agradecería me des cuantas noticias sepas sobre el particular. Te las pido, porque aunque sé que no son de tus aficiones, muchas veces, por vivir en la Administración del *País*, te enterarás de ellas, hasta sin querer. A mí me interesan, pues veo en ellas una manera bonita de acabar[124].

Es tardísimo.

Te abraza,

Eduardo

Mi librero de París, aun no me ha contestado; bien podrán guillotinarlo!

---

[124] Rosell se incorporó a la lucha independentista en 1895. Sobre sus experiencias como expedicionario y su vida en la manigua pueden consultarse sus dos diarios *En camino* y *En la guerra* (1895-1897), publicados, con prefacio y notas del Dr. Benigno Souza, por la Academia de la Historia de Cuba (La Habana, 1949-1950).

Comprendo lo nervioso que te pondría el papel. A veces en casa de los chinos se encuentra papel de carta japonés, magnífico. Yo lo he tenido. El que uso es de lo más antihuysmático posible. Comodidad.

&

Nueva-Orleans, marzo 12 de 1893

Sr. D. Julián del Casal.

Muy querido amigo. Por fin le escribí al tío Domingo y con bastante extensión. He procurado ser con él todo lo agradable que me es permitido; en algunas partes he pretendido ser hasta humorístico. No te respondo de haberlo conseguido, pero sí de que he tenido que violentarme mucho para que mi *spleen* no sobrenadara, como cuerpo muerto, sobre las olas de las vulgaridades que se me ocurrieron comunicarle.

Los versos del conde de Montesquiou-Fézensac[125] llegaron a mi poder con tu última carta fechada el 5 de este mes. La poesía me agradó; indudablemente tiene imágenes felices y verbos sugestivos. El simbolismo final es bueno. Te los devuelvo, porque considero te agradará conservarlos. A este lo he entendido perfectamente; por consiguiente me gusta más que Mallarmé; confesando humildemente mi impotencia declaro siguen siendo para mí incomprensibles casi todos los versos de este último; y ¡cuidado que los estudio!

De que me estoy embruteciendo no te quepa la menor duda; al menos comparando el estado de mi inteligencia de dos o tres años atrás como [sic] el mío actual. Entonces, leía mucho, y esa gimnasia cerebral, como diría Bourget, me tenía más avispado. Me consuela la esperanza de que

---

[125] Robert Montesquiou-Fézensac (1855-1921). Poeta y novelista francés. Publicó más de veinte vólumenes, entre ellos: *Le chef des odeurs suaves* (1893), *Le parcours du rêve au souvenir* (1895), *Les hortensias bleus* (1896) y *Les perles rouges* (1899). De él tomó rasgos Huysmans para la creación del tipo decadente, protagonista de su novela *À rebours*. Se dice que su personalidad y su obra influyeron asimismo en la formación de Marcel Proust.

con idéntico ejercicio volveré a adquirirla, pero siempre con el inconveniente del tiempo perdido y el remordimiento de, como podría estar hoy en caso de que no hubiera suspendido mi desarrollo intelectual. La química es el antípoda de la literatura; me convencí el otro día que me creí inspirado y pretendí escribir algo. Para no perder la costumbre me he propuesto ahora como tarea bimensual emborronar unas cuartillas.

Vásquez Varela! ese por lo menos se deja llevar de sus instintos y goza aunque sea criminalmente.

No he vuelto a tener noticias del pedido que hice; casi lo doy por perdido. Hoy le escribí a mi amigo Moliner, encargándole reclamara. Veremos a ver el desenlace de esto.

Leeré todo el libro *Intentions* y con especial cuidado el artículo que me recomiendas; luego te transcribiré mis impresiones. Hasta ahora solo he leído un libro de cuentos suyos; tiene cuatro y dos de ellos me han satisfecho. «Lord Arthur Saville's crime» es, como irónicamente lo encabeza, un estudio del deber; un hombre a quien un nigromántico le ha predicho será criminal, decide cometer este crimen cuanto antes, para no retrasar un matrimonio proyectado, evitar por lo tanto las inquietudes de su novia y los sinsabores que podría acarrear después de la boda. Por lo menos soltero, sería el único responsable y no correría el peligro de que una inocente expiara o por lo menos sufriera consecuencias penosas de un delito que no había cometido. Medita su crimen con mucha calma, le fracasan dos tentativas y por fin consigue su objeto. El cuento es de una lógica insultante, de una originalidad poco común y de una ironía colosal.

El otro cuento se llama «El duende de Canterville». Es simbólico, con un final muy triste y también de mucha ironía. Estudia en él, el carácter utilitario, práctico y prosaico de unos americanos de una manera magistral. De buena gana te traduciría ambos, de seguro te agradarían.

Espero tu nerviosismo se haya mitigado y sufras menos dolores. ¿Tú crees que también soy yo un neurótico? Por parecerme, aunque fuera en algo a ti, me alegraría.

No dejes de darme las noticias que sepas, sobre lo que te preguntaba en mi anterior: Manuel de la Cruz debe de estar bien enterado.

Esta es la última carta que escribo hoy y todas largas. Es además muy tarde: voy a pedirle al hada de tu «Nocturno» su consuelo, que felizmente hasta ahora, nunca me ha negado. El insomnio debe ser cosa atroz.

Precioso tu nocturno; al darte la enhorabuena te abraza tu amigo.

Eduardo

Precioso y triste, quizás tan precioso por lo triste *que es.*

&

Nueva-Orleans, marzo 20 de 1893

Sr. D. Julián del Casal.

Muy querido amigo: Antes de que se me olvide: tengo curiosidad por saber quién es un tal Ossir que ha escrito un bonito artículo, titulado «El desmembrador», en la última *Habana Literaria:* No solo el estilo, pero muchas de las ideas, me parecen las del tío Domingo. Necesito que me digas tú que no es él, para creerlo, si es un secreto, con el no contestarme sobre el particular me bastaría.

Interesante como siempre tu última carta del 14. En ella recibí *La Habana Elegante* que te agradezco; qué neurótica más simpática! Muy bonito también el cuento de Coppée[126]; ya lo conocía yo, pero he tenido verdadero gusto en volverlo a leer. Las *Hojas Literarias* que me prometes me tienen excitado; gracias mil, eres demasiado amable. Pero con franqueza si te gusta conservarlas, dímelo, que probablemente mi hno Pancho se suscribirá, y le encargaré me las mande.

¿Y tus tos-ferina? La enfermedad es molesta; pero no con mucho grave; de todos modos deseo saberte curado.

Veo lo que me dices de la expedición; pierde cuidado por mí; solo lo aceptaba como recurso. Para el entusiasmo me falta el que mis paisanos

---

[126] François Coppée (1842-1908). Poeta francés. Autor de *Le reliquaire* (1866), *Les intimités* (1868), *Promenades et intérieurs* (1872) y *Les paroles sincères* (1891).

fueran alemanes; ahora, no me podrás negar sería un bonito final; ¡estoy aquí tan aburrido!

No sé lo que pensar de mi librero, no puedo mandarle la segunda de cambio, porque no recuerdo el banco de que me serví. Además creo que no era letra, sino un mandato postal. Hoy pienso volver a escribir y certificaré la carta; me limitaré tan solo en ella a reclamar o más bien a recordar. Para más, casi no tengo derecho. No me explico esto; porque aun perdiéndose la letra bien podía contestar mis cartas: de mi última hace ya cuarenta días. Además el primer envío lo recibió; lo prueba[n] los diez volúmenes de la pte. Collection Guillaume que están en mi poder ¿cómo es que no me manda lo restante? ¿Se habrá muerto el hombre?; pero en la librería había más de uno. No me explico esto y me tiene algo preocupado.

Según te dije en mi anterior le había escrito a mi amigo Moliner encargándole que reclamara pero él está ahora en Suiza y no sé cuándo volverá a París. Creo que el único remedio es resignarse y renunciar en lo sucesivo a hacer los pedidos directamente; lo siento porque la economía era casi de un cincuenta por ciento, incluyendo en él las ganancias del librero.

Tú conoces a Alfredo de Vigny? Has leído algo de él? En una librería he visto sus obras y me están tentando. También están las de Sully Prudhomme[127] pero las de este formaban parte de mi encargo.

He recibido *le petit glossarie des decadents;* como ya tú lo conoces no te lo describo. Tenía razón Valdivia; de muy poco puede servir.

También tengo el gran volumen de Oscar Wilde, aun no lo he leído. Se llama *The house of pomme granates* [sic][128] (la casa de las granadas) y es también de cuentos. La edición es magnífica y tiene unos grabados muy originales; parecen cubiertos con papel de china y tienes algo de goyescos.

---

[127] Sully Prudhomme (1839-1908). Poeta francés. Autor de *Stances et Poémes* (1865), *Solitudes* (1869) y *Vaines tendresses* (1875), cultivó, en su última etapa creadora, una poesía filosófica impregnada de cierto cientificismo.

[128] *A house of pomegranates.* James R. Osgood, McIlvaine, London, 1891.

He leído otro libro de este autor, también de cuentos; muy bonitos, aunque me gustaron más los otros. Son también simbólicos y llenos de ironía: en algunos adopta el sistema de las fábulas. Me gusta el autor; pero no me saben dar razón de su novela *el retrato de John Gray.* ¿Valdivia sabe algo?

Concluyo que acaban de llamar para comer.

Te abraza cariñosamente,
Eduardo

&

Nueva-Orleans, marzo 27 de 1893

Sr. D. Julián del Casal.

Muy querido amigo: Acabo de escribir un articulito, que previo algunos afeites y no menores enjuagues, creo te gustaría. En él he transcrito una emoción sufrida por mí; pero para quitarle la vulgaridad que me es propia, darle más tamaño y más realce, he procurado verlo al través de tu neurosismo [sic] y de tu monumental imaginación. Me ha resultado un sacrilegio y quizás por esto mismo me encanta; cuando vaya por La Habana te lo enseñaré, aunque cada vez me fío menos de tus juicios: ¿no tienes valor de decirme en tu última, que mi carta al tío Domingo te gustó cuando ni yo mismo quedé satisfecho de ella?

La última *Habana Elegante* que acabo de recibir aún no he tenido tiempo de leerla; pero con disgusto he visto no hay nada tuyo en ella. Como traducción, sí he visto lo de Heredia, cuyos *trofeos* pienso encargar, si es que no han llegado aún a esta ciudad.

Veo por tu carta que Mazorra[129] está tan aburguesado como el resto del mundo; lo siento por el artículo que te hubiera podido sugerir algún loco de genio.

---

[129] ¿Pablo Mazorra? Pablo Mazorra fue, de acuerdo con Gustavo Robreño en *La acera del Louvre* (1925), uno de los jóvenes que concurrían a ese famoso centro habanero. Con el mismo nombre, sin embargo, aparecen, en *La Habana artística* (1891),

Cómo diablo podía tardar 600 y pico de días, el pintor Wisthler [sic][130] para hacer ese retrato?[131] Cerca de dos años día por día! ¿Sería porque el neurosismo [sic] del conde, solo soportaba sesiones instantáneas?

No sé ni cómo te escribo hoy, pues me siento cansado; además la pipa que estoy fumando; no se lo digas a nadie, pero creo que tiene opio.

Qué lástima no saber el alemán, para poder leer las obras de ese Nietzsche de que habla el *Mercure de France*. Me gustó lo que dice de las piedras preciosas; tanto que «Ópalos» creo que sería un bonito título para un libro especial.

Te felicito por lo que me dices de ese periódico de Gómez Carrillo; quizás el envío del periódico, pretenda él que te sirva como de invitación.

Concluyo por no poder más.

Te abraza,

Eduardo

¡Qué agradable es ver visiones!
No he leído nada últimamente.
Te suplico que suprimas *el sarcasmo* conmigo.
Dime si conoces algo de Rémy de Gourmont, pues me gustaría encargar *Lilith,* sus *letanías* y *Sixtine.*

ℰ

Nueva-Orleans, abril 1 de 1893

Sr. D. Julián del Casal.

---

de Serafín Ramírez, un cantante aficionado, con voz de tenor, que cantó el *Arturo* de *Lucía,* y también, compartiendo apellido, un Pío Mazorra, violinista, que contribuyó a la creación de la Sociedad de Música Clásica.

[130] James McNeill Whistler (1834-1903). Pintor y grabador estadounidense. Desarrolló la mayor parte de su actividad en Londres. En 1886 fue electo presidente de la Asociación de Artistas Ingleses. Hizo en 1872 un famoso retrato de su madre.

[131] Se refiere al retrato titulado *Arragement in black and gold* que de Montesquiou-Fézensac hizo Whistler entre 1891 y 1892.

Muy querido amigo: El *Iskender* de Judith Gautier me tiene entusiasmado: un estilo exótico, oriental extendiéndose por todas las páginas con colores refulgentes y deslumbrante[s] de pedrería. Las imágenes son ricas y originales; en cada página se compara al Sol siempre de una manera distinta y encantadora. En cuanto lo acabe te lo mandaré; pero guárdamelo como oro molido, porque además de su rareza, creo volvería a leerlo con gusto.

Hasta ahora solo llevo leídas unas ochenta páginas y a ese paso, casi tardaré una semana en leerlo; así es que probablemente, no lo recibirás hasta la otra semana.

Recibí tu carta del 3 de marzo.

Sigues en ella, abochornándome con tus celebraciones: te agradecería que las suprimieras. Indudablemente lo haces para corresponder a mi admiración entusiasta por ti, olvidando que dirigidas a mí resultan insultantes o por lo menos sarcásticas. Todo lo que yo puedo decirte es poco, e invirtiendo los papeles, algunas veces me haces dudar hasta de tu amistad. Yo no soy ni el autor de *Hojas al viento,* ni de *Nieve,* ni de nada de lo firmado por Casal. Espera por lo menos a que pase a la categoría de *publicista*!

Mis libros aún no han llegado: estoy al tanto de la llegada del vapor para ir enseguida a reclamarlos.

No es en junio, sino en julio cuando tendré el placer de verte. ¡Aun faltan tres morlates [sic] meses!

Pienso encargar las obras de Rémy de Gourmont. Como todas las mías estarán a tu completa disposición. Las de la Rachilde quizás estén ya en camino, a menos de no estar agotadas. En las librerías de aquí, exceptuando a Goncourt, Flaubert y alguno más solo se encuentran libros para señoritas.

En esto de encargar libros me estoy poniendo insoportable. De resultas ando medio desequilibrado; pero lo único que siento es no poder hacerlo en mayor escala. Y menos mal que por fin no pierdo los $50 de mi primer encargo. ¡Si supieras las ganas que tengo de recibirlo! Tanto lo deseo que temo se me trueque el placer en disgusto.

Te agradecería me citaras un par de obras de Jean Lorrain; porque sin títulos es difícil hacer el encargo.

No te hablo de *La Habana Elegante,* porque hasta mañana no pienso recibirlo. Con tal de que hayas escrito algo en ella! Para cuándo tu próximo volumen?

Como en tu última no me hablas de tus achaques, me complazco en suponerte completamente restablecido. Espero no haberme equivocado.

Por más que quiero no puedo continuar esta carta. Solo en el campo interno podría encontrar motivos y esto además de ser insoportable para los demás, me haría demasiado largo.

Cariñosamente te abraza,
Eduardo

Recibí la *Hᵃ Literaria:* leí tu «Vespertino» el que si no recuerdo mal, ya lo habías publicado antes. De todas maneras es magnífico: cosas así deberían reproducirse hasta en las paredes de las habitaciones.

&

Nueva-Orleans, abril 3 de 1893

Sr. D. Julián del Casal.

Muy querido amigo: Por fin he tenido noticias de mis libros. El otro día recibí dos paquetes postales con seis volúmenes de Paul Verlaine y antes de ayer recibí una carta de un expreso conteniendo el conocimiento de un cajón de libros. El vapor aún no ha llegado y lo que me extraña es no haber recibido carta del librero. Unos días antes siguiendo tus consejos le había vuelto a escribir y había certificado la carta. En ella me mostraba sorprendido por tanto silencio y le rogaba me sacara de dudas. Ya he vuelto a escribirle acusando recibo de lo antedicho.

También he recibido por conducto del *Mercure de France,* a quien se lo encargué, el *Iskender* de Judith Gautier. Todavía no he tenido tiempo de leerlo, pero tanto eso como el *glossaire des decadents,* están a tu entera disposición. Este último lo encargué por conducto de una librería de aquí.

Del *Mercure de France* me contestaron, como habrás podido ver a vuelta de correo. La carta la firma Alfred Vallette y avísame si esta firma te puede servir para tu colección de autógrafos. El ejemplar d'Aurier, quedan en mandármelo, cuando se imprima a fines de abril, dicen.

Cuando esté en fondos compraré las obras de Vigny; cuestan caras por tener encuadernaciones de lujo.

Las de Sully Prudhomme las espero, con los otros libros.

Encargaré esa obra de Money y a estas horas debo tener en camino *Les trophées* de Heredia.

Precioso el artículo de la Rachilde en el *Mercure,* y también me ha gustado mucho «les tenebres» de Samain[132]. ¿Sabes cuándo leo estas cosas?, en el camino del colegio: me estoy avaldiviesando.

Por lo visto no es el tío Domingo el que escribió aquello. ¿Pero no encontraste alguna semejanza con el estilo?

Siento que por ahora no te encuentres con ánimo de escribir, pues *La Habana Elegante* sin tu firma me parece insípida. Todo lo que me gusta Darío, me disgusta su mujer.

Ópalos! ya habrás visto que Boez [sic][133] ha tenido la misma idea. Lo siento.

No dejes de cuidarte esa bronquitis; con todas esas cosas que te han caído encima, no te puedes figurar lo que te agradezco tus cartas. Los sábados siempre me parecen eternos, hasta la hora del correo.

He leído el otro libro de O. Wilde. Me refiero al caro, que lleva por título *The house of pomme granates.* No me gustó tanto como los otros. Ahora pienso leer *Intentions.*

Hoy me he pasado todo el día trabajando como un esclavo. Si supieras lo cansado q estoy, el sueño que tengo, y lo tarde que es, me dispensarías el que te escribiera tan corto. Y sin embargo, no es por falta de voluntad.

---

[132] Albert Samain (1858-1900). Poeta francés. Autor de *Au jardin de l'infante* (1893) y *Le chariot d'or* (1901), póstumo, fue uno de los fundadores del *Mercure de France.*

[133] Karl Boès (1864-1940). Editor y periodista francés. Asumió, a la muerte de Léon Deschamps, la dirección de la revista *La Plume.* Autor de *Les opales* (1893).

Dentro de poco podré escribir las impresiones de un fogonero, pues hasta de eso tenemos que servir en este dichoso colegio.

Te abraza,
Eduardo

Cuídate.

&

Nueva-Orleans, abril 17 de 1893

Sr. D. Julián del Casal.

Muy querido amigo: Tu agua fuerte es magistral[134]. Al mismo tiempo que esa obra maestra, tuve el grandísimo placer de recibir tu carta del día 1°. Paso a contestarla. Hasta en mis cartas voy volviéndome cada día más mercantil. Influencias del médium que por desgracia no se pueden evitar. Y eso, que procuro leer todos los días algo; pero a veces materialmente no encuentro tiempo. Muchas veces me veo precisado a aprovechar para ello, el trayecto de aquí a la escuela. Y con frecuencia, como no vengo solo, tampoco puedo hacerlo. Ante todo esto, solo cabe la resignación: para tenerla aun mayor, voy ya echando de menos mis creencias religiosas.

Mis libros aún no han llegado: los ansío con tal vehemencia que me temo que el buque naufrague. Todavía no puedo decir cuáles son; solo cuento por seguro *el Gervinus* y las obras de Sully Prudhomme. Con mi librero me suceden cosas muy raras. Ayer recibí carta certificada de él (ha adoptado ese método pª mayor seguridad) y me decía que adjunto encontraría la cuenta detallada de mis encargos. Y la cuenta no llegó: pueden haber sucedido dos cosas pues la carta llegó abierta: esto no lo pude reclamar por no estar en casa a su recibimiento: 1° que hayan sacado la cuenta, en lo cual no veo que nadie pueda tener interés: 2° que por distracción se le olvidara incluirla al librero. Esto me parece más natural pues también por distracción, se le olvidó cerrar la carta: al efecto, me descuidé decirte, que la goma del sobre venía intacta,

---

[134] «Agua fuerte», *La Habana Elegante*, 9 de abril de 1893.

virgen de la saliva humana. Hoy le he vuelto a escribir; le incluyo el sobre como prueba contundente y le ruego me mande un duplicado de la dicha cuenta. A todas estas dice haberme escrito *6 cartas* y yo solo he recibido dos; las otras cuatro, *volaberunt*. ¿No será que solo se pierden las cartas que no se escriben? ¿Y más teniendo los correos de Francia y de los E. U. fama de buenos? Con tal de que lleguen los libros poco me importa lo demás.

No en junio, sino en julio, será cuando te vea. Hasta entonces estaremos aquí encarcelados. No tengo ningún proyecto: lo único que podría motivarlo es la exposición de Chicago y esta a la verdad, no me tienta. Sin embargo quizás vaya, pero a la vuelta. Deseo ir para convencerme aún más, de la ineptitud artística de esta gente.

Son burgueses en todo, menos en la manera de defecar. Siempre tienen diarrea. Dispensa la indecencia.

Te remito la carta de Alfredo Vallette: el autógrafo es bien pobre: solo consta de su firma. Por ella comprenderás el encargo de *Iskender:* al mismo tiempo me suscribía a las obras póstumas d'Aurier: la letra era de treinta francos.

Temo que para ti, después del matrimonio, haya perdido algo de su mérito la Rachilde. A mí al menos me ha sucedido.

Lo del diario de un fogonero era una manera de decirte que en esta dichosa escuela, nos hacen hasta echar carbón en las fornallas. Trabajo que apenas si resisten los negros. Felizmente es tan solo una vez al mes. Por lo demás poco habría que decir sobre el particular. Ya Daudet en su *Jack* dedica preciosas páginas al asunto.

Por mi anterior te habrás enterado de que recibí las *Hojas Literarias.* Estoy en todo conforme de lo que dices de Sanguily. Es un talento académico.

Supongo en tu poder el *Iskender* que te remití días pasados.

No descuides tu bronquitis: yo también tengo un catarro muy fuerte; pero no pasa de ahí. Lo cogí en uno de esos cambios repentinos de temperatura que son tan frecuentes aquí.

Estoy hecho un topo: hace días que estoy torturando mi cerebro y no me sale nada. Ando medio desesperado.

Siempre tuyo,\
Eduardo

¿Qué te ha parecido la Sta. María? ¿Has revivido en ella el *espléndido pasado*? Entonces había *Inquisición*.

&

Nueva-Orleans, abril 24 de 1893

Sr. D. Julián del Casal.

Muy querido amigo: Si supieras que he estado desde las 9 de la mañana hasta las 4 ½ de la tarde, 8 horas y media, seguidas, escribiendo sin descansar por un estúpido examen de agricultura, me excomulgarías y con muchísima razón. Yo tan solo me atrevo a decírtelo como un pretexto muy razonable y que espero me disculpará ante tus ojos por no escribirte hoy largo. Estoy materialmente estropeado y embrutecido. Dispensa pues el laconismo.

Recibí tu cariñosa carta del 18 y con ella *La Habana Elegante*, deleitable por tu «esquivez». ¿Quién es ese Micrós?[135] No están del todo malas sus «almas blancas».

Tu noticia de mudada me ha alegrado. En tu nueva residencia iré a verte con más libertad. No necesitaba más ese cuartico para hacerse histórico; pero me temo vayas a sufrir del calor.

Celebro *Iskender* haya llegado a tus manos.

Mis *trofeos* aún no han llegado y ninguno de mis otros encargos tampoco. Recibido tan solo el *Mercure* de este mes: aún no lo he leído.

Ansío esas «excéntricas» para con ellas aprender a apreciarte más. Solo te faltaba la modestia para ser un original.

---

[135] Micros, seudónimo de Manuel de la Cruz.

Indignado por el recorte del Diario que me envías: en parte me alegro pues con ello te darán lo que te faltaba: y es la nota difamatoria para consagrar tu celebridad. Pero no me mandes el folleto; esas cosas me dan asco.

Si no recuerdo mal ese Pablo Hernández es uno que siendo simple escribiente ha logrado hacerse propietario de varias casas: con eso está dicho todo.

No olvides tu promesa de reservar mis cartas.

Estoy leyendo *Intentions* de Oscar Wilde. Mucho tengo que hablarte de él, pero hoy no puedo. Aprovecharé el concluirlo para hablarte de todo él.

Concluyo.

Te abraza de todo corazón,

Eduardo

Perdona otra vez: pero no puedo más. Considérame y... compadéceme. Y mañana otro examen, de química este. Es para *desesperarse*.

&

Nueva-Orleans, mayo 1 de 1893

Sr. D. Julián del Casal.

Queridísimo amigo: Poco ha faltado para que hoy lunes dejara de escribirte después de haberlo hecho durante algunos meses con bastante puntualidad. La culpa no hubiera sido mía, sino de la Rachilde. Empecé esta tarde *L'animale* llegada por el último correo y creí no iba a poder dejarlo. Solo el pensar que tenía que escribirte, a ti, me decidió. Y es un libro caro, no por la materialidad de su coste, sino por las consecuencias necesarias. Pocos libros he leído tan afrodisíacos como este. Es peor que el estudio sobre íncubos y súcubos de *Là-Bas*, peor que el erotismo malsano de *Sebastian Roch*; y los derroches de lujuria de la Ferre me parecen castos a su lado. No te hablo más del asunto, porque sería quitarte la emoción de la novedad cuando lo leas y en cuanto lo acabe pienso remitírtelo. Y no solo es tentador en este sentido, el primer capítulo es gatuno y tiene originalidades huysmáticas. En fin, ya lo leerás y consuélate porque al paso que voy, creo he de concluirlo muy pronto.

También he leído todas las *Intenciones* de Oscar Wilde. ¡Que siento que tú no puedas hacerlo también! El libro se compone de cuatro estudios; el titulado «Pluma, lápiz y veneno» no resulta tan interesante, por desconocer al escritor que lo motivó, un escritor muy original por cierto que contaba entre sus excentricidades la de envenenar por gusto.

El último se titula «The truth of masks» y es más bien un estudio sobre el teatro y sobre el especial cuidado que debe tenerse en todos los pormenores de vestuario y de ficción etc.

«El crítico como artista» ocupa como la mitad del volumen. En él se hacen las siguientes afirmaciones: que es más difícil hablar sobre una cosa que hacerla y que no hacer absolutamente nada es lo más difícil del mundo: que todo arte es inmoral y toda idea peligrosa: que la crítica es más creadora que la creación criticada y que la más perfecta es aquella que revela en la obra de arte, lo que el artista no puso en ella; que es precisamente por ese poder hacer un hombre una cosa por lo que es más apropósito para ser crítico y que el verdadero crítico es injusto, insincero y no racional.

No te vayas a creer que he hecho con esto un trabajo de recopilación; el mismo autor lo hace al final del capítulo, que por ende, se presenta en forma dialogada.

Explicarte todas esas paradojas al parecer negativas, pero presentadas con una argumentación muy sólida, sería rehacerte todo su trabajo. Además de muy largo, resultaría incompleto por la necesidad del extracto. Solo te diré que lo de no hacer nada etc. del principio se refiere a la acción; por ejemplo, que es más fácil matar un hombre, que sin haberlo hecho, describirlo, y sugerir por completo la idea del asesinato.

El libro demuestra una erudición profunda; la historia del arte en todas sus manifestaciones, es para él, campo conquistado. Y de contra un estilo felicísimo; imágenes sugestivas y montones de ideas, de esas ideas que le hacen a uno interrumpir la lectura, para pensar en ellas indefinidamente. Sus frases son cinceladas; tendría tan solo el trabajo de escoger, si quisiera hacerte citas.

Pero lo que más me gustó de todo el libro, es su primera parte. «La decadencia del mentir» se llama; con qué fervor defiende la ficción en el arte! Sostiene que el arte no debe imitar la naturaleza, sino tratar de corregirla: y asegura que la naturaleza es la que, desde cierto punto de vista, copia al arte. Con la vida sucede lo mismo pero en mucha mayor escala. Cita ejemplos y se muestra convincente. De paso hace un estudio muy bonito, de las actuales literaturas inglesa y francesa. A todo esto, no hay modo de negarse; es preciso avenirse a todo y confesar que es verdad con la relativa exactitud y determinada especialidad que él tiene buen cuidado de especificar. Este libro me ha conquistado por completo a su autor: he encargado dos libros más de él y alguno que otro que cita entre sus estudios. Y basta de Oscar Wilde.

Recibí la última *Hª El.* Releído el artículo de Mirbeau[136] y ansioso de recibir el siguiente número para leer tu artículo sobre Byrne. No dejes de mandarme sus *Excéntricas.* He leído el prólogo en *El Fígaro*: ese Heredia cuando quiere escribe muy bien.

Tu carta del 23 de abril fue tan disfrutada como todo lo tuyo.

Todavía no tengo mis libros. Comprendo lo que me dices sobre las personas que iban a visitar al director de *El País.*

Mis *trofeos* deben estar también al llegar. Tampoco creo sea edición de lujo.

Haré el encargo en cuanto vaya a la ciudad de los *Chauves-Souris*, veremos a ver si nos lo consiguen.

Ya temí hubieras olvidado lo de Jean Lorrain; también pienso encargarlas.

---

[136] Octave Mirbeau (1850-1917). Novelista francés. Autor de las novelas *Le Calvaire* (1886) y *Sebastien Roch* (1890), fundó la revista semanal *Les Grimaces* y publicó en 1885 la colección *Contes du ma chaumière*. De *Sebastien Roch* escribió Casal una crítica en *La Discusión* el 10 de junio de 1890.

No dejes de cuidarte la tos y abrígate bien durante la noche, que el cuarto aquel debe ser un poco frío. Y a trabajar con ánimo ya que no tendrás importunos que te vengan a fastidiar.

Un día de estos pienso volver a escribirle al tío Domingo; pero no le digas nada, por si acaso no puede ser tan pronto como yo quisiera.

Y adiós que voy a *animalizarme* un poco más. Esta noche voy a soñar con la Rachilde.

Te abraza de todo corazón,
Eduardo

En la *Hª El.* habla [sic] de Augusto de Armas y en el último *Mercure* no he visto nada sobre el particular ¿cómo es eso?

&

Nueva-Orleans, mayo 8 de 1893

Sr. D. Julián del Casal.

Queridísimo amigo: Tengo que darte una buena noticia: esta mañana en paquete certificado y como obsequio de mi amigo Luis Moliner, recibí *Les Chauves-Souris.* El placer que experimenté te lo podrás imaginar y más, cuando te diga (lo que está más en armonía con mi idiosincrasia) que voy a parar en bibliófilo en vez de en literato. Sí, querido Casal, cada día me convenzo más de que para escribir no sirvo y me temo que nunca serviré. El otro día me puse a leer uno de mis primeros ensayos, aquella historia de un negro viejo y que con la intención de corregir, había traído. Fue tal el desencanto que me produjo su lectura que no pude concluirlo, y, una tristeza más, me convencí de tu poca sinceridad, cuando en aras de una amistad mal entendida me lo celebrabas. Encontrélo todo pesado, monótono, con un estilo anti-artístico y plagado de vulgaridades. Sentí ese frío del ridículo que se siente, cuando uno se encuentra delante de un objeto grotesco y estúpidamente insulso…

Volviendo a *Les Chauves-Souris* del conde Roberto de Montesquiou-Fézenzac; hasta el nombre es original y sugestivo. En cuanto lo acabe te lo enviaré; apenas he tenido el tiempo de hojearlo y probablemente tardaré bastante tiempo en acabarlo, pues como principal defecto, quizás único, encuentro que tiene muy cerca de 500 páginas. Ármate pues de un poco de paciencia. Lo mejor es, que hace tan solo tres días y por conducto de mi librero había encargado otro ejemplar a la librería de Félix Alcan. Si llega, nunca estará de más.

Supongo ya en tu poder *L'Animale* de la Rachilde. Te lo mandé días pasados. Espero sufrirás con ellas algunas emociones, sin ser una obra maestra tiene algunas originalidades muy deleitables. Hasta el final me gusta a pesar de sus crudezas de lujuria, está muy lejos de militar en la escuela naturalista. Es otra clase de lujuria, refinada, enfermiza, inmoral.

En estos últimos días he estado leyendo los *Cromitos cubanos* de Manuel de la Cruz, antes tan solo había leído algunos estudios. Tendrá algunos defectos, pero todos para mi gusto desaparecen ante la realidad de un temperamento que innegablemente es. Ahora prepárome a saborear *L'embarguement pour ailleurs*[137] que encontré el otro día en el más apartado rincón de *mi* librería.

Mis libros ya están en la Aduana de esta ciudad: debiera haberlos ido a buscar hoy, pero mi trabajo no me lo permitió. Voy a ver si mañana me escapo; así es que espero poderte dar razón en mi próxima carta.

Recibí tu última fechada el día 2. Mucho me preocupa esa tu tos, que por lo que me dices más parece asma que otra cosa. Si es esto último te vas a divertir. No dejes de cuidarte y de cumplir al pie de la letra las prescripciones del Dr. Zayas.

Aunque no conocía a Figueroa, siento su gravedad, porque era de los entusiastas, tipo que va siendo cada vez más raro.

Mucho me ha divertido la anécdota de Rubén Darío: es original. Por lo visto tiene el buen sentido de no preocuparse de las modernas teorías bacteriológicas o micróbicas, que no sé a punto fijo cuál de las dos denominaciones es la apropiada.

---

[137] Gabriel Mourey (1865-1943). Poeta y novelista francés. Autor de las novelas *L'embarguement pour ailleurs* (1893), *Monada* (1894) y *L'oeuvre nuptiale* (1896), y de los libros de versos *Voix éparses* (1884) y *Flammes mortes* (1888).

Por lo visto lo de Holguín no tuvo importancia. Aquí llegamos a preocuparnos pues los periódicos daban noticias estupendas: habían tomado a Gibara, eran más de tres mil hombres y de España mandaban no sé cuántos batallones: todo esto en sendas columnas, lo cual prueba que no había mucha materia editorial.

Magníficas tus observaciones sobre el periodismo en la última *Habana Elegante:* el artículo todo es de primer orden. Con él te habrás convencido, de que no estás, ni con mucho embruteciéndote. Y las *Excéntricas* que no acaban de llegar: no vayas a tomarlo como un reproche.

Te abraza cariñosamente,
Eduardo

Muchísimo calor y mosquitos insoportables.

La sangre hierve y apetece uno heroínas todo fuego como las de *L'Animale* o frígidas como las de *Là-Bas*.

&

Nueva-Orleans, mayo 15 de 1893

Sr. D. Julián del Casal.

Queridísimo amigo: Con tu genial imaginación no será difícil suponer la sorpresa que experimenté esta mañana al recibir las *Excéntricas* de Bonifacio Byrne con dedicatoria. A ti te debo emoción tan fuerte y a la verdad no sé cómo agradecértelo. Es realmente demasiada amabilidad. Como él no me conoce hasta me temo, que a estas horas (o en aquellos momentos, pues hoy día no se acordará ya ni de mi existencia) esté renegando de mi triste persona. Aún no he leído sus *Excéntricas* pues como quiero acabar cuanto antes *los Murciélagos* para mandártelos, no he podido permitirme esa dicha. Cuando la realice, con seguridad, esta semana, le escribiré unas líneas, esperando que por tu intermediación, llegue a sus manos, mi reconocimiento ilimitado; ¡es tan ingrata conmigo la suerte! No parece sino que se le dificulta mucho, cuando de mí se trata, el encontrar su espléndido traje azul.

Con las *Excéntricas* recibí las *Hojas Literarias* y *La Habana Elegante*. Gracias mil. Con tu «Vœ soli», he experimentado las angustias fatídicas de la soledad y me he angustiado con tu «preocupación». Por Dios, que no seas profeta!

De los *Murciélagos* no quisiera decirte nada. Ya tendrás tiempo de gozar con sus originalidades. Hay toda una parte, «los lunáticos» en que se trata de esos espíritus desequilibrados que subyugan. Tu Luis de Baviera, es también, y grandemente, de sus favoritos.

El sábado fue para mí, buen día. Por la mañana me entregaron en la librería algunos pedidos, al medio día pude recoger mi caja en la aduana y por la tarde me llegó tu carta del último lunes (7 de mayo).

Esta, en parte, me disgustó. Si te sentías tan mal, ¿por qué me escribiste la última vez? Témome que hagas imprudencias y locuras; acuérdate…

Cuídate de veras y atiende al médico, y más cuando, con el Dr. Zayas, has podido librarte de un charlatán.

Ahora anhelo recibir el próximo número de la *H.E.* para poder leer eso de Verlaine: cómo rabiarán los autores de ese folleto estúpido. ¡Como si el arte no tuviera corazas invulnerables! Felizmente veo que la tuya es de diamantes y que ni siquiera han logrado arañarla.

Sí, ya estoy enterado de los dichosos Infantes y nunca creí que La Habana fuera tan capital de provincia.

En tu carta no me decías nada del autógrafo de Byrne; ¡siempre tan exquisito!

En mi caja de libros encontré lo siguiente: Gervinus –23 tomos; De Rollinat, *L'abime*, *Dans les brandes*, *Les néuroses*, y *La nature*. –De Sully Prudhomme, cinco tomos de poesías y uno grande que se titula *L'expression dans les beaux arts*; de Maupassant, *Une vie* (que ya había leído, pero en castellano); –de B. Constant[138], *Adolphe*; de los Goncourt, 4 tomos de su journal y *las ideas morales de esta época* por Eduardo Rod.

---

[138] Benjamin Constant (1767-1830). Novelista y crítico francés. Autor de *Mélanges de litterature et de politique* (1829) *Reflexions sur la tragédie* (1829), y de las novelas *Adolphe* (1806), *Le cahier rouge* (1907) y *Cécile* (1951), estas dos últimas publicadas mucho después de su muerte.

Más modernista que todo esto y de seguro más de tu agrado, fue lo que recibí por conducto de la librería: helo aquí: *La marquise de Sade* y *Nono* por la Rachilde; *Sodome* con prefacio de Paul Verlaine por Henri d'Argis[139]; *L'amour supremé* (muy raro) por Villiers de L'Isle Adam[140]; y la *Bieire* [sic] por Joris-Karl Huysmans[141]. Inútil me parece decirte que todo, absolutamente todo, está a tu entera y completa disposición.

Todo lo que viene de ti es de inapreciable valor: dígalo si no el consejo que me diste de leer *L'embarguement pour ailleurs*. He pasado con él ratos deliciosos. ¡Qué habilidad tienen algunos, para describir sensaciones, al parecer indescriptibles!

Con el último *Mercure de France* también he gozado bastante. He encontrado «le songe» de Minsky[142] admirable y muy curioso el artículo de Raoul Minhar[143]. Los «exergues» de Régnier[144] también son bonitos.

Lo que no me acaban de llegar son *Les trophées*. El pedido fue anterior al de *La marquise de Sade* y sin embargo esta ha llegado antes. He encargado, insistan.

Tengo intención de escribirle hoy al tío Domingo. Si lo hago, ya lo sabrás.

Dª F. no ha tenido todavía ningún disgusto contigo?

---

[139] Henri d'Argis, seudónimo de Alphonse Berty (¿?-¿?). Novelista francés. Autor de *Sodome* (1888), que contó con prefacio de Paul Verlaine, y de *Gomorrhe* (1889).

[140] Auguste Villiers de L'Isle-Adam (1840-1889). Narrador, dramaturgo y poeta francés. Uno de los «malditos» según la denominación de Paul Verlaine. De su obra, se valoran particularmente sus *Contes cruels* (1883) y su drama *Axël* (1890).

[141] *La Bièvre*. Paris, 10, rue de Châteaudun, 1877.

[142] Nikolai Minsky, seudónimo de Nikolai Maksimovich Vilenkin (1855-1937). Poeta ruso. Autor de *Con la luz de la conciencia* (1890) y *La religión del futuro* (1905), fue fundador en San Petersburgo de la Sociedad Religioso-Filosófica y uno de los representantes del decadentismo y el simbolismo en Rusia.

[143] Raoul Minhar (¿?-¿?). Autor, junto con Alfred Vallette, de *À l'écart*. Fue colaborador del *Mercure de France*.

[144] Henri de Régnier (1864-1936). Poeta y narrador francés. Autor de *Lendemains* (1885), *Apaisement* (1886), *Sites* (1887) y *Jeux rustiques et divins* (1897).

¡Y tu buda que todavía no te he podido mandar! No vayas a creer que lo olvido. En su cajón ¿estará ya hastiándose de la soledad?

Siempre tuyo,

Eduardo

Acabo de leer el juicio de Sanguily sobre Byrne. Creí a aquel más modernista y liberal. Dice hasta vulgaridades; en el sentido de *estupideces*.

Vuelvo a abrir esta carta para decirte que acabo de oír por tercera vez la relación corriente de unos amores adocenados. El protagonista es un colombiano a quien conozco de hace solo tres días y que mi mala estrella ha traído por estos barrios. No me abandona ni a sol, ni a sombra. Me ha leído las cartas de su novia y me habla de cuando tenga chinitos (hijos). Por lo que veo los considera como zapatos, pues habla de darles brillo y de sacarles lustre. Y mientras tanto *los murciélagos* impávidos oyen las veinte mil vulgaridades del amor. Como todas las novias la suya es ideal, pura etc. como todos los enamorados considera que solo entonces ha empezado a vivir etc. y como todos los pesados, está insoportable. Menos mal que habla bien y me tiene entretenido; por lo pronto doy por leído a *Romeo y Julieta*.

Estuvo leyendo el artículo de Sanguily sobre Cuervo[145], y le ha pescado algunos lapsos históricos. Acaba de interrumpirme para leerme el articulito de Raoul Cay y deduzco que su novia es trigueña.

A todas estas me impide escribirle al tío Domingo.

¿Soy de envidiar, no es verdad?

---

[145] Rufino José Cuervo (1844-1911). Filólogo colombiano. Fue miembro de la Academia Colombiana de la Lengua y correspondiente de la Real Academia Española. Continuador de la obra de Andrés Bello, de cuya *Gramática de la lengua castellana* hizo una edición crítica en 1874, se entregó por completo a la elaboración de su *Diccionario de construcción y régimen de la lengua castellana* (1886-1893), del cual solo pudo ver publicados dos volúmenes.

Se llama Luiana, y pretende descender de un príncipe azteca o zipa? Conoce a Arciniegas[146] y me habla de él; se dice amigo suyo.

Ya se está volviendo más interesante el *sujeto*.

&

Nueva-Orleans, mayo 22 de 1893

Sr. D. Julián del Casal.

Queridísimo amigo:

Cartas como tu última del 14, quisiera yo que siempre escribieras. Que te mostraras animado, lleno de fe y que arrinconaras el fetiche del pesimismo pasivo que solemos albergar. Pero me temo que suceda lo que tú mismo presientes: que sea pasajero el entusiasmo y que de nuevo vuelvas a caer en tu contemplación bramánica. Y sin embargo si alguien debe tener esperanza en el Arte eres tú; tan solo tienes 26 años y eres conocido hasta en Francia: 26 años y ya has escrito dos libros que sobrevivirán. Ánimo pues y procura que te dure. Aunque solo fuera para proporcionarme (mira si soy egoísta) placeres como el que sufro, deberías seguir lleno de valor. Me hablas de un próximo libro tuyo: por lo que deduzco será de prosa. Te agradecería más pormenores; pero de todas maneras activa tu trabajo y proporciónanos bien pronto esa orgía cerebral.

Pero fijándome bien no hablas sino en plural de tus publicaciones próximas. Cuéntame, si no te sirve de extorsión. Supongo que dos de ellas serán aquellas que tenías proyectadas hace más, ya, de un año. Uno con tus estudios de autores franceses; otro con el de personalidades cubanas. Y versos también tienes ya bastante para reunirlos en otra colección; y con tus artículos escritos sobre diversos asuntos, podrías formar otro tomo. Quizás sean presunciones, pero me complazco en forjarme esos cuatro deleites que no debías retardar. Y esto sin contar, porque sería demasiada

---

[146] Ismael Enrique Arciniegas. Véase «De los correspondientes». Sobre *Nieve* publicó Arciniegas una crítica en *El País* el 9 de julio de 1892.

felicidad con aquella novela autobiográfica de que una vez me hablaste. ¿La estás escribiendo?

Quizás te parezca pesado con todas estas insistencias; pero dispénsamelas; son sinceras y la expresión fiel de sentimientos, de quien verdaderamente te quiere.

¡Y sigues como siempre tan original!, lo digo por la impresión que te hizo la marquesa de Arco Hermoso.

Te lo digo, porque son muchas las ganas que tengo de leer el artículo ese de Gómez Carrillo hablando de Verlaine y de ti, pero no he recibido la última *Hª Elegante*. ¿Se habrá extraviado o por casualidad se te olvidó? Quizás llegue por el correo de mañana.

Hace unos días te escribí unas líneas y te incluía otras para B. Byrne. Sus *Excéntricas* me han gustado mucho; aunque por lo visto no tanto como a ti. Hay una gran distancia en todo, sin contar con la forma. Sin embargo tiene composiciones muy buenas y casi la que más me gustó fue «El diablo», por la originalidad con que lo pinta.

«El monarca», «Las brujas», «El buque fantasma» y otras más, me agradaron muchísimo. Creo cuentas con él, un satélite más y de los de mayor importancia.

Con ser él me contentaba y con razón. En cambio te falta alguna (razón) en envidiar a Gabriel Mourey. Tú eres capaz de escribir algo mejor todavía que *L'embarguement pour ailleurs*. Haz la prueba y verás.

Ahora estoy leyendo *Les Idees morales du temp present* por Ed. Rod. Me gustan, pero prefiero los ensayos psicológicos de Bourget; la *Vie litterarie* de Anatole France o los *Contemporáneos* de Lemaître[147]. Quizás no me guste tanto porque no los estudia literariamente. De todas maneras lo leo con interés y gusto.

Como acabé los *Murciélagos,* te los mandé al mismo tiempo que mis líneas ante-dichas. Espero lo habrás recibido: como verás, es la edición

---

[147] Maurice Lemaître (1853-1914). Crítico francés. Autor de *Contemporains* (1885-1914), *Impresions de théatre* (1888-1889) y *En marge des vieux libres* (1907).

ordinaria. El libro me ha gustado muchísimo y he pasado con él muy buenos ratos de puro goce artístico.

Me hablas de las obras de Ephraïm Mïkhael[148]; el nombre es judío y si no me equivoco es poeta. ¿Qué sabes de él?

Aquí sigo fastidiándome; pero más esperanzado ahora al pensar que solo me queda un mes, aunque sea largo. Por otra parte este último mes me resultará más pesado; no podré leer, ni aunque sea a ratos perdidos, por tener que preparar mis exámenes. Química y matemáticas. Compadéceme.

Persevera.

Te abraza,
Eduardo

&

Nueva-Orleans, mayo 29 de 1893

Sr. D. Julián del Casal.

Queridísimo amigo: Pocas veces, como esta noche, se me presenta ante mí el porvenir tan triste y desconsolador. Es una visión que procuro ahuyentar; pero que muy a pesar mío me obsede periódicamente con toda su escueta desnudez. Cada vez que me pongo a pensar que nunca en mi vida podré conseguir lo que deseo, que mi destino es sepultarme en el campo, que contra mis aspiraciones tendré que ocuparme de asuntos que intelectualmente no me interesan, que por el contrario me aburren y fastidian, siento la melancolía subirme por oleadas y convertirse luego en un *spleen* estúpido y embrutecedor.

En esos momentos, ni siquiera deseo la muerte, porque ya no tengo ni energía, ni virilidad. Solo apetezco un bálsamo, algo muy suave que

---

[148] Ephraïm Mïkhael (1866-1890). Poeta francés. Autor de *L' automne* (1886), escribió, en compañía de su amigo Catulle Mèndes, el drama *Briseida*. La mayoría de sus poemas, dispersos en periódicos y revistas, no se publicaron en libro sino póstumamente (*Oeuvres de Ephraïm Mïkhael: Poésies; Poémes en prose*, 1890).

me transportara lejos de este mundo en un país de ensueños y de crepús-
culos. Yo creo que la música, lo conseguiría. La música con sus visiones
sugestivas, con su impalpable realidad; pero se dificulta tanto el oírla.
Para ello hay que vestirse, hay que ir a algún sitio donde se vea gente y
se sufren decepciones que quiero evitar. No todos tienen la dicha de ser
ese príncipe alemán, si no me equivoco tu Luis de Baviera, que podía
entregarse solo, completamente solo, a ese placer celestial.

Dicen que el opio…

También creo que algo influye, aunque muy ligeramente en mi *spleen*,
tu última carta del 21. Hiciste mal en escribirme la anterior. En ella por
primera vez me dejabas entrever tus sueños y deseos; me honrabas con
una confianza de hermano. Después ha venido la que tengo que contestar
hoy, y semi-acostumbrado como ya me hallaba, a un placer más, encontré
un dolor en repasar tus líneas, frías, casi oficiales, escritas al parecer, por
salir del compromiso cuando antes. Quizás sea cruel y que no fuera esa
tu intención; me alegraría de ello pues cada vez te aprecio más.

Es probable que recibas mal esta jeremiada, cuando tú también sufres
de tristezas y necesitas consuelos y yo comprendo hago mal en decírtelas;
pero es tan dulce el quejarse! Indudablemente el encontrar pretexto para
un dolor, es más agradable que el sufrirlo sin saber casi por qué. Y esto
me pasa a mí; atribuyo a tu carta, que es muy larga y cariñosa, efectos
que provienen del *spleen* corrosivo de que te hablo al principio. Pero
también eres psicólogo y sabrás dispensarme; y en último caso apelo a
tu piedad (*pitié*).

En mi última te hablaba *des les idees morales* de Ed. Rod, y si no
recuerdo mal, algo injustamente. Ya acabé el libro y he variado de opinión. Sin duda alguna, tiene mucho mérito. Analiza fases nuevas de los
escritores que estudia, descubre al mero lector como yo, nuevos hori-
zontes, y al mismo tiempo que baraja y descubre ideas de otros, emite
algunas suyas, muy dignas de tomarse en consideración. De todos sus
estudios, el que más me gustó, es el consagrado a Tolstoi.

Del tío Dgo. recibí carta. Te lo digo sin acordarme de que tú habías
puesto el sobre. Un día de estos le contestaré; hoy no estoy de humor.

Por lo que me dices, comprendo tu salud estuvo más quebrantada de lo que yo me figuraba. Quisiera tener autoridad sobre ti, para someterte a un régimen muy estricto y riguroso. Cuídate mucho.

El artículo que se publicó en la *Hª El.* y en el que figura Verlaine, debería bastarte, para sufrir con paciencia todos los cuidados que necesiten [sic] tu completo restablecimiento. Ya te van conociendo hasta en París ¿no serás con esto valiente y constante?

Por lo anterior verás que recibí *La Habana Elegante,* cuyo extravío presumía en mi anterior. Llegó junto con la última en que he tenido el placer de leer tus versos exquisitos. Una de las cosas que me tiene de mal humor es el papel ridículo que ha hecho dicho periódico con los artículos del marqués de Cervera[149] y especialmente con el último. No tan solo al periódico sino a todos los cubanos nos pone en ridículo. Esto te lo digo sin saber por qué, pues demasiado sé que no podrías remediarlo. Si no fuera por tu colaboración, creo que dejaría de leer ese periódico. *Fleur de Chic*[150] en parte lo remedia, pero me parece notar que ha perdido su antigua gracia.

Celebro te gustasen *Iskender* y *L'Animale.* El último *Mercure,* aun no lo he recibido.

Lo que no puedo mandarte, y lo siento, es *La marquesa de Sade* y tampoco *Sodoma.* Figúrate que uno de mis compañeros mandaba una

---

[149] Manuel Antonio de la Caridad de Ciria y Vinent, Sánchez Gauna y Gola (1841-¿?), IV marqués de Cervera. Véase Rafael Nieto y Cortadellas: *Dignidades nobiliarias cubanas.* Ediciones de Cultura Hispánica, Madrid, 1954. La molestia de Rosell debió de producirla la «Interview con Cervera», publicada en dos partes en los números 17 y 18 de *La Habana Elegante,* del 30 de abril y 7 de mayo de 1893, con motivo de la recepción de los Infantes. En la entrevista, Cervera se encarga de detallar no solo todas las actividades que tendrán lugar en los días de la visita de los Infantes, sino también todos los pasos y requerimientos de la etiqueta que deberán cumplirse en presencia de estos.

[150] Seudónimo de Héctor de Saavedra (1862-¿?). Periodista y dibujante cubano. Colaboró con *La Ilustración, Diario de la Marina* y *El Fígaro.* Redactaba en *La Habana Elegante* notas y críticas teatrales. Dibujó un mapa de Cuba (*Carte de l'ile de Cuba*), impreso en 1896.

caja con libros y otros objetos para La Habana y aproveché la ocasión para embarcar mis libros. Estos van a parar a casa, pero tendrías que esperar mi regreso. Un mes más! Dentro de la caja también va tu buda, el que espero llegará bien, a pesar del gran peso que le rodea. Procuramos embalarlo lo mejor posible.

Lo que si te mandaré uno de estos días son *Les opales* y *Sixtine*: ambos acabo de recibirlos. También tengo *L'Exilee*.

El colombiano ya se fue, felizmente: era demasiado sangrón.

De todas maneras tengo que agradecerte la dedicatoria de *Excéntricas*: qué te pareció mi carta. Pasé grandes apuros para escribirle.

En *Les opales* que he empezado a leer, he encontrado unos versos dedicados a Satán. Lo poco que he leído me ha gustado muchísimo. Hay unas «Sentences dorées» que vienen a ser el código del poeta. Dispensa lo de código. Reminiscencias de mi derecho. Ya pronto lo leerás.

He tenido que interrumpir esta carta para fumar en pipa, pues los mosquitos me tienen vuelto loco. Con la vecindad del río tenemos aquí cantidades inmensas de ellos.

Ese Gómez Carrillo es cubano? Te quiere bien. Esa antología se publicará en francés o en castellano?

Por si publicas tu libro sobre artistas cubanos, tengo que comunicarte el siguiente dato, con el que podías servir de revelador. Según uno de mis compañeros que ha vivido en Madrid y según él se ha codeado mucho con pintores, el único cubano que es una verdadera notabilidad en el arte pictórico es un tal Pelayo[151]. En Cuba nadie lo conoce y sin embargo dice que salió de allí a los 20 y pico de años. No te puedo responder de nada, pues tú sabes que en las apreciaciones hay mucho que decir. Ni

---

[151] Al parecer se trata de Eduardo Pelayo Fernández (1850-1901). Pintor y grabador cubano radicado en Madrid. Según Sánchez Morey, ganó Medalla de Segunda Clase en la Exposición Nacional de Madrid en 1887 y otro premio por su cuadro *La sierra de Guadarrama*. Aparece pintado en el cuadro de su amigo el pintor cántabro Casimiro Sainz, *El descanso* (1876), y su caricatura, hecha por Francisco Ramón Cilla, engalanó la portada del *Madrid Cómico* del 26 de octubre de 1889, donde, además, se le elogia como autor de un cuadro titulado *La primavera*.

siquiera puedo decirte a qué clase de pinturas se dedica ese señor, aunque de esto te hablaré en mi próxima. Me parece raro que siendo cubano, no lo conozcamos allí y más, cuando de creer a mi compañero, se ha llevado medallas en una exposición de Berlín y creo que también en París. De todas maneras procura enterarte, por tu lado, que yo te indagaré por el mío, todo lo que me sea posible. De ser todo ello cierto, podrás hacer un muy bonito artículo.

Te abraza cariñosamente
Eduardo

&

Nueva-Orleans, junio 5 de 1893

Sr. D. Julián del Casal.

Queridísimo amigo: Que me pesa el haberte escrito mi última carta: en ella dejándome llevar de una hipocondría negra, hacerte cargos por tu falta de confianza conmigo, sin considerar que no siempre está uno dispuesto a las confidencias y especialmente que bastante haces para conmigo. Espero me habrás dispensado «la brutade» y que no le habrás dado más importancia de la que merece una mala crianza spleenética [sic]. Para colmo de remordimientos, me llegó tu última carta: cómo me has hecho sentir con ella mi inoportunidad! No solo me escribes y te franqueas sino que lo haces en un día en que los sufrimientos corporales debían quitarte el humor para todo, incluso para la amistad. No sé cómo agradecerte semejante heroísmo, y también tu artículo sobre el Dr. Zayas, que además de ser un estudio escultural, es una filigrana de frases, de ideas, de imágenes y de literatura. ¿Cómo diablos te las arreglas para encontrar símiles tan felices, palabras tan apropiadas, pensamientos tan originales y profundos. Y no te contentas con uno, y a veces, ni con dos, sino que las comparaciones se te emparejan, y siempre sugestivas, siempre tan magistrales. No es un busto tu artículo o por lo menos no es un busto sobre mármol, sino sobre algo más duro, sobre un acero muy templado, en que cada golpe de cincel, a más de grabar tu intención, levanta chispas de genio. Con estudios como ese, tus bustos literarios, van a resultar clásicamente inmortales. Cualquiera diría que es el primer trabajo en prosa que leo tuyo; pero es que lo realmente bueno siempre llega a impresionar. Mi más cordial y entusiasta enhorabuena.

Con esa *Hª Eleg.* recibí la atrasada, que en un tiempo di por perdida, y que, como te decía en mi anterior, había por fin recibido, aunque con algún retraso. De todos modos se te agradece.

Mucho me ha [sic] preocupado las noticias que me das de tus males. Esas recaídas que sufres son producidas sin duda alguna, por imprudencias que cometerás, ¿por qué no te cuidas bien? Algunas veces me temo que el cuarto que ahora vives sea demasiado frío, que no le siente a tu asma? Aunque por otra parte no debe ser húmedo, sino por el contrario, pecar más bien de caliente. Ve a ver al Dr. Zayas y no esperes sentirte mal para hacerlo. A los primeros indicios de recaída, consúltale y no esperes a empeorarte para cumplir sus prescripciones. En caso en que no puedas verle, como el que me citas, por qué ¿no le escribes? El contestarle no podía servirle de molestia dados el laconismo y brevedad de una receta. Ya que ha acertado contigo, sométete a todos sus consejos, aunque uno de ellos fuera el que por algún tiempo dejaras de escribir. Primero es la salud, y más una salud como la tuya que es tan benéfica y deslumbrante. Te canso ya, ¿no es verdad? Seré pesado, pero sincero.

¿Cuándo aparecen tus Bustos literarios? ¿me enumeras tus proyectos en el orden que les tienes destinado? ¿Has empezado ya, Puah!? Encontraste ya título para tu nueva colección de versos?

No desesperes de escribir tu obra sobre Gustavo Moreau, todavía tú y yo hemos de hacer ese viaje por París juntos. Si lo realizáramos, me consideraría completamente feliz. Esperemos sea pronto.

Y ánimo; manos a la obra y no vayas a desmayar. *Epata* a tus envidiosos con los productos de tu cerebro; es la manera de vengarse y especialmente de ese estúpido del folleto.

Cuánto celebro haberte podido agradar con los *Murciélagos*.

En esta última semana he leído muy poco, tengo ahora mucho trabajo. Apenas he hojeado el último *Mercure de France* y me temo que todo el mes sea así. Felizmente es el último. Por no tener tiempo de ir a la ciudad no he podido mandarte *Sixtine* y *Les opales;* procuraré hacerlo esta semana.

No tienes necesidad de devolverme los libros.

Siento no haber sabido a tiempo, lo del santo de Dª Fernanda. Para remediarlo en lo posible, escribo hoy al tío Domingo. Esa carta que tanto interés tienes en leer, no decía nada de particular. Solamente le hablaba de una nueva explicación de la caída del Imperio Romano, sostenida por nuestro profesor de agricultura (el de la patas) [sic]. La teoría era peregrina; a mí me pareció estupenda y no pude resistir a la tentación de comunicársela al tío Dgo. Según aquel, Roma había decaído, porque los excrementos de sus habitantes iban al Tíber y no podían aprovecharse para el fomento de lo que él llama su ciencia agrícola. Te participo que mi profesor, si hemos de creer lo que dicen, está reputado como hombre de muchísimo talento. Le dan a uno ganas de ser bruto, ¿no es verdad?

Te abraza de todo corazón,
Eduardo

Nueva-Orleans, junio 12 de 1893

Sr. D. Julián del Casal.

Queridísimo amigo: Tu última carta me ha llenado de angustia: no te puedes figurar la ansiedad con que espero el próximo correo. Nunca creí que tus padecimientos fueran tan complicados: presumía un asma muy fuerte y quizás algún catarro; pero no la complicación del corazón con una bronquitis. Estás seguro de esto, o exageras dejándote llevar de tu imaginación? Una cosa te tengo a mal, y es que sintiéndote estropeado y débil, te hayas tomado el trabajo de escribirme: muchísimo, fuera de lo decible, me complacen tus cartas; pero el placer se me ha de convertir en disgusto, sabiendo que por cumplir esa atención amistosa, te cansas, te sofocas y estropeas. Ya te lo ha dicho el médico: quietud absoluta, y el escribir es para ti, dado tu nerviosismo, más que una distracción, un verdadero trabajo. Renuncio a tus cartas, con tal de que cumplas todas las prescripciones del médico. No debes ni salir a la calle: el subir tantas escaleras te debe hacer daño; lo mismo que el calor sofocante que debe ahora haber por las calles de La Habana.

Vete al campo; que los cuidados de tu hermana, la quietud del despoblado y sus aires sanos te restablecerán pronto y completamente. Pero antes de hacerlo, hazle una larga visita al Dr. Zayas, consúltale detenidamente, pídele consejos para los menores detalles de tu vida y armado ya de sus prescripciones, proponte cumplirlas estricta y constantemente. Te estaré aburriendo con tanta insistencia; pero dispénsamelo, ¿si supieras lo que me intereso por tu salud? Creo que si fueras mi hermano no me preocuparía tanto. Y no me escribas más, yo lo seguiré haciendo porque me sirve de consuelo y distracción; lo único que deseo es que me anuncies tu nueva dirección.

En el campo, si no te lo prohíbe el médico, podrás dedicarte con calma y tranquilidad, a la realización de tus planes; esa quietud conviene al espíritu: sin importunos que fastidien y sin ninguna distracción, se puede soñar más.

Días pasados te remití dos libros: *Los ópalos* de Karl Boez y *Sixtine* de R. de Gourmont. Los supongo en tu poder. Dime si quieres te remita al campo, los libros que vaya recibiendo. De un día a otro, deben llegarme las obras de Lorrain.

Ahora estoy volviendo a leer *L'embarguement pour ailleurs,* cada vez me gusta más y con razón. Encuentro ahora motivos para mayores sueños y sin la fiebre de lo desconocido, que antes me incitaba a acabarlo pronto, puedo detenerme con más tiempo, en meditar sus descripciones, en divagar con sus ensueños y en deleitarme con su estilo. Comprendo tu predilección por este libro: si quieres volverlo a leer te lo mandaré.

Celebro en el alma lo que me dices de Dª Fernanda y te agradezco las noticias que me das sobre Gómez Carrillo.

Casi me insultas: ¡Huysmans! ¡Mallarmé! etc.

Inútil me parece decirte lo que sentiré, no encontrarte a mi vuelta por La Habana; pero todo lo daré por bien empleado con tal de que te restablezcas completamente. Ya solo me quedan 18 días. Tengo tantas ganas de que pasen, de que a veces temo me suceda algo grave, una de esas desgracias irreparables, para castigarme por mi poca conformidad. Esperemos, en Dios, que no sea así.

Espero hayas desistido (aunque, lo que no deseo, te haya repetido un ataque) de meterte en un hospital. Ya Verlaine lo ha hecho. Conociendo el carácter de mi tío, estoy segurísimo que no le estorbas en lo más mínimo.

No me contestes a esta; me remordería la conciencia, si por causa mía te fatigaras de algún modo.

Solo deseo que cuando te vayas al campo, me remitas tu dirección y me digas si quieres que te remita allá los libros. Yo seguiré escribiéndote aunque mis cartas te sirvan de fastidio. Cuídate mucho; te lo pide con toda el alma, tu amigo,

Eduardo

&

Nueva-Orleans, junio 19 de 1893

Sr. D. Julián del Casal.

Muy querido amigo: Siento coincida el no haber recibido carta tuya por el último correo, con lo mucho que tengo ahora que hacer por mis dichosos exámenes. Temo vayas a tomar mi brevedad por resentimiento; pero te aseguro que no hay ninguno; sí, algo de inquietud, que felizmente tuvo ocasión de desaparecer esta mañana, al recibir las *Hojas Literarias* y la última *H^a Elegante*. Gracias mil; no solo por ello, sino porque al ver tu letra, me cercioré de que no estabas enfermo.

Puede que me hayas escrito, y que tu carta se haya retrasado o perdido.

Estoy cansadísimo de estudiar y con unas ganas monumentales de que pasen pronto estos días.

Creo podré salir de esta ciudad el 30 de este mes y por lo tanto tener el gusto de abrazarte a principios del que viene (si estás en La Habana).

De todos modos siempre y hasta entonces, quedo tuyo,

Eduardo

Dispénsame la brevedad.

DE MANUEL ROSELL

[Membrete: «Ministerio de Ultramar / Dirección Gral / de / Hacienda».]

junio 18 de 1892

Sr. Dn. Julián del Casal.

Mi distinguido amigo:

Mi hermano Eduardo me ha entregado sus hermosas poesías que en su libro titulado *Nieve* ha publicado Ud. y que me hace la inmerecida distinción de dedicarme; honor a que le estoy muy reconocido y que no sé cómo agradecerle.

Ya había tenido el gusto de leer algunas de sus admirables inspiraciones, y al leer las últimas, a más de gustarme sobremanera, en mi pobre juicio me hace considerarlo como el mejor poeta de nuestra patria.

Poco valgo, pero en lo que pueda servirle, sabe Ud. que incondicionalmente me tiene a su disposición y que tendrá mucho gusto en servirle su afmo amigo y s.s.q.s.m.b.

Manuel Rosell

S/C Columela 17 1º

De Salvador Rueda

[Sin fecha, en el cuño de correo de recepción del sobre en La Habana: 27 jul 92]

S. D. Julián del Casal
Mi querido poeta.
A su debido tiempo llegó a mis manos su carta, y agradezco a Ud. los elogios inmerecidos que en ella me dedica, más por venir esos elogios de un americano.

Me he retrasado en escribir a Ud., y le pido perdón por la falta, pero si contra mi voluntad no le he escrito antes, en cambio su nombre de Ud. y sus brillantes versos no se han caído, en mucho tiempo, de nuestros labios. De nuestros labios digo, porque durante la estancia de Rubén Darío en Madrid, nuestra ocupación predilecta y casi constante es hablar de los poetas y escritores americanos. La emprendemos con Ud. hasta no dejar poesía de su libro sin recitar; luego nos deleitamos con los versos que por casualidad recordamos del exquisito Nájera (yo no poseo sus libros), y encontramos más poesía en él, y más originalidad, y más arte, que en casi todo este parnaso español resonante, hueco, rutinario, gastado, y *momificado,* en una palabra. Pasamos inmediatamente revista a Obligado[152], a Mérou[153], a Gavidia[154], a Zorrilla San Martín[155], y a por-

---

[152] Rafael Obligado (1851-1920). Poeta argentino. Publicó en 1885 su único volumen de versos: *Poesías* (Quantin de París). desempeñó funciones académicas en la Facultad de Filosofía y Letras de la Universidad de Buenos Aires, donde promovió la creación de la cátedra de literatura argentina.

[153] Martín García Mérou. Véase «De los correspondientes».

[154] Francisco Gavidia (1863-1955). Poeta y ensayista salvadoreño. Autor de *Versos* (1878), *El libro de los azahares* (1885) y *Poemas* (1909), presidió la Academia Salvadoreña de la Lengua.

[155] Juan Zorrilla de San Martín (1855-1931). Escritor, historiador y diplomático uruguayo. Fundó en 1878 *El Bien Público.* Autor de los textos *La leyenda patria* (1879), *Tabaré* (1888) y *La epopeya de Artigas* (1910), fue profesor en la Universidad de la República.

ción de poetas más, los cuales solo soltamos para admirar a los literatos y críticos; en fin, que nuestro parnaso no es el de Madrid (en Madrid aparte de algún maestro y de algún que otro joven, no hay Parnaso, cosa que es tan cierta, como cierto que en América, seducida como está por la distancia, no le creerá así); repito que nuestro parnaso es el americano, y que de él gozamos la vanidad, la elegancia, la delicadeza, la maestría, el refinamiento exquisito, la diversidad de cuerdas, y demás méritos en que Udes nos aventajan.

Rubén está disgustado en este que no se puede llamar Centro poético: vio a Madrid desde América y tenía la corte para él el *azul* de la distancia: así que llegó y ha visto que su imaginación sufría un espejismo, está inconsolable: se encuentra a los viejos todavía encastillados en la *oda pimplea*, hueca y estúpida; quiere penetrar en la generación nueva, en la que Rubén soñaba, equivalente a la de Udes, y no la encuentra (salvo algún ejemplar raro); busca atmósfera de arte, y se baña en un ambiente de hielo; no me gusta dar malas noticias, pero debo decir a Ud. y a la generación literaria de América, que aquí no hay ni entusiasmo, ni atmósfera literaria, ni cosa que a eso se parezca.

Yo me pregunto: ¿dónde irá Darío cuando salga de España? mejor dicho ¿dónde debería ir? ¿a qué Centro propio de sus méritos de artista? Este errabundo amigo nuestro, este elegantísimo poeta, se hallaría a gusto solamente en París. París es su atracción perpetua; con la literatura de la capital de Francia está formado su gusto, vive con sus artistas desde aquí, constituyen ellos su recreo, y si el Gobierno de Nicaragua quisiera tener un *rasgo*, que en España se vería con gusto, lo que debía de hacer era enviar a Rubén Darío a París con alguna representación fija y duradera.

Así como yo ambiciono más recorrer algunos puntos de América que ver la capital de los franceses, Rubén desea la vida de París antes que todo. Es seguro que allí haría grandísimos progresos, y que al cabo de algunos años Nicaragua estaría mucho más orgullosa de su poeta, el cual es digno como pocos de una protección nacional. Por supuesto, que lo que digo de Rubén con respecto a Nicaragua, lo digo de Ud. también con respecto de su país. En todas partes se brinda protección a los músicos, a los escultores, a los pintores, y nadie se acuerda para nada de los poetas, que al cabo llevan en la pluma a la vez una paleta, un cincel y un pentagrama.

Nada más digo a Ud. por hoy. Uno de estos días saldrán para América ejemplares de mi nueva obra poética titulada *En Tropel,* que está al aparecer ante el público. Mi vivo deseo es que no desagrade a los americanos.

Adiós, amigo mío: de Ud. abrazos míos a esos compañeros, y sabe Ud. cuánto le admira y quiere su afectísimo q.b.s.m..

Salvador Rueda

&

S. D. Julián del Casal. Sntdo poeta.

He tardado mucho en dar a Ud. un millón de gracias por el regalo de su hermoso libro *Nieve,* porque deseaba enviarle, impresa, la opinión que su obra de Ud. me ha merecido. Ahí va ese juicio, de espontánea y absoluta iniciativa mía (plagado de erratas, eso sí) el cual se ha publicado en un mismo día en *setenta y siete periódicos de España:* quería yo hacer una reputación a su libro de Ud., y a Ud. en toda la Península[156], y me he salido con la mía: hoy es Ud. conocido en todas nuestras provincias entre la gente de letras y el público que lee.

Tengo un grandísimo entusiasmo por Udes los hombres de pluma de América, y si no fuera por mi padecimiento nervioso, me impondría a mí mismo la obligación de hacer populares en España a todos los escritores americanos.

Hoy he terminado una nueva obra que se titula:

El Tropel
(Cantos del Norte y del Mediodía)

---

[156] «*Nieve*. Poesías de Julián del Casal» fue recogido luego por Rueda en *El ritmo: crítica contemporánea*. Hijos de M. G. Hernández, Madrid, 1894, pp. 71-79. Véase el «Apéndice» de esta edición, donde se reproduce dicho texto.

Se divide en varias partes, y una de ellas, la que se refiere al Mediodía, la dedico a los literatos, críticos y poetas de América que hablan y
escriben en lengua castellana.

Yo siempre, a toda hora, me estoy acordando de Udes; y lo que siento
es que a pesar de mis buenos deseos, quizás no pueda abrazarles nunca
en su país, con el cual sueño eternamente.

Adiós, mi querido poeta. Crea Ud. que le admira y le quiere de todo
corazón, su hermano en letras q.s.m.b.

Salvador Rueda

Tengo un particular interés en que dé Ud. su apretón de manos en
mi nombre a los Sres. Escobar y Pichardo.

S/C Jovellanos 5, bajo. Madrid.

No me culpe Ud. de las erratas; yo en Madrid y la crítica saliendo en
provincias ¿cómo iba a corregir las pruebas? Si caso, que lo reproduzcan
ahí sin erratas: corríjalas Ud.

[En un papelito aparte: «Ha leído Rubén esta carta y dice q. se alegraría de q. Ud. la publicase en La Habana. Consiento en ello con mucho
gusto, pero corríjala Ud. porq. va escrita al vuelo».]

De Emilia Pardo Bazán

Madrid, mayo 29 de 1890

Sr. Dn Julián del Casal

Muy distinguido señor de todo mi aprecio: he leído con gusto especial sus lindos versos, y recibido con no menor satisfacción su caluroso
ofrecimiento de amistad. Cuente Ud. con la recíproca y no desmaye en
la carrera literaria, en que le desea reiterados triunfos

Su afectísima

Emilia Pardo Bazán

S. C. Ancha de San Bernardo
37 –pral drha
Madrid

[Tarjeta de presentación, con el nombre y la dirección impresos, de Emilia Pardo Bazán. A continuación del nombre, escrito a mano, lo siguiente:]

leerá con sumo interés el libro del Sr. Dn. Julián del Casal, y dirá lo que precisa de él en el *Nuevo Teatro Crítico*[157].

DE RICARDO PALMA[158]

[Membrete con el apellido de Palma]

                                                    Lima, junio 20 de 1891

Sr. D. Julián del Casal
Habana

Estimado Señor mío:
Con amabilísimo autógrafo de Ud. recibí su librito *Hojas al viento*. Gracias por sus bondades.

Sus composiciones «Versos azules» y «Despedida del emperador del Brasil» son deliciosas. Lo felicita cordialmente por ellas

                                                        Su at.° s.s.
                                                    Ricardo Palma

---

[157]   Al parecer la tarjeta fue enviada a Ricardo Palma –quien debe de haberle hecho llegar a su vez el libro a Pardo Bazán– y de este a Casal a La Habana. El sobre tiene *ex libris* de Palma y sello del Correo del Perú. El cuño de la Cartería Mayor de La Habana es de julio de 1891. Con independencia de la promesa de Pardo Bazán, esta no hizo, sin embargo, comentario alguno del libro enviado por Casal –por la fecha, *Hojas al viento* (1890)– en su *Nuevo Teatro Crítico*.

[158]   Véase «De los correspondientes».

Afectuosamente salude, en mi nombre, a Manuel de la Cruz. Le escribí en la anterior quincena.

DE ISMAEL ENRIQUE ARCINIEGAS

[En el membrete: Ismael Enrique Arciniegas / Bucaramanga / Colombia]

Bucaramanga, junio 8 de 1892

Señor D. Julián del Casal
Habana.

Distinguido poeta:

Escribo a Ud. estas líneas bajo una agradabilísima impresión: acabo de leer por tercera vez el hermoso libro de Ud., llamado *Nieve*, que con afectuosa y galante dedicatoria ha tenido la amabilidad de enviarme. Aún suena en mis oídos la mágica armonía de sus endecasílabos soberbios, y todavía me deslumbra la brillantez de esas rimas áureas. Eternamente le quedaré agradecido por el regio regalo que me ha hecho, así como por los ratos de inefable placer que me ha proporcionado.

En algunos periódicos, como en *El Partido Liberal* de Gutiérrez Nájera, había leído composiciones de Ud., pocas pero bellísimas, reveladoras de un estro poderoso, de un temperamento delicado, poesías parnasianas, notables por el color y por la forma irreprochable. Debido a la interdicción literaria en que mutuamente vivimos los hispano-americanos, interdicción que durará quién sabe hasta cuándo, perdí la esperanza de conseguir las poesías de Ud. Imagínese, pues, cuál sería mi alborozo al tener en mis manos ese libro deseado. Hice a un lado periódicos y cartas, me encerré en mi cuarto de estudio con tan hermosa *visita*, y con unción de creyente penetré en su Partenón espléndido. Es Ud. un artista completo. Un amigo me dijo: «¿Qué es lo que más te gusta de ese libro?». «Todo», le contesté sin vacilar. Sí, todo. En él no hay nada mediano. Todas las páginas son láminas de oro donde el cincel de Ud. ha hecho prodigios.

En esta ciudad, a pesar de mis múltiples ocupaciones, reñidas con las letras, tengo un periódico literario (*La Pluma*) que fundé con el exclusivo fin de dar a conocer en este país a literatos y poetas hispano-americanos. Me prometo derramar en las columnas de esa hoja, para solaz de los amantes de lo bello en este país, todas las flores de ese cesto primoroso que me ha enviado Ud. de su poética Cuba. Ya me imagino el júbilo de mis amigos leyendo los robustos versos de Ud. Inmenso placer voy a proporcionar a los jóvenes poetas de este país, entusiastas por la gloria de los hispano-americanos.

Aunque dentro de pocos días (tal vez el 20 o 25 de este mes de junio) saldré para Bogotá en desempeño de funciones políticas, continuaré desde allá dirigiendo *La Pluma*. En diciembre o enero regresaré, después de la clausura del Congreso.

Considero como un gran honor cultivar relaciones con Ud. Ojalá que me remita todo lo que escriba. En mí tiene Ud. un admirador ferviente de su talento.

De los trabajos literarios de los jóvenes de Cuba, debido a esa inter-dicción de que le hablé antes, conozco muy poco, casi nada. Por una carta de D. Juan Valera[159], publicada en una revista de N. York, supe hace poco que allá en Cuba hay varios poetas como Pichardo, Villoch y Ubago[160] que merecieron, lo mismo que Ud., entusiastas elogios a un crítico bastante severo. Si esos tres jóvenes escriben como Ud., puede Cuba, sin exageración, darnos la ley en Poesía.

En esta ciudad es imposible conseguir libros, porque aquí no se habla sino de cueros y de café, pero tan pronto como llegue yo a Bogotá le enviaré algunos, escritos por colombianos. Para que no se forme ilusiones

---

[159] Juan Valera (1824-1905). Novelista, crítico y diplomático español. Miembro de la Real Academia Española desde 1861 y autor de *Sobre el Quijote* (1861), *Estudios críticos sobre literatura, política y costumbres de nuestros días* (1864), así como de las novelas *Pepita Jiménez* (1873), *Las ilusiones del doctor Faustino* (1875), *Doña Luz* (1879) y *Juanita la larga* (1895).

[160] Juan B. Ubago (¿?-¿?). Poeta cubano. Autor del cuaderno *Moléculas* (1912), varios de cuyos poemas había ido publicando desde 1891 en *El Fígaro. Conde Kostia* lo incluyó en su antología *Arpas cubanas* (1904).

le diré con franqueza que libros de versos, hermosos como *Nieve*, no se han publicado aquí. Poetas como José A. Silva, Federico Rivas Frade[161], Carlos A. Torres[162], José Rivas Groot[163] y L. Velásquez no han publicado sus poesías en volumen. Lo mejor del parnaso colombiano se encuentra regado en periódicos. Para mí el mejor poeta de Colombia es D. Miguel A. Caro[164]. De él le enviaré varias obras.

La política está secándome el cerebro. Ya no escribo versos sino de tarde en tarde. Además, después de ver estrofas esculturales como las de Ud. se necesita audacia para llenar cuartillas. Últimamente, mientras preparo mi viaje, la Musa mía, la de las *japonerías*, los *frisos*, las *cariátides* y las *acuarelas* ha vuelto a visitarme. De esos partos postreros le remito hoy algo: tres sonetos que al lado de los suyos hacen un triste papel. Me he permitido, para testificarle mi admiración, poner el nombre de Ud. al frente de uno de esos sonetos.

Temo robar a Ud. tiempo precioso con esta larga carta. Así, pues, la suspenderé, prometiéndome escribirle nuevamente cuando llegue a Bogotá.

Cuénteme en el número de sus amigos y entusiastas admiradores, y mande, en lo que a bien tenga a

Su servidor afectísimo que hace votos por la gloria de Ud.,
Ismael Enrique Arciniegas

---

[161] Federico Rivas Frade (1858-1922). Poeta, dramaturgo y diplomático colombiano. Autor de los textos *Mientras llueve* (1899) y *Bienaventurados los que lloran* (1899), este último prologado por José Asunción Silva.

[162] Carlos Arturo Torres (1867-1911). Escritor, político y diplomático colombiano. Autor de *Estudios ingleses* (1909) e *Idola Fori* (1909), fue miembro de la Academia Colombiana de la Lengua y fundador de publicaciones periódicas como *La Crónica* y *El Nuevo Tiempo*.

[163] José María Rivas Groot (1863-1923). Poeta, novelista y dramaturgo colombiano. Realizó en 1886 la antología *La lira nueva*, que oficializaría el movimiento modernista en Colombia. Escribió las novelas *Resurrección* (1905), *Pax* (1907), *El triunfo de la vida* (1915) y, junto con Lorenzo Marroquín, la pieza *Lo irremediable* (1905).

[164] Miguel Antonio Caro (1843-1909). Poeta, filólogo y político colombiano. Presidió la Academia Colombiana de la Lengua y dirigió, entre 1871 y 1878, el periódico *El Tradicionista*. Autor de una *Gramática de la lengua latina* (1867), en colaboración con Rufino José Cuervo, y de un *Tratado del participio* (1870).

De regreso

A Julián del Casal

Cual mirada de amor, al valle manda
El sol su luz ardiente y ambarina,
Y al ocultarse tras la cumbre andina
Más se embellece cuanto más se agranda.

Y cuando asoma entre la rubia banda
Del poniente la estrella vespertina,
Los de la alegre jira campesina
Al pueblo vuelven en jovial parranda.

De la montaña en la sinuosa curva
La luna alza su disco y por la cuesta
Sube gozosa la risueña turba;

Y al son del río el rasguëar contesta
de tiples y bandolas, que perturba
la muda placidez de la floresta.

Ismael Enrique Arciniegas
Junio 3 de 1892

El café

De mi tierra en los ásperos breñales
He visto abrirse sus fragantes flores,
Que parecen del sol a los fulgores
Nieve sobre los verdes cafetales.

Y después como fúlgidos corales,
En explosión de vírgenes olores,
Lo he visto entre los gajos tembladores,
A la sombra de bosques tropicales.

Ahora… humea! Riega tu perfume;
Del Ideal las alas desentume
Y agita en rauda conmoción mis nervios.

En mí la inspiración sus rayos quiebre,
Mi frente nimbe y en sagrada fiebre
Mis versos surjan, graves y soberbios.

Ismael Enrique Arciniegas
Junio 6 de 1892

Extática

A Rubén Darío

En medio de los hombres, amada, dulce y bella,
Cruzaba como un alba, como un radioso ensueño.
Después su rojo labio dejó de ser risueño,
Y semejaba, pálida, una enfermiza estrella.

Las puertas de un convento cerráronse tras ella.
Era todo lo humano, para su amor, pequeño,
Y hoy se abre ante sus ojos el mundo azul del sueño,
Y finge que su planta ya el Paraíso huella.

Lejos del mundo triste donde el dolor es austro
Su alma es incensario; y aquella flor del claustro
Derrama en torno suyo de santidad perfume.

Cerrado para siempre su oído a la lisonja,
De rosas y de lirios riega el altar la monja,
Y en éxtasis, orando, su vida se consume.

Ismael Enrique Arciniegas
Junio 6 de 1892

&

Bogotá, noviembre 5 de 1892

Señor D. Julián del Casal.
Habana.

Querido poeta y amigo de todo mi aprecio:

Con algún atraso recibí su fina, bondadosa y amable carta, porque tuvo que dar la vuelta por Bucaramanga, de donde había yo salido para esta cuando llegó a esa ciudad.

Tan pronto como llegó a mis manos quise contestarla, tanto para darle las gracias por los benévolos conceptos con que Ud. me honra como para continuar mi correspondencia con el simpático y gallardo poeta de *Hojas al viento* y *Nieve*, correspondencia que me será muy provechosa. Ocupaciones apremiantes y prosaicas, inherentes a mis tareas de legislador novel, que no me dejan tiempo para dedicarlo a mis aficiones predilectas, han sido la causa de que demore mi contestación. Cuando regrese a Bucaramanga, que será tan pronto como terminen las sesiones del Congreso, no me veré en el penoso caso de pedir perdón a mis amigos por mi impuntualidad.

Mucho le he agradecido el envío de *Hojas al viento*, libro que deseaba leer desde que lo vi anunciado en la cubierta de *Nieve*. El soneto «Mis amores» es una joya primorosa. No lo he hecho reproducir en periódicos de aquí porque los lectores *pudibundos* –que son los más– protestarían, pero ha volado de boca en boca. Muchos aquí lo sabemos de memoria.

Le envío varios periódicos de aquí donde he hecho reproducir composiciones suyas. En *El Telegrama* hay unas líneas como prefacio a los *Cromos*, sonetos magistrales. Muchas son las composiciones que he hecho publicar; desgraciadamente se me han extraviado ejemplares de los periódicos en que han visto la luz. Por esa razón no le remito sino unos tres o cuatro.

Recién venido a esta ciudad reuní a varios de los jóvenes poetas de Bogotá para leerles el tomo *Nieve*. Por demás está decirle que esa reunión fue un triunfo soberbio para Ud. Desde entonces raras veces tengo en mis manos sus hermosas poesías.

***

Hace algunos días debido a mi amigo y paisano de Ud. Raf. M. Merchán[165] con quien varias veces he hablado de Ud., leí el juicio que sobre *Nieve* escribió Varona en la *Revista Cubana*[166].

Tengo grande admiración por Varona; leo con deleite cuanto escribe el autor de «El poeta anónimo de Polonia», artículo primoroso –lleno de bellezas– que hacen honor no solo a la brillante literatura de Cuba sino también a la de Hispano América, pero confieso que... que... Varona ha sido demasiado severo al hablar de *Nieve*.

Le critica la palabra *tabletear*.

(...Atmósfera plomiza
Donde retumba el tabletear del trueno.)

Cuestión de gustos. Otro poeta habría dicho *fragor*, como Olmedo[167] en su canto épico. *Tabletear* es voz más onomatópica [sic]. Tanto es así que los teatros imitan el trueno por medio de tablillas.

Tampoco es del agrado de Varona la palabra *astral*. Confieso que me gusta tanto como el *tabletear* suyo y como el *atardecía* de Núñez de Arce[168], por más que *Fray Candil*, en *Reflejos*, se rebele contra esta última.

---

[165] Rafael María Merchán (1844-1905). Escritor y publicista cubano. Colaboró con *La Aurora*, *El Comercio*, *El Eco de Cuba*, *El Siglo* y *El País*. Dirigió en la emigración el *Diario Cubano* y *La Revolución*. En 1874 se traslado a Colombia, donde fue secretario del presidente Rafael Núñez y miembro de la Academia Colombiana de la Lengua.

[166] «Julián del Casal», *Revista Cubana*, tomo 18, La Habana, 1893, pp. 340-341.

[167] José Joaquín Olmedo (1780-1847). Poeta y político ecuatoriano. Fue presidente de la Junta de Gobierno de Guayaquil (1820-1822) y, exiliado en Perú, diputado en el Congreso Constituyente de Lima. Como poeta se le conoce principalmente por los poemas «La victoria de Junín, canto a Bolívar» (1825) y «Al general Flores vencedor de Miñarica» (1835).

[168] Gaspar Núñez de Arce (1834-1903). Poeta español. Autor, entre otros, de *Gritos del combate* (1875), *El vértigo* (1879), *La pesca* (1884) y *Maruja* (1886).

No sé por qué el eminente crítico de la *Revista Cubana* protesta contra las que él llama –con bastante gracia– *acotaciones*. Uno de los mayores encantos de la poesía es el de la vaguedad. Al lector debe dejársele algo. Esas *acotaciones*, que dice Varona, son pinceladas gráficas que dan energía al estilo. La idea, mientras más desnuda de palabras esté, brilla mejor. El *polvo y moscas* de Ud. me agrada tanto como

La nuit. La pluie.

del poeta de *Poèmes satunierns*[169];

como

En champagne. Le soir.

de Felicien Champsaur[170], o

Minuit.

de Catulle Mendès.

***

Se le critica que varios sonetos de Ud. terminen con estos versos:

Un loto blanco de pistilos de oro

....

Irguiendo un lirio en la rosada mano

&ª.   &ª.   &ª.

De esa censura debe dar traslado a Moreau. Ud. no hizo más que copiar con palabras –y en verdad que lo hizo muy bien– lo que Moreau trabajó con su pincel. Merecido sería el reparo si Ud. hubiera adulterado las concepciones del pintor francés. La *repetición* se habría evitado si Ud. hubiera puesto en la mano de Salomé un *puro* de La Habana y en la de Elena, una guitarra (!).

---

[169] Paul Verlaine.
[170] Félicien Champsaur (1858-1934). Novelista, y periodista francés. Autor de *Dinah Samuel* (1882), *Miss America* (1885), *Entrée de clowns* (1886), *Parisiennes* (1887), *Lulu* (1888) y *La Gomme* (1889).

***

Duda el señor Varona de que los kakemonos japoneses lleguen a aclimatarse en las literaturas europeas, y, por consiguiente, en la hispanoamericana. Sin duda se me tachará de parcial por defender el *exotismo*, si se tiene en cuenta que he sido dado a *excursiones mentales* por las orillas del Rhin y en los castillos medio-evales, donde he cantado torneos de caballeros y amores de castellanas, *excursiones* que me han valido algunas críticas propinadas por los enemigos del arte por el arte.

La Belleza es flor de todos los climas. El arte es cosmopolita. Todo lo digno del canto puede cantarse, con la condición, eso sí, de que el artista lo haga bien. Pretenden algunos que la poesía de estos países debe ser esencialmente americana; que habiendo alrededor nuestro tantos asuntos *poetizables* no tocados aún, o desflorados apenas, debemos concretarnos a ellos, y no echar a volar la fantasía por mundos y cielos extraños, en busca de temas que tenemos a mano. Verdad es que nuestra Naturaleza exuberante como pocas, es manantial –y lo ha sido– de poesía genuina, fecunda, saludable; verdad que el Poema, el Poema americano, está por hacer, ¿pero quién es el osado que ponga trabas a este *demon thought* maldecido por Manfredo en sus novelas aciagas? La imaginación es libre y el mundo es de ella. ¿Y qué sacamos, dirán algunos, con esas japonerías, con esos *exotismos*? ¿Para qué hablarnos de esas *bagatelas* que nada nos enseñan? Pues los que tal dicen son iconoclastas: aplican al arte la teoría inmoral del *utilitarismo*. ¿Qué nos enseña la estatuaria helénica? La Poesía no puede, no debe, descender de su pedestal a convertirse en vulgar institutriz.

Santo y bueno que el poeta cante sus dolores, sus externos anhelos y la Naturaleza que lo rodea; pero que nadie le prohíba volar por donde le plazca. Mayor mérito hay en cantar bien lo que no se ha visto. Eso solamente puede hacerlo el Genio.

Los cuadros *exóticos* dan amenidad a las colecciones de poesías. Un tomo de versos donde no hubiera sino paisajes americanos sería monótono. La uniformidad fastidia. Y estas opiniones no son nuevas para mí. Hace más de un año, en un largo artículo que escribí sobre el libro

Cactus de mi amigo el poeta peruano Carlos G. Amézaga[171], las explayé detenidamente.

∗∗∗

Temo que esté Ud. ya fatigado con esta larga carta. Por eso, bien a mi pesar, pongo punto a ella.

A fines de este mes, o a principios del entrante, me trasladaré a Bucaramanga. Allá me será grato, como en todas partes, recibir sus cartas y las poesías que tenga a bien enviarme.

De Hernández Miyares, Ubago y Pichardo he hecho reproducir inspiradas y bellas poesías.

Deseándole triunfos me es grato suscribirme de Ud.,

Affmo. amigo y s.s.
Ismael Enrique Arciniegas

La Pluma se suspendió. Probablemente seguiré publicándola cuando regrese a Bucaramanga.

Le acompaño unas circulares: ojalá las haga llegar a su destino. José Joaquín Pérez[172] (editor de la obra a q. se refiere la circular) me suplica que ruegue a Ud. le ayude con su colaboración en la obra que ha emprendido.

Envíele a Pérez, lo más pronto posible, lo que le pide. Trabaje con Ubago, con Hernández Miyares, con Villoch, con Pichardo &ª. para que las poesías de ellos figuren en esa obra.

Affmo.
Arciniegas

---

[171] Carlos Germán Amézaga (1862-1906). Poeta y dramaturgo peruano. Autor del poemario *Cactus* (1891) y de los dramas *Juez del crimen* (1900), *Sofía Perowskaia* (1901) y *El suplicio de Antequera* (1902). Fue fundador del Círculo Literario, de cuya junta directiva formó parte, y director de la revista *Prisma*.

[172] José Joaquín Pérez (1845-1900). Poeta dominicano. Autor de *Fantasías indíjenas* (1877), cultivó una poesía de tema nativista y fue uno de los principales nombres del romanticismo en su país.

De Antonio Gómez Restrepo

Madrid, junio 21 de 1893
Atocha, 135

Sr. D. Julián del Casal
Habana.

Señor de toda mi consideración:

En Bogotá tuve ocasión de ver, en poder de mi querido amigo Ismael E. Arciniegas, el tomo de versos de Ud. y pude admirar aquella poesía tan original, tan sugestiva, de tan excepcional fuerza y relieve. Es Ud. indudablemente uno de los primeros poetas de la juventud americana. Estos motivos de admiración por Ud. me animan a ofrecerle un ejemplar de un tomito de versos que acabo de publicar en París en corta edición[173]. Escritos estos versos para desahogo íntimo, no he pretendido con ellos dar una nota nueva en el concierto de la poesía americana, ni mucho menos; y si Ud. se toma la molestia de leerlos, comience por olvidarse de su propia poesía, para que no aparezcan, con la comparación, más triviales e incoloros.

Crea Ud. que es su admirador y s.s.

Antonio Gómez Restrepo

De Francisco Asís de Icaza

[Membrete: «Legación / de los / Estados-Unidos / Mexicanos en España/ Particular».]

Madrid, febrero 24 de 1889

Sr. Dⁿ Julián del Casal.

---

[173] *Ecos perdidos.* Imp. de Durand, París, 1893.

Mi bondadoso amigo:

Acabo de recibir con su cartita del 4 de este mes, los números de *La Habana Elegante* en que ha publicado el artículo que me dedica[174].

¿Qué quiere usted que le diga de él?... Es una filigrana en la forma, y el fondo obliga mi gratitud por lo inmerecido. ¿¡Que le parece a Usted frío?! Que venga Dios y le dé a usted la respuesta, porque yo no la encuentro, ni la quiero buscar.

¡Cómo me alegro de que su asunto quedara arreglado; y cuánto deseo que siga para usted el año del modo que comienza!

No todo han de ser contrariedades y penas, q la vida tiene sus compensaciones.

Mañana le escribiré a usted más largo, hoy solo tengo tiempo para borronear estos renglones.

Su amigo que no quiere como usted merece

Franco A de Icaza

P.E.

Un detalle: debido sin duda a mi mala letra, leyó el cajista *aproxima* donde puse *avecina,* que, aunque quizá anticuda [sic] y tal vez impropiamente empleada la palabra, es más consonante de *golondrina* y *vespertina,* si es que en esto puede caber el más o el menos.

Suyo.

&

[Membrete: «Legación / de los / Estados-Unidos / Mexicanos en España / Particular».]

Madrid, febrero 25 de 1889

Sr. Dn Julián del Casal

---

[174] «Recuerdos de Madrid. Un poeta mexicano. Francisco Icaza», *La Habana Elegante*, 3 de febrero de 1889.

Mi muy querido amigo:

Ayer con toda prisa temiendo no poderle escribir hoy, puse a usted unas líneas[,] ahora con más descanso reanudo mi charla interrumpida.

No quiero hablar otra vez de su artículo[,] lo he leído de nuevo y siento rubor (¡ruborizarme yo, tiene gracia!) de la injustificada bondad con que me trata.

Nada he hecho desde que usted marchó de aquí: todos los días me propongo corregirme, y, mis ocupaciones oficiales por una parte, y mis diversiones particulares por otra (ya sabe Usted que a mí sí me gustan las españolas) me sirven de disculpa conmigo mismo para seguir en mi vida de holganza literaria. Y se pasan los días, y vienen otros, sin hacer nada de lo que los nuestros llaman de provecho y los prácticos y positivistas perder miserablemente el tiempo.

¿Ha leído usted *La puchera* de Pereda[175]? ¿qué le parece? Le pregunto a usted esto, porque en las letras es el único acontecimiento de este mes. En los teatros nada ha habido que valga la pena[,] cuatro o cinco obras se han estrenado últimamente en El Español y todas han muerto recién nacidas. Y a propósito de fracasos al pobre Bobadilla no le ha ido muy bien en estos días. Como le pronostiqué a usted Shavir no leyó sus versos; no digo en el Ateneo, ni en el Círculo Artístico adonde quería al fin que dieras la velada. La pieza que escribió con Varona fue silbada en Apolo y él ha negado por los periódicos tener parte en ella, echándole todo el muerto al ausente, sin decir el nombre, porque en la segunda y última vez que se representó, aparecía como *original* de un personaje mítico Dⁿ Javier del Valle. Por último parece q la mitad de la edición de sus «Fiebres», que mandaba para Cuba en el Vapor Isla Cebú se perdió en el naufragio. Todo esto lo sé por referencia porque hace tiempo que no tengo el gusto de verlo, y crea Usted que de veras siento estos percances, y se los cuento a Usted *en reserva* y porque no creo que le guarde mala voluntad.

---

[175] José María de Pereda (1833-1906). Escritor costumbrista español. Autor de *La puchera* (1889) y otros títulos como *Escenas montañesas* (1864), *Bocetos al temple* (1870), *Esbozos y rasguños* (1881) y *Nubes de estío* (1891).

Espero corregirme, y si lo alcanzo en el próximo correo le mandaré algo nuevo y para abril o mayo mi tomo de versos.

Escríbame que en ello me dará un gran gusto, pues sabe Usted que bien lo quiero.

[Sobrescrito sobre las últimas líneas: «Francisco A de Icaza».]

[En hoja aparte lo que sigue:]

Aumento.
Siento haberle llamado a usted la atención sobre el error de imprenta de que le hablé ayer, y más cuando pasado el tiempo y no siendo lo mejor de mis versos el *verbo en cuestión* sería peor meneallo como dijo no sé si Dⁿ Quijote o Sancho.

Quédese el *aproxima* y el *Zozaya* (en vez de *Soraya*) mientras no los cambie al publicar mis poesías; y si algún crítico, no tal [sic] bueno y tan cariñoso como usted, pero sí tan injusto a la inversa dice que no distingo un asonante de un consonante, conteste usted en un parrafito diciendo que hubo algunos errores de imprenta sin decir cuáles, y… aquí paz y después gloria.

Si no le es a usted molesto mandarme los números de los periódicos en que publique algo mío, agregaré ese favor a los que ya le debo y no olvido.

Su buen amgo

&

[Membrete: Legación / de los / Estados-Unidos / Mexicanos en España / Particular]

Madrid, mayo 27 de 1892

Querido Casal:

Fiel a la consigna no le había escrito a usted. A mi carta no podía acompañar mi retrato. No lo tenía hecho. Por fin lo hicieron y… ahí va ya que usted lo quiere.

Muchas gracias por «La agonía de Petronio», ese bajo relieve clásico que usted me dedica. No podía hacerme obsequio mejor.

Rueda y yo hemos leído juntos el libro de usted.

Rueda sabe pocas cosas, pero presiente y adivina muchas. El libro de usted le entusiasmó y ha escrito un artículo que debe publicarse simultáneamente en muchos periódicos, pues lo ha vendido a la Agencia Almodóvar a la que están suscriptos los principales periódicos de provincias. Yo que lo animé desde un principio a que escribiera, estuve conforme con este modo de publicarlo para que tuviera más *resonancia*.

La Ilustración Española no publica más que composiciones inéditas, por eso no he podido reproducir ninguna de las de *Nieve;* aunque todavía no *doy mi brazo a torcer* y espero publicar la *mía,* la de Petronio. En otras ilustraciones de menos fuste publicaremos otras, para que vayan aprendiendo los majaderos que escriben en ellas. Hasta lástima da que versos como los de Ud., aparezcan al lado de las sandeces con que llenan la *Ilustración Nacional* por ejemplo. Si fueran inéditos primero los rompía, abrogándome sus facultades, que dárselos. Pero ya los ha publicado Ud., y el caso es que *suene* la firma. ¿No opina Ud. como yo? ¡Qué bien resultó el libro!

¡Qué pocas obras de ese género ven la luz allá y aquí! Su *exotismo*, digan lo que quieran los amigos, es tan artístico y tan bien sentido que a ratos se me antoja que es un hecho la transmigración de las almas y que ha sido Ud. griego y latino, oriental y parisiense. Al fin y al cabo en el arte todas las verdades son relativas.

Me *suenan* muy bien los sonetos *inventados* por usted. Es una verdadera blasfemia artística llamarle «Cromo español» a «Un fraile». Es un cuadro, y cuadro de domingo de esos q los ingleses pagan a precios fabulosos (lástima q los editores no hagan lo mismo) y son joya y ornato de las galerías modernas.

Usted podrá medir el éxito de su libro por los *amigos* que haya perdido entre la gente del oficio. ¿No es cierto que algunos lo ven con menos afecto? Pero no todo es envidia en el mundo: habrá habido algunos que gocen con su triunfo como si fuera propio. Eso consuela, no es cierto?

Ya hablaremos más largo otro día.

Un apretón de manos y un plauso para terminar.

Su amigo
Fran^{co} A. de Icaza

Nota sincera: no me gustan las «Flores de éter».

De Gonzalo Picón Febres[176]

Mérida (Venezuela), enero 17 de 1893

Señor D. Julián del Casal.
Habana.

Señor mío y compañero:

Por el correo pasado tuve el placer de recibir su delicadísima *Nieve,* irisada de resplandores diamantinos y tan blanca como la que corona las montañas en donde vivo ahora. Tanto por ella, que guardaré como un tesoro verdadero de originalidad, arte e imaginación deslumbradora, como por la amable dedicatoria con que usted me honra, le envío a usted en esta carta la sincera expresión de mi agradecimiento.

Para quedar enteramente satisfecho, espero que usted me envíe ahora sus *Hojas al viento* y el periódico que redacta en esa ciudad. Yo, en cambio, pondré en el correo para usted, en cuanto estén impresos, tres humildes libros míos: *Apuntaciones críticas, Fidelia* (novela de costumbres) y *Caléndulas* (colección de poesías). En señal de admiración y simpatía me prometo dedicar a usted una de ellas. Pienso, además, escribir algo acerca

---

176 Véase «De los correspondientes».

de su *Nieve* para el primero de los libros mencionados, a fin de que usted vea cuánto interés me inspira lo que sale de su admirable pluma, que Dios y las Gracias conserven por muchos años para regocijo del ingenio.

Antes de ahora le he remitido a usted otros dos libros míos: *Páginas sueltas* y *Revoltillo*; pero ignoro si han llegado a sus manos.

Aunque yo saldré pronto para la capital de la República, donde paso siempre la mitad del año, diríjame a esta ciudad lo que desee, porque así hay más seguridad de que me llegue.

Créame su admirador sincero, y mándeme como le plazca. Soy de usted amigo y S.

Gonzalo Picón Febres

&

Caracas, mayo 24 de 1893

Señor D. Julián del Casal.
Habana.

Estimado señor y compañero:
Por conducto de la señora Canel[177] escribí a usted en meses pasados, dándole las gracias por el envío de su *Nieve,* y pidiéndole un ejemplar de *Hojas al viento.* Hoy me permito remitirle mis *Caléndulas,* de las cuales una está dedicada a usted, en señal de admiración y simpatía. Si vale algo, hónreme usted aceptándola, y no deje de decirme qué le parecen esos pobres versos míos.
Soy de usted admirador y amigo.

Gonzalo Picón Febres

---

[177] ¿Eva Canel? Seudónimo de Agar Eva Infanzón Canel (1857-1932). Escritora y periodista española. Fundó y dirigió las publicaciones periódicas *Kosmos* (Buenos Aires), *Las Noticias* (Lima) y *La Cotorra* (La Habana). Es autora de novelas como *Oremus* (1893) y de libros de viajes y memorias como *Cosas del otro mundo. Viajes, historias y cuentos americanos* (1889) y *Lo que vi en Cuba. A través de la isla* (1916).

&

Mérida (Venezuela), agosto 10 de 1893

Señor D. Julián del Casal.

Habana.

Mi estimado amigo:

Por el correo antepasado recibí la amable carta de usted, juntamente con el ejemplar de *Hojas al viento,* en donde hay composiciones tan bellas como el «Idilio realista», que me han sabido a pura miel hiblea.

La carta de usted me la arrebataron en Caracas los amigos que me quieren, y lo más probable es que se publique, porque no pude resistir a darla. En ello, por fortuna, no perderá usted nada, sino que ganaré yo, porque su carta es delicada y generosa.

En Caracas di orden para que le enviasen mi novela *Fidelia,* que acabo de publicar. Avíseme si no ha llegado a sus manos, para renovar el envío. Es una novela netamente americana, y en ella he procurado hacer algo de realismo idealista.

¿No redacta usted algún periódico? Porque quiero ponerle a usted en relación con Manuel Revenga[178], de Caracas, mozo de grandes alientos intelectuales, y redactor de *El Cojo Ilustrado.* Usted puede solicitar de él el canje, enviándole su periódico, y él se alegrará mucho de entrar en relaciones con usted.

Como es probable que algún periódico habanero hable de *Caléndulas* y *Fidelia,* mal o bien, le suplico que me lo mande. Asimismo le exijo el envío de un libro recientemente publicado en La Habana por Manuel de la Cruz, e intitulado *Cromitos cubanos;* y si no es mucho exigir, hasta el periódico crítico que ha empezado a publicar D. Manuel Sanguily. Por

---

[178] Manuel Revenga (1858-1926). Crítico teatral y musical venezolano. Fundó y redactó, con José María Herrera Irigoyen, la revista *El Cojo Ilustrado.* Difundió en Venezuela las teorías musicales de Richard Wagner y tradujo las *Odas bárbaras* de Carducci. Usó el seudónimo *Fánor.*

aquí no sabemos mucho del movimiento literario de La Habana, y sería bueno que nos conociésemos mejor.

No deje usted de favorecerme con su correspondencia, y créame su amigo afmo. y sincero admirador.

Gonzalo Picón Febres

Dirección:
Caracas o Mérida.
Venezuela.

De Justo Antonio Facio

San José (Costa Rica), marzo 10 de 1893

Sr. don Julián del Casal
Habana

Mi distinguido compañero:

Hace algún tiempo recibí un ejemplar de *Nieve* con una afectuosa y benévola dedicatoria de Ud. Desde entonces he debido escribir a Ud; pero he llevado una vida tan accidentada a causa de la irregular marcha política de mi país, que en verdad no he podido hasta hoy satisfacer esa deuda. Vaya, pues, esta carta tardía a disculparme y a llevar a Ud. el testimonio de mi simpatía y de mi admiración por el noble y justamente celebrado poeta.

Excusado es decir a Ud. que soy adorador de su musa, y que siempre leo con deleite las encantadoras poesías de Ud., en las cuales encuentro un arte exquisito unido a una emoción sincera y viva.

Hace tiempo que no recibo *La Habana Literaria* ¿Ha desaparecido? Lo sentiría mucho pues es una preciosa revista.

La *Revista de Costa Rica* dejó de existir desde que yo me ausenté de mi país, hace siete meses.

Envío a Ud. los últimos versos que he publicado.

Me es grato reiterarle a Ud. mi simpatía y enviarle un estrecho apretón de manos en señal de amistad y afectuoso compañerismo.

Justo A. Facio

De Maximiliano Grillo y Salomón Ponce Aguilera

Maximiliano Grillo y Salomón Ponce Aguilera saludan atentamente al Señor D. Julián del Casal, y tienen el honor de ofrecerle las columnas de la *Revista Gris*, periódico que han fundado en la capital de Colombia, y del cual le envían con la presente las primeras entregas.

Los Directores de la expresada *Revista* considerarían como altísima honra el que el Sr. D. Julián del Casal ocupara las páginas de un periódico que, si bien dirigido por plumas inexpertas, se halla al servicio de algunos de los más notables escritores de la nueva generación literaria de Colombia.

Los Directores de la *Revista Gris* desean un feliz año nuevo al esclarecido poeta cubano, de quien se repiten sus sinceros admiradores

Q.b.s.m.

Bogotá, enero 1 de 1893

Al Sr. D.
Julián del Casal.
Habana.
Isla de Cuba.

De Salomón Ponce Aguilera

Bogotá, octubre 1 de 1893

Señor Don Julián del Casal,
Habana.

Muy estimado señor:

Desde que apareció la *Revista Gris*, periódico que dirigimos el Sr. D. Maximiliano Grillo y yo, dirigimos a Ud. una invitación para que se dignara honrar nuestra hoja con algo de su briosa pluma, tan poco apreciada entre nosotros por desgracia, debido a las pocas relaciones de nuestra Colombia con la patria de Ud.

Ud. tiene admiradores y amigos que lo estiman mucho aquí en mi país; pero, como digo, son contados. Nuestro común amigo D. Ismael Enrique Arciniegas es uno de los que ha contribuido más eficazmente a hacer el nombre de Ud. conocido; sin embargo, eso no basta todavía, es necesario que nuestras *Revistas* publiquen sus trabajos para que sea mejor estimado que hasta ahora, y eso es lo que queremos los Directores de la *Rev. Gris*, sinceros admiradores de los talentos de Ud.

Va a cumplir un año la *Revista* y aún no sabemos siquiera si Ud. ha recibido nuestra invitación.

En vista del éxito alcanzado por nuestro periódico, no tanto aquí cuanto en el exterior, estimo oportuno volver a ofrecer a Ud. las columnas de la mencionada publicación en la seguridad de que Ud. no me dejará desairado.

Envío a Ud. algunas entregas de la *Revista*.

Con sentimientos de verdadera simpatía y respeto, me suscribo de Ud. atto. y s.s.

Q.s.m.b.
Salomón Ponce Aguilera

De Martín García Mérou

[Junto con la carta una tarjeta de presentación impresa: «Martín García Mérou / Enviado Extraordinario y Ministro Plenipotenciario / de la República de Argentina». Escrito a mano: «Perú» y debajo del nombre y título diplomático: «Lima».]

Lima, junio 20 de 1892

Sr. D. Julián del Casal.

Mi distinguido señor: He tenido el placer de recibir su precioso libro *Nieve,* que revela un poeta joven e inspirado, digno de ser conocido en América por el brillo y espontaneidad de su talento. Doy a Ud. las más cumplidas gracias por el envío, y no insisto respecto a sus condiciones y al juicio que me han merecido sus estrofas, porque me propongo escribir algunas páginas sobre ellos, y entonces verá Ud. en cuánto lo estimo y aprecio. Deploro no poder retribuir a Ud. su atención, enviándole algunas publicaciones mías. Las que no están completamente agotadas, me fueron *arrebatadas* por mis amigos de aquí. Las he pedido a Buenos Aires, pero estoy más lejos de mi país que de Europa, y la remesa no ha llegado aún. Tan pronto como esto suceda, me haré un placer en enviar a Ud. algunas de mis obras. Que esto no lo desanime para enviarme lo que Ud. escriba y publique, y para pedir qual [sic] favor a sus amigos.

No se imagina Ud. cuánto le agradeceré su amable atención.

Como mi artículo sobre *Nieve* se publicará en Buenos Aires, antes de enviárselo impreso, le remitiré a Ud. una copia.

Esperando sus amables noticias, me suscribo con el mayor placer de Ud. afmo. admirador y amigo

M. García Mérou

De Doroteo Fonseca

[Membrete: «Doroteo Fonseca / San Salvador».]

San Salvador, noviembre 20 de 1892

Señor Dⁿ Julián del Casal.
Habana.

Muy Señor mío:

Aunque hasta hoy no he tenido el honor de establecer relaciones con Ud., la simpatía despertada en mí por la lectura de algunas de sus bellas producciones literarias, me impulsa a dirigirle la presente, en la cual verá Ud. una humilde muestra del alto aprecio con que le distingo.

Paso a otra cosa.

Miembro de la Sociedad científico-literaria «La Juventud Salvadoreña», y redactor del periódico que sirve de órgano a la misma, mi mejor placer ha de consistir en que Ud. forme parte de nuestra Asociación, y honre con su importante colaboración la revista que acabo de mencionarle; para cuyo efecto he propuesto a Ud. como Socio Corresponsal de «La Juventud Salvadoreña»; proposición aceptada unánimemente por mis consocios, en sesión celebrada el 19 de los corrientes.

En la nota adjunta comunico lo mismo a Ud. oficialmente, y quedo esperando su parecer sobre ello, para hacer que se le extienda y remita cuanto antes el Diploma correspondiente.

En uno de los números anteriores de *La Juventud* he tenido el gusto de reproducir su hermosísima producción poética «Nihilismo»; y ruégole me tenga al tanto de cada nuevo paso que Ud. siga dando en la senda literaria. Reciba por la citada producción, mis más sinceros parabienes.

A mi vez, permítame la confianza de enviar a Ud. unas dos composiciones mías; aunque malas e insignificantes, por cierto.

Ofreciendo a Ud. mi sincera y cordial amistad, me es grato suscribirme su más atento y seguro servidor,

Doroteo Fonseca

De Aurelia Castillo de González

Vichy, junio 3 de 1890

Sr. D. Julián del Casal

Muy distinguido Señor:

He agradecido mucho a Ud. el obsequio que me ha hecho enviándome un ejemplar de sus *Hojas al viento,* y, tanto como el valioso librito, la dedicatoria que en él ha tenido la bondad de poner, y de la cual deduzco el derecho de contarle a Ud. en lo adelante entre aquellos de mis amigos que lo son por simpatía e identidad de aficiones.

Hace ya algún tiempo que encuentro la firma de Ud. en los periódicos literarios de La Habana, y al verla no paso nunca adelante, sino que me detengo a leer, sabiendo que algo muy grato o muy bello encontraré en los versos del nuevo poeta que ameniza nuestras publicaciones. Juzgue Ud. pues si será para mí apreciable el regalo de todas esas preciosas *hojas,* que el viento no llevará, aprecio que sube aún más al serme ofrecidas por quien las llevó en su alma antes de lanzarlas a los aires del mundo.

De soberbia hermosura y corrección son, entre otras: la dedicada al Sr. Figueroa, en que ha inmortalizado Ud. a la dulce compañera del orador, y el «Adiós al Brasil» del ex emperador D. Pedro[179], gran figura histórica a la que no ha faltado ni aun la aureola de las solemnes desventuras, que lleva en sí luz de inmortalidad cuando brilla sin mancha alguna. Estoy segura de que el noble anciano ha experimentado íntima satisfacción al ver fielmente interpretados sus sentimientos en las hermosas y levantadas frases del poeta.

Es notabilísima la felicidad que posee Ud. para los sonetos: bellos y acabados son todos los que contiene el tomito; pero aun más me seducen en él las poesías que pudieran llamarse orientales, no porque tengan

---

[179] Pedro II de Brasil (1825-1891). Segundo y último emperador del Brasil, país en que reinó de 1831 a 1899. Apodado *El Magnánimo*, sus gestiones de gobierno contribuyeron notablemente al crecimiento y progreso de esa nación.

nada de común con las rutinarias y amaneradas que en tal estilo suelen escribirse, sino por el brillantísimo colorido, que Ud. combina a maravilla con la frescura y la original espontaneidad. «Quimeras» y el «Soneto Pompadour»[180] creo que pondrán a todos de acuerdo conmigo en estas apreciaciones que me permito exponerle.

Muy pronto regresaremos mi esposo y yo a La Habana, y tendré sumo placer en que Ud. honre nuestra casa con sus visitas. Entre tanto, repito a Ud. las gracias y deseo que, con menos escepticismo porque es doloroso que las almas elevadas por la naturaleza y por el arte sufran y desesperen, continúe Ud. su carrera de gloria, siendo un blasón más para nuestra amada Cuba, y permita Ud. que desde ahora me suscriba atenta amiga y servidora

Q.s.m.b.
Aurelia Castillo de González

&

Guanabacoa, junio 12 de 1891

Sr. D. Julián del Casal

Mi distinguido amigo:

Por tercera vez he leído hoy la soberbia composición que Ud. me ha dedicado[181], y nada que le dijese alcanzaría a expresarle en cuánto estimo el ver mi nombre al frente de esos lindos versos, y saber que cuando su potente fantasía se ha encumbrado más por las regiones de los hermosos sueños, algo de nuestra amistad, algo de mi recuerdo, le ha acompañado por esas alturas.

Hoy que mis versos constituyen para mí una gran tristeza (y es Ud. la primera persona a quien hago esta confidencia, porque ¿para qué decir lo que se ha de reputar falso? ¿Habrá alguien bastante indulgente para

---

[180] «Mis amores. Soneto Pompadour».
[181] «La muerte de Moisés. Leyenda talmúdica».

concedernos que el amor propio deje de gritarnos sin cesar que somos eximios en todo? Y menos aún nos lo concederán si en literatura o en cualquiera otra manifestación artística hemos intentado probar nuestras fuerzas). Hoy que cuanto he escrito no significa para mí más que una decepción, encuéntrome compensada de mis inútiles esfuerzos cuando veo que ellos me han conquistado la simpatía de poetas como Ud., como Price, como Nieves Xenes[182]. Ya que por mí misma no pueda grabar mi nombre para dejarlo por algún tiempo a mi patria; que al menos queden testimonios del afecto que me ha unido a quienes tanto admiro, y que, felices en sus aspiraciones, dejarán memoria imperecedera.

¿Cuándo nos favorecerá Ud. con otra visita? Sabe Ud. que siempre le vemos con gran placer en esta su casa.

González envía a Ud. recuerdos, y yo le repito la expresión de mi agradecimiento, quedando siempre muy amiga suya

Aurelia Castillo de González

&

Guanabacoa, julio 15 de 1891

Sr. D. Julián del Casal.

Mi querido amigo:

El retrato que de mí ha hecho Ud.[183] merece figurar –por el trabajo artístico, entiéndase bien– junto a la espléndida *oleografía* que del distinguidísimo hombre público Sr. D. Ricardo del Monte trazara Ud. poco ha.

---

[182] Nieves Xenes (1859-1915). Poetisa cubana. Frecuentó las tertulias de José María de Céspedes y de Nicolás Azcárate. Colaboró con *El País*, *El Triunfo*, *Revista Cubana*, *El Fígaro* y *La Habana Elegante* y fue miembro de la Academia Nacional de Artes y Letras. Su obra se publicó póstumamente en *Poesías* (Academia nacional de Artes y Letras, La Habana, 1915).

[183] «Aurelia Castillo de González», *La Habana Elegante*, 12 de julio de 1891.

Paso por alto los rasgos físicos, de cuyo parecido no me toca decidir, y aunq.ᵉ tampoco pueda juzgar con exactitud y cabal imparcialidad de las líneas con que ha diseñado Ud. las que llama cualidades mías características, séame permitido asegurarle que si no soy tal como Ud. me pinta, así por lo menos he deseado ser.

Quizás Ud. con su intuición de poeta, ha comprendido esto, y se ha operado en su espíritu, en su mirada interior, lo que podríamos llamar una *inversión de colores*, acabando la imagen real –más o menos ensombrecida– por tomar ante su contemplación toda la nitidez del ideal de perfeccionamiento moral que siempre me ha preocupado. De este modo me explico que el hermoso trabajo realizado por Ud. pueda ser sincero en todas sus partes y al mismo tiempo lisonjero con exceso para mí, como superiorísimo al modelo.

No quiero dar a Ud. las gracias, que por todo se dan; pero sepa que no puedo recorrer sin emoción los delicados primores de ese precioso esmalte con que Ud. me ha obsequiado, y que dos frases particularmente me tocan el corazón: «No hay alma más bondadosa bajo apariencias más severas». «La mentira no ha aprendido jamás el camino rosado de sus labios». ¡Oh, si todo eso fuese cierto!

Pero ¿no será, Casal, que por otra especie de ilusión, muy propia en un soñador como Ud., haya creído contemplar mi alma mientras contemplaba la propia suya, que todos estamos contestes [sic] en creer de naturaleza angélica? Me queda esta duda.

Respecto a los párrafos que a mi libro dedica Ud., los estimo de pura cortesía y amistad. Ya sabe Ud. lo que pienso de mis escritos. Sin esta profunda convicción, ¡cuánta importancia tendría para mí el juicio favorable por Ud. emitido!

Venga pronto para darme el gusto de estrechar esa mano que tan soberbios cuadros sabe animar.

Su amiga, muy agradecida
Aurelia Castillo de González

S/C, Barreto 62

&

Guanabacoa, agosto 6 de 1891

Sr. D. Julián del Casal

Mi buen amigo:

Tengo el gusto de enviar a Ud. el retrato de Price que para *El Fígaro* me pidió, y una composición que aquel le dedica y que me encargó hiciese llegar a sus manos.

El bello soneto «Elena» llegó a tiempo que yo cerraba una carta para ese amigo y se lo remití.

Tenemos muchos deseos de ver a Ud.,

«*Ser* solitario como la aurora,

Ser misterioso como la nieve».

Reciba recuerdos de González, y es siempre su amiga

Aurelia Castillo de González

&

Guanabacoa, mayo 3 de 1892[184]

Sr. D. Julián del Casal

Mi querido amigo:

Deploro en este instante mi carencia absoluta de aptitudes para la crítica literaria, porque me gustaría mucho poder analizar a conciencia sus brillantes *flores de nieve*, señalar uno a uno los primores que encierran –empeño deleitoso que, por largo y delicado, no llegaría a cansarme–, indicar los puntos que me parece ganarían con ligeras correcciones que Ud. hiciese –tarea que no me llevaría diez minutos–; y tomando pretexto

---

[184] La autora publicó en 1913 esta carta en *Escritos de Aurelia Castillo de González, de la Academia Nacional de Artes y Letras, y algunos de Francisco González del Hoyo*, vol. III (La Habana: El siglo xx: 234-241).

de su libro, pasaría a estudiar la escuela poética que Ud. inicia entre nosotros, y por último al poeta, a Ud. mismo, estudio difícil sobre toda ponderación, porque ya con palabras suyas le he llamado otra vez: «Ser solitario como la aurora – Ser misterioso como la nieve», y todos los que le conocen a Ud. convienen conmigo, cuando a sus espaldas le cortamos un sayo, en que tiene Ud. mucho de excepcional y digno de estudio. ¡Escudriñar su cerebro y su corazón! ¡Cuántas sorpresas proporcionaría esto! Sería como internarse en país alpestre. Ya nos quedaríamos extasiados ante eminencias de seductoras líneas y llenas de colores, ya sobrecogidos al sentir que nos faltaba donde afirmarnos porque abismos profundos nos hacían el vacío al paso.

Pero ya que no pueda razonar mi opinión acerca de su libro, ni descubrir y demostrar cómo piensa y cómo siente Ud., rindiéndole público testimonio de admiración y simpatía, que una carta confidencial le lleve por lo menos mis aplausos, la ingenua expresión de mi pensamiento, en el que se levantan algunas objeciones junto al más sincero entusiasmo. Pero ¿no será ingratitud de parte mía someter a juicio al amigo que para mí no tuvo más que elogios apasionados? No, esta consideración no me detendrá. Las circunstancias difieren en absoluto. ¿A qué conduciría señalar errores a escritor que ya concluye y de cuya mediocridad en tiempo alguno fue dable esperar grandes cosas? Pero cuando se habla a un joven en cuyas obras se han descubierto veneros infinitos de imaginación artística, de fuerza creadora y tan maravilloso manejo de la rima, que parece danza de palabras en la que cada cual viene gozosa y ligera a ocupar el sitio preciso en el instante exacto marcado por mágico instrumental a que el poeta da sonoridades desconocidas, entonces los elogios casi están demás: le suben en murmullo de la multitud entera, que le aclama, que le discute, que le ataca y le defiende; pero que le lee, que no puede pasar su nombre por alto, que busca en cada arpegio que brota la emoción de una novedad. Lo que hace falta a ese poeta es la voz amiga que vaya a buscarle en la intimidad y le diga: Oye mis alabanzas y oye también las observaciones con que las atenúo. Las voces de los que disputan sobre ti llegarán a tus oídos atormentándolos con estruendosa exageración como devueltas por el eco de extensa cripta. La mía se insinuará como el dulce eco del abra yumurina: fiel y sin asperezas.

Nieve, libro publicado antes a retazos, según iba *cristalizando* en la región etérea del ideal, no sufre lo más mínimo por esta desventajosa circunstancia. La obra sale triunfante de esa prueba. Si bellas parecieron sus partes cuando las veíamos surgir día tras día, como sueltos pétalos de una flor; hoy encajados estos en su engarce natural, adquieren hermosura más completa, viniendo los pequeños y los grandes, los de forma perfecta y los irregularmente recortados, los que se encaracolan tersos, fuertes y nacarados y los que se fruncen y repliegan como encendidos grumos, a formar un todo harmónico y encantador. Los pasajes que más han gustado antes suenan de nuevo en el oído como favoritos trozos de música, cuya melodía va gustando más y más a medida que se repite; la imagen esplendorosa se presiente cuando ya está próxima, y se ve con alegría que no falta a la cita, que ha salido íntegra de la última prueba, del último retoque. Cuando aparece alterada, lo primero que se experimenta es una sensación de pesar, de temor: la mutilación de la obra artística mutila nuestra emoción. Viene después la curiosidad de inquirir por qué se ha hecho la variante y cómo se ha hecho. El apego a lo conocido y admirado con anterioridad nos previene en contra, y es una buena victoria del artista si nos seduce y nos convence, como lo hace Ud. en distintas ocasiones.

El libro entero ha tenido una muy cumplida victoria sobre mi espíritu. Porque ha de saber Ud., amigo mío, que yo estaba así, como enojada con Ud. Parecíame que me había defraudado, que me había despojado de algo que ya me pertenecía. Este algo era mi admiración *casi* sin reservas, mi confiado entusiasmo por sus versos y su prosa. Y aun más que eso. Todos somos copartícipes por derecho propio en una gloria nacional, y el que la lleva vinculada en su persona, nos parece obligado a mantenerla en toda su integridad. Ahora bien, el cuerpo del delito está en *La Habana Literaria* y se llama «Joris Karl Huysmans». Después de haber leído ese escrito no he hablado con Ud. Yo le hubiera dicho con la franqueza a que me obligan el afecto y la convicción de que es Ud. una gloria de Cuba, que ese autor le ha hechizado con artes maléficas; que leer sus libros (no los conozco sino es por lo que Ud. dice de ellos) no equivale en mi concepto a «recibir una ducha de ideas sanas y elevadas», sino más bien a sumergirse en una de aquellas lagunas romanas de triste celebridad. Perdone, Casal; pero a mí me parece indudable que Ud. salió de esa lectura con una malaria en el alma que le mareaba, fingiéndole *ronda dantesca de espectros* más atroces, si cabe, que aquellos tan admirablemente animados por Ud. en «Horridum somnium», la soberbia composición con que cierra su libro. Le juro a Ud. que haría con su biblioteca lo que con la de D. Quijote hizo el discreto Cura, y dudo mucho que de la quema escapase algún volumen.

Usted se reirá de esto (si no es que se enfada) y me dirá: «Pues si tanto le gustan mis versos ¿cómo condena mis procedimientos? Buenas serán las aguas con que riego mi cerebro cuando produzco esas flores con que triunfo en toda la línea». Niego, niego en absoluto, y le contestaría a Ud. como Voltaire a los que le argüían en pro de la religión católica con los progresos realizados desde Cristo a nuestros días. Esas bellezas poéticas no las produce Ud. *por* las influencias que recibe de cierta literatura francesa, sino *a pesar* de ellas; porque la naturaleza le ha dotado a Ud. abundosamente para producirlas. Todo lo hermoso que hay en sus obras procede de Ud; algún verso, alguna frase, algún período que yo tacharía con lápiz rojo, eso no es de Ud; eso es el contagio, eso es lo enfermizo, eso es el extravío, el tributo a la moda que pasará. Lo permanente que le consagra a Ud. poeta y le señala lugar de etapa en nuestro parnaso, es exclusivamente suyo.

Usted sabe que los *Cromos españoles* habían elevado mi entusiasmo a un grado máximo. Ni asomos hay en ellos del mal de época. La poesía moderna aparece allí sin sus afeites, sin la falta de espontaneidad, que es quizá su defecto capital, y con todas sus gracias pictóricas y todos los ápices del estilo. Casal está salvado, dije yo: estos tres sonetos serán gala de toda antología castellana. ¿Cuál es más bello? El último que se lee. «La Maja»[185] y el «Fraile»[186] superan quizás al «Torero»[187], y para hacer

---

[185] «Una maja».
[186] «Un fraile».
[187] «Un torero».

pendant con el cuadro en que vibra aquella mujer, toda fuego y seducción, escogería yo, antes que el de su compañero natural en la vida, el del fraile bonachón, cuyos ensueños mejores consisten en forjar en su mente *cestas de provisiones,* pues la harmonía por contraste parece que añade a la una provocación y ligereza, al otro prosaísmo y mansedumbre. En estos arrobos estaba yo cuando vino «Joris Karl Huysmans» a ponerme sombría y disgustada, haciéndome desconfiar de todo. Pero llegó el libro a su vez, y según avanzaba en los *Bocetos antiguos,* iba olvidando aquella pesadilla; la admiración me reconquistaba por grados. ¡Magnífico! ¡Magnífico! murmuraba rendida a cada nuevo lienzo del *museo ideal.* ¡Miltoniano! decía leyendo la «Apoteosis de Gustavo Moreau». Los *Marfiles viejos* continuaron el encanto: ellos han dado su nombre al poeta; y al llegar a *La gruta del ensueño,* parecióme que mis rodillas tocaban el suelo... ¿Por ser baja la entrada? No lo sé, pero lo que sí aseguro es que el deslumbramiento fue completo... ¡Cuántas maravillas encontré allí! *Retratos* de hermosuras desconocidas, exquisitos *Camafeos,* contrastes de luz y sombras, extrañas *Flores* nacidas en un corazón y sorprendentes *Flores de éter, Kakemonos* incomparables, soberbios leones en agreste panorama, gráficos *Paisajes de verano...* y en medio de todo, fantástica, divina, triste y soñadora, con mirada de brillos astrales, la hada de la gruta, la que ha operado todos los milagros, «La reina de la sombra», la musa de Casal, la que le hace mostrarse tal cual es, cuando exclama en arranque de verdadero lirismo, de verdadero poeta, sin acordarse para nada del decandentismo ni de cosa alguna convencional y pegadiza:

> ¡Cómo al verla, reinando en la sombra,
> Donde solo en vivir se complace,
> Se despierta en mi mente nublada
> De los sueños el vívido enjambre!
> ¡Cómo agita mis nervios dormidos
> Disipando mis tedios mortales!
> ¡Cuántas cosas me dice en silencio!
> ¡Qué dulzura en mi ánimo esparce!
> ¡Cuántas penas del mundo me lleva!

¡Cuántas dichas del cielo me trae!
Esa diosa es mi musa adorada,
La que inspira mis cantos fugaces,
Donde sangran mis viejas heridas
Y sollozan mis nuevos pesares.
Ora muestre su rostro de virgen
O su torso de extraña bacante,
yo con ella sereno y gozoso,
Mientras venga en la sombra a mirarme
Cruzaré los desiertos terrestres
Sin que nunca mi paso desmaye,
Ya me lleve por senda de rosas,
Ya me interne entre abrojos punzantes.

«Sin que nunca mi paso desmaye». Así, amigo mío, así habla un poeta. La frente alta, el cuerpo erguido, el ánimo pronto a la lucha. Los privilegios no se reciben gratuitamente. Como los candeleros de plata de Monseñor Bienvenido, son ellos precio de almas. Los ojos del poeta están dispuestos para mirar al porvenir; su voz puede ser heraldo de grandes cosas; la fascinación que ejerce puede ser generadora de epopeyas en acción. Quédese para la mujer de Lot el mirar constantemente hacia atrás. El poeta no puede ser estatua. Es un ser eminentemente eléctrico. Su mirada debe abarcarlo todo. Fíjese investigadora y meditabunda en las ruinas de lo que fue, fulgurante y atrevida en el torbellino de lo que es, beatífica y confiada en los esplendores que solo a ella es dado contemplar de lo que está por venir.

Llena de temores le mando a Ud. esta carta. Oh, que no pierda yo su amistad por ser la mía demasiado entrañable y sincera. No estaré tranquila hasta que sepa[188] que no le han herido mis oficiosas observaciones, que no ha encontrado veneno en mi lápiz rojo. ¿Ni quién osaría verter ponzoña en alma como la suya? La única persona que se atreve a veces contra ella calumniándola es Ud. mismo. Todos los demás reconocemos

---

[188] Sobre tachadura en que puede leerse: «venga Ud. a dejarme leer en su semblante»

que es de naturaleza delicada y por eso estimamos[189] al poeta a par que le admiramos, y entre los primeros que por Ud. sienten así, cuente siempre a su amiga

Aurelia Castillo de González

S/C, Barreto 62

De Eulogio Horta

Sr. Don Julián del Casal

Amigo mío: No sé cómo contestar a su encantadora carta, tan halagadora para mí, y avalorada por el lastre del cariño que en tanta cantidad me envía Ud.

Regocíjame muchísimo que mi trabajo le haya satisfecho. Yo no aspiraba en él más que a ser sincero.

Cuando concluí la lectura de sus *Hojas al viento,* iba inmediatamente a escribir algo sobre ellas, porque así lo deseaba vivamente; pero dificultades enlazadas me impidieron trazar un solo renglón en cumplimiento de tal propósito hasta la fecha en que lo he hecho. Y hasta por poco me resuelvo a no hacer nada, después de leer los juicios que acerca del libro de Ud. publicaron Varona, Miyares y Valdivia.

Si como espero me es fácil ir a La Habana en uno de los próximos meses, tendré gran satisfacción en estrechar la mano de *mi* poeta favorito.

Conservaré su carta como una de las más gratas que haya recibido en mi vida, y como fiel despertadora de legítimas emociones.

Tengo en preparación unos trabajos sobre «Literatura maravillosa», que espero remitir a Figarola[190] para *La Habana Elegante.* En ellos exa-

---

[189] Sobre tachadura en que puede leerse: «amamos».

[190] Al parecer se trata de Domingo Figarola-Caneda (1852-1926). Bibliógrafo y erudito cubano. Publicó *La república cubana* (1896-1897), *Memorias inéditas de la Avellaneda* (1914), *Diccionario cubano de seudónimos* (1922) y los tres primeros tomos del *Centón epistolario de Domingo del Monte* (1923-1926). Colaboró con notables

mino la cuestión de lo maravilloso y la explotación que se hace de este elemento por la literatura francesa de estos días. Si me decido a enviarlos es porque aún nadie que yo sepa ha desflorado el tema. Ud., en quien supongo una naturaleza penetrada de maravilloso, podría decir cosas muy bonitas de las producciones de Lermina[191], Paul Adam[192], de L'Isle Adam y demás cultivadores de tan exquisito género literario.

Perdone esta digresión y mándeme en cuanto me crea necesario, con lo cual me hará una distinción que ambiciono y veré colmados mis anhelos.

Eulogio Horta

Señas: San Luis n.º 9, donde tiene Ud. una casa a su disposición. Cienfuegos, marzo 21 de 1891

&

Sr. Don Julián del Casal

Querido Casal: Bastante tarde es ya para contestar su última carta, con la cual me envió una japonería superior pa-[ra] mí a las del nuevo académico Pierre Loti[193]. Imagínome lo hermosa que debe ser María Cay, para que haya podido Ud. pintarla en verso.

Sus *Marfiles* me han gustado mucho, y me demuestran que es Ud. un maestro en el arte de la versificación; pero me ha seducido sobre todo «La reina de la sombra» que dedica Ud. al persa-hebreo [sic] Rubén Darío.

---

publicaciones como *La Habana Elegante, Revista de Cuba, El País, Cuba y América, Diario de la Marina,* y *Revista Bimestre Cubana.* Fue el primer director de la Biblioteca Nacional de Cuba.

[191] Jules Lermina (1839-1915). Novelista y periodista francés. Autor de *Le mariages maudits* (1880), *Les chasseurs des femmes* (1881), *La crimenelle* (1881), *Le secret des Zippélius* (1893) y *Alise* (1893). Usó en sus primeras novelas el seudónimo de William Cob.

[192] Paul Adam (1862-1920). Novelista francés. Autor de *Chair molle* (1885), *Soi* (1886) y de la tetralogía de novelas *Le temps et la vie* (1899-1903).

[193] Pierre Loti, seudónimo de Julien Viaud (1850-1923). Novelista francés, estimado por algunos como el iniciador de la ficción exótica moderna. Entre sus novelas se encuentran *Aziyadé* (1879), *Pêcheur d'Islande* (1886) y *Ramuntcho* (1897).

Tengo tomadas las notas para los artículos sobre «Literatura maravillosa», pero debido a la enfermedad que me ha impedido todo trabajo en estos últimos días, no he podido terminar aquellos.

Junto le incluyo un artículo que he publicado en un diario de esta localidad. Es un trabajo hecho con poco esmero y que resume ligeramente mis últimas lecturas.

¿Cómo es posible haya ido Ud. a parar a la *Familia Cristiana*? Un pagano místico como Ud. se ha de encontrar muy oprimido dentro de los moldes de la teología; y la estética fría de Santo Tomás no puede dar inspiración a quien como Ud. tan claras y finas intuiciones tiene de lo bello.

Al menos así me atrevo a creerlo.

Aguarde de un momento a otro los trabajos indicados y mande a su amigo

Eulogio Horta

Cienfuegos, junio 15 de 1891

San Luis, 9

&

Sr. Don Julián del Casal

Querido amigo mío:

Con el portador le envío un número de *La Verdad* en el que he publicado un artículo del último libro de Ud., del que tuve gran placer en recibir un ejemplar con inmerecida dedicatoria, que acepto por lo sincera y benévola que es.

En el indicado trabajo, como Ud. verá, me exalto por la forma encantadora de sus versos, que parecen escritos con finísima aguja sobre la más delicada rosa.

Aún no he podido ir a La Habana, para ver y conocer a Ud., pero espero no se hará muy larga esta esperanza mía, que acaricio desde hace tiempo.

Yo hubiese deseado publicar ese trabajo en *La Habana literaria* o en *El Fígaro,* mas como lo estimo poco elaborado, he creído oportuno darlo a conocer aquí en *el interior,* donde las exigencias de los lectores están templadas por la falta de recursos intelectuales que encuentran los que por acá escribimos.

¿Cuándo nos da Ud. algo en prosa?

Su trabajo sobre J. K. Huysmans, me recuerda su obra *Là-bas,* en que se ocupa de la magia y la hechicería, obra que conozco, y que me parece deficiente en cuanto a la erudición. Es una materia que conozco y me permito hacer esta observación porque así lo he comprobado con documentos a la vista.

Sabe Ud. que le quiere con fraternal cariño, su amigo y admirador,

Eulº Horta

julio, 1 de 1892

&

Queridísimo Casal:

Hace días le escribí contestando a su última genial epístola. Lo creo a Ud. aún embargado por las emociones que le habrá dejado sentir Rubén Darío.

Probablemente el domingo o lunes próximo voy a esa y tendré ocasión de apretar su mano, lo que ansío hace ya mucho tiempo.

Ahora me entretiene mucho *Le libre de la pitié et de la mort* de Pierre Loti, libro lleno de rarezas y anomalías, como a mí me gustan.

El *juicio* de Salvador Rueda, muy justo y muy andaluz.

Cuando veo levantarse a Ud. así, sin buscar la gloria, por la sola fuerza de sus méritos, creo más que nunca en el poder supremo del buen gusto que se decide al cabo por lo más ideal y por todo lo que recuerda las cosas que fueron.

Todavía sueño con una edición de su poesías ilustrada por Marold[194], Rchegrosse[195], o Bayard[196] (si viviese), como las que poseo de poetas franceses hechas por la librería artística. ¡Imagínese Ud. la decoración que llevarían «Fatuidad póstuma», «Invernal», «Del libro negro» y el *museo ideal*!… Hay para vagar.

Adiós, amigo mío, que siga Ud. amando el arte que tantas embriagueces procura, son los votos de su admirador,

Eulogio Horta

Cienfuegos, agosto 11 de 92

&

[En el cuño de correo del sobre: 31 agosto del 1893]

Cienfuegos 14 de abril

Sr. Don Julián del Casal.

Querido amigo mío:

El anuncio de su libro próximo a aparecer me ha regocijado mucho, recordando las delicias de *Hojas al viento*.

En la crónica que escribo en *La Verdad* dediqué a su próxima publicación un parrafito, que adjunto le incluyo.

---

[194] Luděk Marold (1865-1898). Pintor e ilustrador checo. Se formó en la Academia de Bellas Artes de Munich y en los estudios de Pierre-Victor Galland en París. Ilustró diversas publicaciones checas y alemanas y es principalmente conocido por su panorama *La batalla de Lipany*.

[195] Posiblemente se refiera a Georges Antoine Rochegrosse (1859-1938). Pintor e ilustrador francés. Ilustró la revista *Vie Parisienne* y perteneció desde 1887 a la Sociedad de Artistas Franceses. Mereció por su obra varios premios y reconocimientos como el premio del Salón de 1888, la medalla de oro en la Exposición Universal de 1889 y la medalla de honor en 1906.

[196] Emile Bayard (1837-1891). Ilustrador francés. Fue el ilustrador preferido de Victor Hugo e ilustró, con Adolphe de Neuville, la novela de Julio Verne *De la tierra a la luna* (1865).

Yo también preparo un volumen que llevará por título «Literatura maravillosa»[197] y como subtítulo: (El esoterismo en el arte. Acaso modifique el plan del libro y entonces no sé qué etiqueta le pondré. Esto último está más en vías de suceder) publicando el estudio mencionado, con más [sic] un artículo acerca de Ud. completado con las impresiones que me sugiera *Nieve*.

Le pondré a Ud. al corriente de mis tentativas, que no sé hasta qué punto deba acariciar para no salir defraudado en mis esperanzas.

Lo que le ha dicho *Kostia* en el folletín del *País* es hermosísimo[198].

Por Hermida[199], que se encuentra en esta he sabido de Ud.

El éxito de ese volumen será seguro; los libreros de aquí tienen ya encargo de pedir, pues mis amigos de esta se han anticipado a la aparición del libro para que les reserven ejemplares del mismo.

Sabe que le quiere su amigo y admirador

Eulogio Horta

San Luis 9.

Sr. D. Julián del Casal

Querido amigo mío: Por el Sr. Abelardo Farrés[200], que estuvo en esta hace días, supe que estaba Ud. en el campo, y ahora por *La Habana*

---

[197] El único volumen que Horta publicó fue *Bronces y rosas*. Imprenta Avisador Comercial, La Habana, 1908.

[198] «Conversaciones dominicales», en *El País* 90, La Habana, 16 de abril de 1893: 3.

[199] Francisco Hermida (¿?-1921). Periodista y crítico cubano. Fue director de *La Correspondencia de Cuba* y *La Habana*. Se ocupó, en *La Discusión* y *El Fígaro*, de la redacción de notas sobre teatro y música, y fue uno de los autores de la novela *Solos* (1886-1887), para la que escribió el capítulo quinto: «La duquesita enamorada».

[200] Abelardo Farrés (1855-1906). Poeta cubano, hermano de Juan Farrés, director del semanario satírico-político *El Tábano*. Compuso sus primeros versos a partir de los

Elegante me he enterado con muchísima pena de que se encontraba enfermo, aunque ya restablecido.

Deseo saber pronto su restablecimiento definitivo, cosa que interesa a sus admiradores, que son infinitos.

La misma causa de su ausencia me determinó a enviar al Sr. Miyares (E. H) los artículos sobre literatura maravillosa que había prometido a Ud., y de los cuales he visto publicado ya el primero.

Esos artículos formarán con otros que tengo en cartera un volumen que llevará por título «Incoloro» y al que suplico a Ud. ponga un prólogo, introducción o algo a guisa de apertura. Espero me ampare con su soberanía.

Entre otros artículos ya escritos tengo casi terminado uno sobre *Edgard Poe, La señorita azul, Robert Houdin,* etc.

Que le vea pronto bueno es el voto más sincero de su amigo leal
Eul° Horta

agosto 4 de 1893

&

Querido Casal:
He llegado hoy a las tres y encuentro a mi madre de cuerpo presente.

Ayer feliz contigo y Valdivia, hoy desgraciado por perder mi mejor amiga, la más segura.

Qué Vacío, querido Julián y compadece a tu infortunado Horta.
agosto 17 de 1893

&

---

treinta años, luego de habérsele diagnosticado una tuberculosis. Publicó en *El Fígaro* y reunió sus poesías en un tomo titulado *Guajiras.*

Querido Casal:

En este momento me preparo para trasladarme al castillo de Jagua, porque me hallo algo decaído y enfermo y me aconseja mi médico que salga por unos días del pueblo.

El viaje a La Habana será más tarde y tal vez definitivo. Ya veremos.

Recibí tu consoladora epístola, tan cariñosa y sincera como tu buen corazón.

Dile a Valdivia que recibí carta y que me disimule silencio; que desde Jagua le escribiré.

Ahí mando un artículo, cuya revisión te suplico en la prueba.

El material del libro irá todo dentro de 10 o doce días, y ya veré el modo de ir a esa para corregirlo, que será para mi vuelta de Jagua.

Libros y papeles están trastornados, aunque ya busqué el *arte ochlocrá-tico* para Valdivia y las *Llamas muertas* de Mourey, que creo me pediste en esa.

Disimula la premura con que te escribo, da recuerdos a esos buenos amigos y te saluda cariñoso desde aquí, tu verdadero fetiche

Eulogio Horta

&

Señas nuevas:
Boullón, 27.

Cienfuegos, agosto 29 de 1893

Acabo de recibir el *libro de oro* de los anales, y como sé que Gustavo Moreau es un ídolo tuyo te diré que el cuadro dél [sic] que viene en dicha publicación representa la cabeza y la lira de Orfeo, piadosamente recogidas por una joven en las aguas del Hèbre a orillas de la Tracia. Es un cuadro más en tu *museo ideal*.

Tal vez en Jagua traduzca para *La Habana*: *Papillon de mite,* por Pierre Loti, y que es una nueva manera, que despista a la crítica en su seguimiento de Julian Viaud.

Horta

&

Ranchuelo, septiembre 27 de 1893

Sr. D. Julián del Casal.

Mi queridísimo amigo: Te escribo desde estos andurriales a donde no llega la luz de ninguna idea y ni resplandece el más modesto sentimiento.

Aguijoneado por el pesar y por el hastío, ando de pueblo en pueblo imitando por la inquietud al Ahasverus tradicional, y por el aislamiento al hongo solitario.

¡Triste existencia la mía, querido Casal! A nadie interesa ni conmueve a nadie. Ahora comprendo sin esfuerzos de imaginación tus sufrimientos y tus angustias de huérfano.

He abandonado desesperadamente a Cienfuegos. Se me caía encima, después de la desaparición de mi santa, de mi incomparable madre, a cuya ausencia no puedo avenirme todavía sin profunda pena.

¡Si vieras cómo me encuentro!

Pronto estaré contigo. Una gran casa de librería barcelonesa y otra de París me han nombrado representante en Cuba, Puerto-Rico, Haití y México; pero aún no quiero resolverme a aceptar ese cargo sin consultar mis fuerzas.

Sobre el libro, dile a Miyares y a *Kostia* que me llevo conmigo los originales, y tan pronto llegue a esa convendremos ampliamente sobre el asunto.

¿Estás ya bueno? Debía haber empezado por preguntarte esto, pero tengo la cabeza inobediente. No dejes de decirme enseguida cómo te hallas, y a qué se debió todo. Es preciso que vivas mucho; y si los deseos tienen influencia física sobre las personas a que se refieren, tú debes a estas horas estar muy bueno.

Yo estaré aquí algunos días más.

Puedes escribirme.

Después iré a Santa Clara, y de ahí a La Habana, donde espero fijar mi tienda, o aceptar la representación de las citadas librerías.

Adiós mi buen amigo; te repito que me escribas aunque sean dos líneas.

Te quiere anheloso tu admirador

Eulogio Horta

Hotel El Niágara

De Magdalena Peñarredonda

Sr. Dⁿ Julián del Casal
Yaguajay!!!!

Amigo Julito:

Al fin aquí estoy instalada en el mismísimo cuarto en que me hospedé la primera vez que vine a Nueva York. Volví a la misma casa porque cada vez que uno cambia empeora.

¡Cómo le va por Yaguajay! Qué mangos tan sabrosos debe haber por allá. Estoy segura que ya no dirá Ud. con aquel acento compungido «Mire Ud. que dos días de viaje para ir a dar a Yaguajay!!».

Aunque estoy en Nueva York no crea que olvido ni por un instante el proyecto del periódico. Estoy haciendo un estudio de los que hay aquí y de los extranjeros en las bibliotecas; ya he compaginado el programa del nuestro arreglándolo al estado de cultura y exigencias de nuestro país. He dedicado una sección al elemento femenino que creo que gustará. Yo no sé si será presunción, pero creo que saldremos bien, y no hemos de halagar ni los gustos depravados, ni las malas pasiones[,] ni alimentaremos los instintos brutales de ciertas clases, al contrario[,] hablaremos a la parte más espiritual y escogida de nuestro pueblo y si fracasamos[,] ya le he dicho esto muchas veces[,] ¿quién no ha fracasado en la vida?

César cayó bajo el puñal asesino, como cualquier miserable, Napoleón murió prisionero y desesperado. [ininteligible] ¿qué importa, pues, que nosotros no logremos nuestros intentos? Quedaremos lo mismo que estamos[,] prisioneros y aherrojados por esa santa señora que se llama la Pobreza.

Escríbame y dígame cómo sigue de su enfermedad[,] que supongo que irá muy de capa caída porque estaba Ud. muy repuesto cuando yo vine para esta.

Cuénteme de Carmela y de la vida de Yaguajay.

Yo bien sé que a Ud. le entra una nostalgia y una desesperación y a lo mejor se va del pueblo; pero tenga paciencia si le prenda para su salud.

Yo para Dbre estaré allá para arreglar el asunto del periódico.

Dígame cuánto dinero cree Ud. que se necesita para las primeras tiradas.

Muchos recuerdos a Carmela y Manolo, besos a los sobrinos y para Ud. el afecto de su amiga

Magdalena.

junio 22 de 1893

Mi dirección es: 32 west 15th S
New-York.

De Enrique Hernández Miyares

La Habana, junio 30 de 1893
Sr. D. Julián del Casal y de la Lastra.

Queridísimo Julito:
Me he reído estrepitosamente con tu carta del 23, y lo mismo los amigos íntimos a quienes he podido leérsela.

Aunque nada me dices de tu salud, el espíritu de tu carta me hace pensar en que habrás mejorado mucho de esa tos perruna en que han culminado, como diría el de los *Cromitos*, tus rarezas y tus disparates, como el de salir hecho un Verlaine a darle a la bimba de *El País* y andar patojeando fango y agua por los arrabales. Cúrate y toma mucha leche, y si es posible métete a curandero, para que ganes algún dinero como Manolo Peláez.

Ricardo me ha dicho que le escribiste diciéndole que estarías aquí muy pronto.

Sabrás que Ignacio nos escribió contándonos que al ir a las carreras de caballos de Long Islands, el tren en que iba descarriló, murieron unas cuantas personas y hubo muchos heridos, entre ellos él, que sufrió la dislocación de un pie, accidente que lo retiene 8 o 10 días en cama. Envío: Que estos progresos de ahora son fatales y que deberíamos volver a los tiempos de las sesudas y románticas diligencias de nuestros buenos y patriarcales españoles.

En cambio, Ignacio ganó $150 oro americano, a la pata de un caballo.

Hoy te envío un paquete con dos *Fígaros*, dos *Habª Elgtes* y dos *Caricaturas*.

En ese último periódico trabajo por tu cuenta y por la mía una barbaridad; pero eso sí, al primer sábado me reventaron mis 50 pesetas, diez pesos, y mañana sábado será igual.

Me río mucho cuando hago los márgenes y la correspondencia acordándome de ti.

Ya verás en *La H.E.*, «El país del sol» de Rubén, poemita en prosa, con hemistiquios originales y estribillo. Lo encontré en *El Porvenir* de New York.

Ayer me escribió Darío Herrera, aquel chico que me recomendó Rubén desde Panamá. Me ha remitido unos versos, «Auroral», inspirados en unos tuyos y dedicados a ti, y me ofrece enviarme dos poesías y un artículo de Rubén Darío, inéditos, que le dejó al marcharse.

Me haces mucha falta, pero no te aconsejo que vengas pronto, no por *La Caricatura*, sino por tu salud.

Mi Jorge está malito hace algunos días, parece que de los dientes y esto me tiene mortificado.

Recibe mil recuerdos de Panchita, mis hermanos, Miranda, Aróstegui, Panchito Chacón, Fontanills[201] y otros más.

No dejes de escribirme siempre y largo.

Adiós y sabes que te quiere mucho y muy de veras tu hermano

Enriq. [sic.]

&

[Membrete: «El País / Diario Autonomista / Gacetillero».]

Querido Casal:

Hoy no he podido ir a verte y creo que tampoco podré ir luego porque tengo mucho qué hacer.

Te mando con Paco una *Caricatura* que me dio Manolo Rodríguez para ti; una carta que se recibió en la Imprenta, y además te incluyo un recorte referente a nuestro Rubén.

Deseo que te halles bien, y que pronto puedas a [sic] salir a dar tumbos por esas calles de Dios, con tu sonrisa sempiterna y falsa, aunque sin malicia y tu ropa cucarachona.

Hasta mañana. El niño muy mejor.

Tuyo

Enriq.

julio 29 de 1893

Ésta la lleva Paco
el decadente.

---

[201] Enrique Fontanills (¿?-¿?). Periodista cubano. Fue redactor de *La Habana Elegante* y cronista social de *El Fígaro*. A él dedicó Casal su poema «Salomé».

De Luis Escobar

Remedios, abril 28 de 1892
Sr. Dn. Julián del Casal.

Mi amigo siempre querido y poeta de mis simpatías:
Recibí a *Nieve* y desde luego agradezco en lo que vale no solo la distinción si [sic] también el detalle de recordarme, que no deja de ser muy meritorio.

Demás está decirte que he leído el libro con verdadera fruición, y ahora que me siento más nostálgico con más motivo.

Estoy padeciendo una *tuberculosis pulmonar* (así como suena), que como comprenderás tendrá una solución triste, y prueba de ella que ya hoy mi estado de salud es sumamente delicado.

No sé si sabrás que tuve la audacia de hacer un pinino como autor dramático. Escribí una obrita, con pretensiones de comedia moderna, que la puso aquí en escena el actor B[falta texto] el día de su beneficio, y tuve la suerte que gustara aunque yo comprend[iera] que como primer ensayo adolecía de sus defectos. Tú sabes que contigo soy franco, y te digo lo cierto, la obra gustó porque el público reía, y ese era mi objeto, además por simpatías podrán batirse palmas, pero la risa tiene que ser espontánea. El título de la comedia es *Recurso Supremo*.

Mira si es verdad que estoy delicado, que desde que dejé de escribir en *El Imparcial*, periódico de combate que se publicaba aquí, y donde yo tenía una sección de [ininteligible], estoy completamente alejado de todo trabajo intelectual, solo leer.

En uno de esos artículos últimos que publiqué recuerdo que te hacía alusión, pero quizás tú ni sabrías que era yo, porque mi pseudónimo (*Juan Sufrido*) tiene tan poca popularidad en la capital, que no me extraña.

Me permito enviarte mi fotografía, agradecido a tu galantería, y además como prueba de mi cariño amistoso.

Perdona la tabarra, y memorias a todos los muchachos, sin olvidar a mi hermano Antonio.

Si me quieres escribir que me alegraría por saber si llegó el retrato a tus manos pon [sobrescrito sobre esa última carilla:] en el sobre solamente:

Luis Escobar

Remedios.

Adiós, siempre te quiere

tu affmo. amigo

Luis Escobar

DE MIGUEL SÁNCHEZ PESQUERA[202]

Matanzas, diciembre 31 de 1890

Sr. Dn. Julián del Casal.

Mi distinguido compañero: he recibido su tomito de elegantes poesías[203] que no solo estimo por su mérito intrínseco sino por lo mucho bueno que anuncia y ofrece. Los «Versos azules» son una fachada tras de la cual hay un *Dios Ignotus.* —Saludemos pues al dios desconocido.

En Pto. Rico oí hablar de Ud. aunque todavía no había tenido el gusto de leerle.

Siento que mis ocupaciones de ingrata índole no me permitan pasar a La Habana para tener el gusto de conocerlo, pero ya sabe que aquí me tiene siempre a sus órdenes.

Ahora, en estas vacaciones estoy poniendo en limpio la traducción de Sth. Mourel del *Velado profeta del Korassan* la leyenda del poema Lalla Roock [sic][204] –2700 versos. Es probable que lo adquiera una casa de París. Pero lo que más me entretiene es una obrilla por el estilo de la que emprendieron los hermanos Sellén pero con más extensión y que llamaré

---

[202] Véase «De los correspondientes».

[203] *Hojas al viento.*

[204] Thomas Moore: *El velado profeta del Korassan: primera leyenda del poema «Lalla Rookh».* Trad. Por Miguel Sánchez Pesquera. Ed. José González Font, Puerto Rico, 1892.

«Ecos Extranjeros». Solo me falta ocuparme del Celeste Imperio pues de todas las naciones tengo una o dos poesías.

Si puede Ud. ayudarme con sus avisos y grata comunicación se lo agradeceré infinita[mente].

La semana pasada estuve en esa capital y tuve un verdadero desencanto al visitar las librerías especialmente la de Alorda[205]. No se expenden más que libros científicos así es q. los pedidos tendré que hacerlos directamente a Francia.

Perdone lo larga de esta primera carta de entrada, pero yo soy comunicativo o reviento.

Créame su amigo y compañero

Miguel Sánchez Pesquera.

[Con letra más grande y escrito sobre la última carilla de la carta: «Siento no ofrecerle un tomito de mis poesías pues se ha agotado»[206].]

Pinar del Río, noviembre 4 de 1892

Sr. Dn. Julián del Casal.

Mi querido amigo:

a mi salida de Pto. Rico me entregó [ininteligible] Juncos un elegante tomito intitulado *Nieve* –q. [ininteligible] tiene el capricho de su autor pues aire [sic] y relampaguea su valiente estro en las estrofas q. he tenido el gusto de saborear que son todas. La «Introducción», «La agonía de Petronio», «La muerte de Moisés» nos dicen claramente que Ud. habrá de imprimir una dirección nueva a la poesía en Cuba y lo conseguirá.

---

[205] Miguel Alorda (¿?-¿?). Editor y dueño de la Librería Nacional y Extranjera «La Enciclopedia», que existió en La Habana en la calle O'Reilly n.º 96.

[206] *Primeras poesías, 1870-1880*. Estudio Tipográfico a cargo de Eduardo Viota, Madrid, 1880.

Yo también imprimí, mejor dicho me imprimieron, sin lucro ninguno para mí la traducción de Mourel de *El velado profeta del Korassan*.

Cuando yo tenga ocasión segura y Ud. me indique su dirección le enviaré un tomo que guardé para Ud. con las correcciones e innovaciones y al que no fui yo quien corrigió las pruebas.

Quiere el señor editor q. yo le indique, a qué persona de reconocida honradez podía enviar ejemplares para su expendio. Yo a la verdad en esto no tengo interés ninguno. Figúrese que no sé ni dónde se ha impreso.

Le dejé un ejemplar al Sr. Varona, autorizándole para que reimprima parte o todo del poema en su revista pues el libro sigue siendo mío como fuere probado. q. ni siquiera se ha dignado contestarme. Parece q. ya no soy muy simpático a la juventud cubana y yo que pude quedarme en Pto. Rico preferí incrustarme en la Perla de Occidente y siempre cantando!!

¿Adónde podré yo encargar libros a París con toda eficacia y baratura?

Le repito mi enhorabuena suscribiéndome siempre su leal amigo

Miguel Sánchez Pesquera

Pinar del Río, noviembre 19 [sin año.]

Sr. Dn. Julián del Casal

Mi querido amigo: recibí su carta y gracias a Dios que aunque fue por mi iniciativa hubo algún amigo que de mí se acordara.

La circunstancia de no haber sido yo quien corrigiera las pruebas ha dado lugar a que se escaparan tantas asonantes que allí van corregidas.

Verían con gusto que algún periódico, no importa su color político se ocupara del libro y aun podía reproducirse en el piso bajo de cualquier publicación, pues nada he ganado con el libro siquiera granjearemos popularidad –aunque el verso libre no es a propósito para ellos.

Suyo afmo.

Miguel Sánchez Pesquera.

Puede usted decir a Ricoy que me encargue estos dos libros
Sonets de J. M. Heredia
Sonets de Soulary[207]
Edición Lemerre

Vale.

DE CARLOS NAVARRETE

Sr. D^n Julián del Casal.
Presente.

La Habana, mayo 5 de 1890

Muy distinguido Sr. y amigo;
Esta mañana me ha sorprendido el canto de la alondra…

Crea Ud. que, en medio del arrinconamiento que traen los años y que imponen las implacables realidades de la vida, me ha emocionado profundamente el recuerdo cariñoso del atleta que llega con ensueños de aurora en el alma y exuberancia de fuerzas en el cuerpo, al viejo que se encorva y sobre todo que se aleja.

> Como el hombre que sube a las montañas
> Vuelve la vista a la cruzada selva.

para divisar, perdiéndose ya en las oscuridades de lo pasado, cuanto fue la sangre de su sangre, la vida de su vida.

Ud. llega en las postrimerías de nuestro siglo: de este siglo que no tendrá nombre en la Historia, como el siglo de Pericles. Wellington lo disputaría a Napoleón: Goethe a Victor Hugo… Ste[falta texto]eson a

---

[207] Joséphin Soulary (1815-1891). Poeta francés, autor de *À travers champs* (1837), *Les figulines* (1862), *Sonnets, poems et poesies* (1864), *Les diables bleus* (1870) y *Jeux divins* (1882). Fue bibliotecario del Palacio de las Artes de Lyon.

Fulton… Lesseps a Eiffel… Cyrus Field a Edison… Darwin a Spencer, tan grande y tan fecundo ha sido!

El siglo de Ud. alborea… Y, sin embargo, tras tanto camino recorrido… cuántos nuevos problemas…! Cuántas interrogaciones en el umbral de ese otro siglo, en que han de combatir Uds., los jóvenes de hoy!

¡Qué inmensa responsabilidad para los que, como Ud., aspiran a los nuevos ideales, que va dibujando en el horizonte, la transformación constante y fatal de todas las escuelas!

Con la caída del imperio del Brasil –que Ud. ha despedido en estrofas admirables– América se adelanta a cumplir de lleno sus destinos:… quiera Ud. mucho a Zenea[208], el poeta mártir, y a su inspirador, el amante de Rolla, el poeta del amor, como lo llama Dumar[falta texto]fils; pero vuelva Ud. los ojos a Longfelow[209], el Tirteo de un pueblo libre, empuñe Ud. en sus robustas manos la lira que entonó el «Excelsior»… y entre Ud. de lleno en las aspiraciones del nuevo siglo. Sobre todo habiendo nacido Ud. en Cuba.

Abrácese Ud. a un amor, a ese amor de la patria que nunca muere, que constituye la aspiración suprema de las almas grandes, y entonces será verdad, con ligerísima variante, lo que Ud. mismo ha dicho:

En la humana existencia
Solo el último amor es el eterno.

---

[208] Juan Clemente Zenea (1832-1871). Poeta y crítico cubano. Una de las voces cimeras de la segunda generación romántica en la Isla. Autor de *Poesías* (1855), *Lejos de la patria. Memorias de un joven poeta* (1859), *Cantos de la tarde* (1860) y *Sobre la literatura en los Estados Unidos* (1861). Fue fusilado por las autoridades coloniales españolas en la fortaleza de La Cabaña, donde guardó prisión durante ocho meses y en la que escribiría los versos que su biógrafo Enrique Piñeyro publicó póstumamente con el título de *Diario de un mártir*.

[209] Henry Wadsworth Longfellow (1807-1882). Poeta estadounidense. Perteneciente al grupo de los poetas brahmines de Boston, fue de los poetas más populares de su época. Autor de *Evangeline* (1847), *The song of Hiawatha* (1855) y *The courtship of Miles Standish* (1858), entre otros.

Tiene la honra de ofrecerse a sus órdenes

Carlos Navarrete R.

S/C Belascoain 20

De María Cay

Amigo Casal

Le doy un millón de gracias por sus lindísimos versos, son dignos de Ud. por consiguiente demasiado buenos para mí[210].

No me hago ilusiones, y sé que solamente a la amistad debo tantas celebraciones pero sin embargo [sic] estoy orgullosa pues no menos merece ser cantada por el mejor poeta de su patria.

Un ruego tengo que hacerle[:] la próxima *calabaza* no me la dé Ud. por los periódicos!

Suya afmª. amiga

María Cay

Miércoles 11 [¿marzo de 1891?]

De América Du-Bouchet y Barriol

La Habana, junio 3 de 1892

Sr. D.
Julián del Casal.

Admirable y maravilloso escritor: ante todo un poco de indulgencia para mí por atreverme a escribiros, a vos que poseéis como ningún otro en Cuba un estilo tan bello, una imaginación tan rica y una tan espléndida fantasía.

---

[210] Se refiere a «Camafeo» publicado, junto con una foto de María Cay, bajo el título «Álbum femenino. Srita. María Cay» en *El Fígaro*, n.º 9, La Habana, 8 de marzo de 1891, p. 6.

Yo soy joven, muy joven. Y, sin embargo, ya la vida no tiene para mí encantos ni seducciones. Atormentada por incurable hastío, aburrida de nostalgias, enferma de escepticismo, solo he conservado en mi alma la admiración a los genios y el amor al Arte.

Y hace mucho tiempo os admiro como poeta y os adoro como artista. Vuestro genio me ha fascinado, como a Carolina Lamb los ojos de fuego del cantor de *Childe-Harold*, como a la mariposilla la brillante luz de soberbia lámpara colgada en algún santuario.

Muchas veces he soñado en ser amiga vuestra, en que vos supierais que os admiraba, y en guardar una carta de Casal –joya para mí de incomparable precio– en mi cofrecillo más estimado y más precioso.

Y, al fin lo he conseguido.

Esa admirable cartita que abrí temblando de placer, fue leída por mí nerviosa, sonriente, llena de asombro y henchida de gratitud.

¡Cuántas veces he tomado la pluma para contestaros! Pero me parecía tan gran atrevimiento en mí, que soy tan pequeña, escribir a Casal que vale tanto!

Hoy, ya decidida, lo he hecho. Perdonadme.

Quiero ahora pediros un favor. ¿Podéis enviarme por unos días, los retratos de Loti, de Maupassant y de Huysmans?

Enseguida los devolveré.

Escribo al *País* por ignorar vuestra dirección que, espero de vuestra amabilidad me indicareis.

Vuestra apasionadísima y constante admiradora

América Du-Bouchet y Barriol

[En la esquina superior de la segunda carilla, en un doblez: «vendredi».]

De Hortensia J. del Monte

Altísimo poeta: Bendigo la aparición de mi retrato en *El Fígaro*[211] por su silueta: tiene perfume; yo, que por instinto y convicción soy refractaria a esas exposiciones *gratis*, celebro la sorpresa que me ha causado la mía, porque me admiro en sus versos.

Si supiera Ud. lo que me hacen sentir sus versos *de oro*; porque no son pensados, son vividos, y yo vivo como Ud; sí, amigo poeta, como Ud., tengo mucha tristeza en el alma!

Si nuestra joven literatura tiene ya un cielo, es Ud. nro. Júpiter Olímpico.

Para Ud. el incienso de los Dioses y el laurel de los poetas.

Y bien sabe Dios que no correspondo a sus halagos; es que tiene Ud. en mí desde que *busco* [sic] una «amiga desconocida» y una admiradora entusiasta.

H. J. del Monte

En este momento llega a mis manos *La Habana Literaria*[,] veo su firma y leo con verdadero interés. En verdad, que no podrá Ud. decir con el poeta: «Mi nombre se escribió sobre el agua»[212]...

febrero 3 de 1892

De José Arburu

La Habana, diciembre 18 de 1890

Sr. D. Julián del Casal
Presente.

Muy Sr. mío, de toda mi estimación:

---

[211] «Álbum femenino. Hortensia del Monte», *El Fígaro*, 31 de enero de 1892.
[212] Se refiere al poeta inglés John Keats (1795-1821), autor de la frase.

le ruego tenga la bondad de aceptar este pequeño obsequio, como un recuerdo de mi hijo el pintor Arburu, por sus frases tan llenas de elogio como de bondad que Ud. le ha dedicado en sus folletines del *País* al juzgar algunos de sus trabajos[213].

Su padre, que suscribe, y que siempre tiene a su hijo que jamás volverá a ver, clavado en la memoria y el corazón, le da a Ud. un millón de gracias, tanto por el juicio favorable que ha hecho del artista, como por el sentimiento que en sus palabras se advierte.

Tiene un verdadero placer en ofrecerse a sus órdenes como su afmo. s.s. q.b.s.m.

José Arburu

S/C Amargura 23 o Sn José 46

P.D. La fotografía del grupo es copia del cuadro original la 1ª misa, la pintura fue hecha en La Habana en el año 86[214], y la otra fotografía es el retrato del autor, como estaba últimamente.

(Esta última no puede ir a hora.)

&

La Habana, enero 4 de 1891

Sr. D. Julián del Casal.
Presente.

Mi estimado amigo:
espera tener el gusto de que Ud. lo acompañe a almorzar pasado mañana, miércoles día de fiesta, su afmo. amigo

José Arburu

---

[213] «Crónica semanal. José Arburu», *El País*, 4 de octubre de 1890. Sobre el pintor publicó también Casal: «Pintores cubanos. José Arburu Morell», *La Habana Literaria*, n°. 6, La Habana, 30 de noviembre de 1891.

[214] *La primera misa en América* (1886) obtuvo el primer premio del certamen convocado por *La Ilustración Española y Americana*.

Después de la muerte

Matanzas, octubre 22 de 1893

Querida Carmela: Aunq. no te contesté a tu última, hoy lo hago para cumplir un penoso deber aun cuando a mí me toca bien de cerca la pérdida de nuestro pobre Julito: para ti era un hermano cariñoso y bueno[,] pª mí era casi mi hijo aunq no mamara mi leche como lo la [sic] has mamado tú. Tú sabes cuánto lo he querido[;] Dios me tiene destinada pª llorar todo lo q amo.

En cuanto supe el mes pasado q estaba grave (lo supe por el *Diario de la Marina*) cogí el tren de lo por [sic] la tarde, cuando llegué estaba en un estado fatal y permaneció grave tres o cuatro días. Se fue mejorando y por fin yo lo dejé levantado y comiendo con la familia el 30 de Setbre. Quedamos convenidos en que antes de marcharse a tu lado vendría a pasarse unas cuantas semanas conmigo. Yo lo esperaba de un día a otro y le tenía su cuarto arreglado pª él solo[,] mi hijo Antº q está en la Habana ya se había puesto de acuerdo con él pª embarcarle sus cosas[,] pª que él no tuviese q hacer nada. Él me escribió el día 8 de este y me decía q me avisaría cuándo venía y el domingo 22 me sorprenden con la noticia de q había muerto el sábado a las 7 de la noche, me lo dijo César que lo supo en el tren excursionista q viene todos los domingos. Él venía a ver a su hijo q hace cerca de dos meses q está aquí con nosotras y tú puedes figurarte cómo me quedaría. Al instante pensé irme con César q siempre retorna en el mismo tren; pero no tenía tiempo pues él era enterrado a las 4 de ese domingo y el tren salía a las 6 de aquí. Yo he sentido mucho no poderle hacer lo q él vio q le hice a mi pobre Mª Elena[,] q era estar a su lado hasta q se la llevaran. El César y mis dos hijos cargaron a María Elena y yo le hubiera hecho a él lo mismo q le hice a ella. Pero no me avisaron por más q yo se lo dejé recomendado a Dª Fernanda[,] la Sʳᵃ de Malpica. Es verdad q él no murió allá q si no creo q ella me hubiese pasado un parte. El domingo por la noche le escribí a Enrique suplicándole me dijera cómo había muerto y porq no fui avisada; pero todavía no me ha contestado y en medio de todo[,] yo a pesar de mis años no tengo experiencia[,] le escribí apresurada sin acordarme q todo tenía q salir en los periódicos. El pobrecito cuánto sufrió y nunca lo vi desesperado; siempre paciente agradeciendo todo lo se [sic] le hacía y atendiendo a las personas q iban a verlo[,] q te aseguro podemos estar llenas de satisfacción porq era apreciado de corazón por todo el mundo[,] sin distinción de edades ni de estados[,] por sus buenas cualidades. Se lo demostraron en vida y en muerte. Tú sabes q a una persona del talento de nuestro Julito se le admira; pero a él además de admirarlo se le amaba[,] se le quería de veras.

Su muerte me ha causado un dolor igual a la [sic] de mi querida Mª Elena[,] q por más q pasen días no puedo conformarme. Si tú me vieras me encontrarías completamente otra[,] porq todo lo q he sufrido no tiene comparación con lo q he sufrido con la muerte de mi hija. Está de más q yo te encargue q te cuides y q tengas conformidad con la voluntad de Dios[;] tú le haces falta a tus hijos y puedes conformarte porq tienes un buen marido[,] a este le dices tenga esta por suya y abrázalo en mi nombre. Besa y abraza a tus hijos y tú sabes q aunq no te escriba y no te pueda ir a ver a ese pueblo te quiero siempre como una madre y puedes contar siempre con mi cariño y con mi persona. Lucy te envía una seguridad de su cariño[,] ella, José Gerónimo y Anᵗᵒ te me encargan te diga q ellos no lo han sentido como primo sino como verdadero hermano. Nicolás y Gerónimo me encargan sus recuerdos extensivos a Manolo y tú[,] mi querida hija[,] cuenta siempre con el cariño de madre q te profesa

Matití

&

[falta fecha y lugar]

Querida Carmela:

Si tú no tienes inconveniente yo desearía quedarme con el escritorio viejo de tu padre[,] q lo tenía Julito[,] y un sillón que Enrique Miyares le regaló y q él me dio a mí cuando estuve con él. El sillón es tan viejo como el escritorio; pero yo desearía tenerlos mientras yo sea viva. Después harás lo q tú quieras. Te los pido a ti porq es natural q a ti te escriban diciéndote los muebles q él tenía pª q tú dispongas de ellos: eran el escritorio, el sillón y una mesita redonda, sus libros y papeles los pondrán en su baúl [ininteligible] En fin[,] ellos te escribirán y si tú no tienes inconveniente me alegraría conservarlos. Esto es sin compromiso pª ti[,] pues yo soy pª ti siempre como madre y todo lo q tú dispongas me parecerá bien. Si algún día yo pudiera iría a verte y estaría unos días contigo. Aun cuando no te escriba a menudo siempre seré la misma pª ti. No dejes de escribirme cuando puedas q ahora creo q soy la única familia q te queda[;] yo no valgo nada en dinero pero en cariño puedes contar como si fuere tu madre y con mis hijos como hermanos. A Manolo le digo lo mismo y sin más me despido hasta otro día[,] tu tía q te abraza

Matití

&

Sr. Dn. Manuel Peláez Laredo
Yaguajay

La Habana, octubre 23 de 1893

Muy Sr mío y distinguido amigo;

Doy a Ud. y a su señora esposa el más sentido pésame por el óbito de Julián del Casal. ¡Muerte feliz dado el cúmulo de padecimientos que le agobiaban! De sobremesa, en el momento que se estimaba feliz y combinaba planes para el porvenir, le sobrevino instantánea y fulminante, cual un desquite de la dilatada serie de dolores, desvelos y cuidados que la antecedieron. ¿Qué mal —me pregunto— ha sido ese, que indicándose por accesos al pulmón, ha terminado por la expulsión total de la sangre, un caño por la boca, otro por el curso? Esta pregunta se la formulé ayer al Sr. Lamadrid[1], que es médico. Contestó que gran parte de la sangre que vino a la boca, fue deglutida, elevó el vientre y fue expulsada por la cámara. No opuse observación alguna; pero en realidad –aunque no presencié el suceso–, no pude admitir la idea de que un caño impetuoso que tiende a la salida, pudiera ser en su mitad devorado y bifurcado en una doble expulsión. Parece natural creer o que hubo a la vez dos aneurismas arteriales rotos, o que el aneurisma procedió de una región –¿el hígado?– que lanzó el caño al estómago, en donde se dividió para su evacuación al exterior. Los doctores han dicho –y es mi deber respetar su opinión– que el tumor de la pleura fue extendiéndose e invadió el tejido de una arteria pulmonar. Perfectamente. Pero en mi foro interno queda siempre la duda de que esa arteria haya dado de sí dos abundantísimos caños; tan abundante –a lo que dijeron– el inferior como el superior, que pudiesen llenar cubos.

Como médico, me dispensará Ud. este detalle. Sea en mi vaguedad de profano en la ciencia sigo dudando de si el absceso de la pleura pasó a la arteria, o si por el contrario el de esta pasó a aquella, que como más blanda fuese la primera en sus manifestaciones exteriores. De todos modos, con mi criterio de profano, estimo que el mal no tenía cura posible, ni con el yoduro, ni con los cáusticos. Y en este supuesto estimo que un fin instantáneo fue un favor concedido al enfermo, él, que siendo joven, bueno, de talento y laborioso, en el camino ya de un porvenir glorioso, recibía con santa resignación el ingente agravio de ir perdiendo a pedazos el tesoro de la vida!

Era muy querido Julián del Casal. Lo probó ayer el concurso que asistió a su entierro. El día estaba fatal por el barro de las calles y la incesante lluvia. El óbito ocurrió a las siete de la noche del sábado. Ya a esa hora estaban preparados para la prensa los periódicos del día siguiente. Valdivia supo la triste noticia a las ocho de la noche. Logró intercalar

---

[1] Francisco Santos de Lamadrid. Véase «De los correspondientes».

un suelto en *El País* por especial gracia del director[2]. *El País* fue el único medio de comunicar el suceso. Un suplemento de *La Discusión* se repartió tarde ayer domingo. No obstante acudieron al entierro muchos y buenos verdaderos amigos de ultratumba del finado. Montoro, Ricardo del Monte, Antonio, de este apellido, Hubert de Blanck, Dr. Aróstegui. Unos veinte carruajes. El carro fúnebre era de primer orden, tirado por tres parejas, una de estas pagada tres mil pesos en New York. El féretro, negro y plata, iba cubierto de coronas: la de los amigos de la casa donde falleció, la de La Habana Elegante, la de Alorda.

Fue sepultado en el panteón de mi hermana Águeda, viuda de Rosell, en el nicho n° 3.

Don Antonio San Miguel[3], director de *La Lucha*, se ha conducido como lo que es, un hombre de gran corazón. Apenas Valdivia le indicó la idea de una suscripción, se encargó él de todos los gastos del entierro. Guillos también se ha conducido como bueno. Ha enviado un tren espléndido.

Últimos tristes honores al que en vida fue un santo, un joven modelo de virtudes, de aplicación, noble, delicado, discreto, superior siempre a sus dolores y contrariedades!

En esta casa, desde que supimos por Hubert de Blanck la noticia, nadie ha dormido todavía. A todos nos ha afectado profundamente, y eso, que en parte no nos cogía de sorpresa, porque le habíamos visto sufrir y nos parecía fuese un milagro pudiera sobrevivir a la serie de ataques que le iban atrechando y reduciendo a la nada. Pero a veces la Providencia es tan grande!

Ocurrió el día del óbito un doble incidente un tanto curioso. Habíamos citado tres noches a ver a nuestro amigo sin lograrlo, entregado a

---

[2] Ricardo del Monte.

[3] Antonio San Miguel y Segalá (1852-1940). Hombre de negocios y periodista español. Llegó a Cuba en 1869 y se inició en el periodismo como redactor de *La Discusión*. Fue director de los periódicos *La Libertad*, *El Palenque*, *La Palanca* y *La Lucha*. Invirtió en el ramo de los ferrocarriles y tranvías y a principios del siglo xx era ya dueño de una inmensa fortuna.

la disipación de visitas y tertulias. El sábado al volver estas señoras por
la tarde de casa de una amiga quisieron ver a Casal. Estaba Armenteros[4], marqués de Peñalver a la puerta y las acompañó escaleras arriba
diciéndolas que el vecino del cuarto se había trasladado al alto. Allí se
encontraron con una escena desgarradora. El vecino yacía muerto. Pero
no era Casal. Por la noche comunicó Valdivia por teléfono la nueva a
Miyares en el Castillo del Príncipe. Le faltó tiempo a este para venir
a verle. Le sucede lo mismo que a las señoras. Se encamina al alto y se
va derecho al lecho del muerto y lo abraza; pero al ver que no era su
amigo, cree que Valdivia se había equivocado, y sale corriendo a casa
de Chaguaceda. Allí supo que en Prado, 111, había fallecido su querido
amigo Julián del Casal.

¡Qué escena de sobremesa para aquella familia! Felizmente, llegaron
amigos, médicos, Santos Fdz, Dr. Zayas, otros y otros, y el conflicto, el
susto, la terrible emoción se convirtieron en piedad y resignación.

Reitero a Ud. el pésame: todos los de esta casa se lo repiten y lo dan
muy sentido a su señora esposa.

De Ud. a.a. s.s. q.b.s.m.

Domº Malpica

&

[Esquina superior izquierda de la primera carilla: cuño de Lamadrid
con la fecha.]

La Habana, octubre 29 de 1893

Sr. Dr. D. Manuel Peláez y Laredo
Yaguajay

---

[4] Puede tratarse de Ricardo Armenteros y Ovando, quien casó en 1883 con
María Peñalver y Cárdenas, quinta marquesa de Peñalver, o bien del hijo de ambos:
Ricardo Armenteros Peñalver. Véase <http://www.blasoneshispanos.com/Heraldica/
HeraldicaGentilicia/Armoriales/PP/Penalver.htm>.

Mi apreciable Manolo: No quisiera tomar la pluma para hablarte de cosas tristes, pero un deber así lo exige y por lo tanto lo cumplo.

Como a ti no te es desconocido, Julián acostumbraba a venir a esta su casa muy a menudo, siendo en estos últimos días de visita diaria. El sábado 21 llegó a esta de 2 y ½ a 3, pasó al comedor y estuvimos en animada conversación hasta la hora de comer. Pensó entonces marcharse, pº como Ana lo invitara y yo apoyé, se quedó para acompañarnos en la comida. Llegada la hora de esta nos sentamos a la mesa y si antes la conversación había sido animada no dejó de serlo durante la comida. Concluida esta y al colocar el tapete de la mesa hubo de empezar seguramente algún cuento agradable, pues por las palabras que pudo decir y sus gestos así me lo hacen creer. Dijo «verás Dª Fernanda» se echó a reír y con la risa le vino un acceso de tos del cual brotó [sic] dos especies de taponcitos de sangre coagulada que cayeron una [sic] en su mano izquierda, que apoyaba en la mesa, y el otro en el tapete; al verlas [sic] se sorprendió diciendo ¡ah![,] sacó el pañuelo rápido como el pensamiento y aún no había limpiado las dos manchas cuando se destacó [sic] una verdadera catarata de sangre[,] muriendo en menos de dos segundos en mis brazos. Ni un movimiento de contracción, ni un gesto de dolor o sufrimiento hubo que pudiera indicarme que el consecuente amigo había dejado de existir. Su agonía fue tan rápida que solo dio tiempo a que se le pusiera una inyección de éter, antes de terminarla ya había muerto.

Excuso el manifestarte que toda consideración que haya respecto al disgusto tan grande q experimentamos por la muerte tan inesperada del pobre Casal, sería pálida ante la realidad de lo ocurrido.

Habiendo yo dado parte al Juez pº q se hiciera cargo de la habitación de Julián y habiendo dicho aquel que no había lugar a [ininteligible] cosa[,] no he tenido inconveniente ni reparo, en compª de Hernández Miyares, de hacerme cargo de todo lo existente, lo he transportado a esta tu casa y solo espero tus órdenes y las de Carmela pª hacer lo que me manden.

Tenía en su habitación un baúl de pequeño tamaño cuya llave no se ha encontrado y debe estar lleno de libros, por el peso, otro baúl en donde se ha colocado la ropa q. se encontró, algunos cuadros; estaba este último medio lleno, pº ignoro lo que tenía, pues no registré, una bañadera q por orden facultativa tenía indicada, una cortina y por último el escritorio que Udes. conocen, con bastantes libros, papeles y alguna ropa; además[,] un pequeño sillón de cuero que según he oído se lo regaló Enrique Hernández Miyares.

Al cadáver se le encontró en los bolsillos tres centenes, dos pesos en plata, dos cajas de fósforos y cuatro cajetillas de cigarros.

Enrique Hernández ha recibido una carta de vuestra tía Matilde Lastra y en la carta le suplica que si Udes no ordenan lo contrario, desea se le dé el escritorio que ya tú conoces y que está en muy mal estado y el sillón que corre la misma suerte. Como quiera que tú tendrás la amabilidad de contestarme o a Enrique Hernández Miyares, resolverás lo que creas más oportuno en la seguridad de que tus órdenes serán bien cumplidas.

No dudo que tú habrás leído los periódicos *Lucha*, *País*, etc. y por ellos habrás tenido ocasión de ver que tanto en la manera de ser tendido, como el entierro[,] Dr.[,] ha sido una verdadera prueba del cariño y aprecio que todo el mundo tenía a Julito. Solo me resta para concluir la presente el daros mi más sentido pésame[,] lo mismo que mi familia[,] tomando una gran parte de vuestro duelo material y moralmente.

Afectuosos recuerdos de esta familia pª sirvas disponiendo tú como gustes de tu affmo. y s.s.

Franco S. de Lamadrid y Ribalta

Tu casa Prado III

Enrique no puede escribir por estar

[Sobrescrito sobre los últimos párrafos de la última carilla: «muy ocu-pado pues dedica su periódico a la memoria de Julito pero les escribirá tan pronto pueda, os envía su cariñoso saludo y pide mil perdones hasta tanto cumpla su promesa».]

Sra. Carmela del Casal de Peláez.
Yaguajay.

Mi querida Carmela: Por el telegrama de Peláez vemos que ya sabes
la terrible noticia de la muerte de Julito que aconteció el sábado a las
siete de la noche.

Se había mudado de casa de Dª Fernanda a una de huéspedes frente a
la de Isabel mi hermana. Como siempre tenía de costumbre venía todos
los días acá. El sábado se quedó a comer y estuvo muy alegre y conversa-
dor[,] después de la comida fue a decir una cosa y se echó a reír[,] con la
risa saltó [sic] sobre su mano y sobre la mesa dos manchitas de sangre[,]
retiró su silla hacia atrás y en seguida como un caño que se revienta salió
por su boca un chorro de sangre que lo asfixiaba. Yo no puedo pintarte
lo que pasó entonces en esta casa. Aunque instantáneamente comprendí
que se nos moría[,] salí a la calle a buscar un médico; cuando salí estaba
ya expirando. Su muerte[,] aunque para nosotros fue espantosa[,] para
él fue muy dulce[,] no duró diez minutos.

Como habrás visto por los periódicos[,] o lo leerás[,] se tendió aquí
donde lo velaron un gran número de personas de lo más distinguido
de la Habana. S. Miguel desde el primer momento dijo que él se hacía
cargo de todos los gastos del entierro. Le trajeron un sarcófago de primera clase y estuvo en capilla ardiente. Le mandaron gran número de
coronas y la Sra. de Alorda una cruz negra con un Crucificado de plata
cuya cruz está aquí después que se llevó al cementerio para mandártela.
El entierro fue magnífico. Panchito mandó por un coche de lo mejor[,]
que vino enlutado; en él fueron Miyares Delmonte, Chaguaceda y
Hubert de Blanck en representación de Panchito. El carro mortuorio
llevaba tres parejas y todo cubierto con las coronas[,] después seguían
al coche de duelo una infinidad de particulares con lo mejor que tiene
La Habana.

Aquí estamos todos locos; pero en medio de tanta pena nos ha quedado el consuelo de que murió entre nosotros y que hasta la última hora
estuvo aquí; que todo se hizo con una suntuosidad como si hubiera sido

un millonario. Nunca me hubiere consolado de que hubiese muerto entre gente extraña y en un cuarto de una casa de huéspedes.

Ya hemos recogido sus muebles y papeles. Matilde tu tía dice que le manden el escritorio y el sillón de cuero en que se sentaba[,] que lo quiere para recuerdo.

Hazme el favor de escribir y decirnos qué hacemos.

Julito tenía en los bolsillos tres centenes y dos pesos plata que están en mi poder.

Últimamente tuvo una recaída[,] pero me prohibió terminantemente que te escribiera[,] después se puso muy bien y me dijo que aunque le costara la vida no iba a Yaguajay hasta que no se publicara su libro[,] que te dijera cualquier cosa; pero que no iba.

Se enterró en el panteón de los Rosell[,] porque como estaba ya tan bien no guardé la carta que me mandaste y aunque la hubiese tenido no creo se hubiese podido enterrar con su padre porque aquello debe estar en mal estado. Como Udes podrán disponer de dinero[,] más adelante arreglarán el nicho y lo trasladarán.

Cuando tenga la cabeza más tranquila te escribiré con más detalles[,] hasta entonces adiós

Magdalena

octubre 25 de 1893
Prado 111

&

Sra. Carmela del Casal de Peláez.
Yaguajay.

Mi querida Carmela[,] acabo de recibir tu carta que esperaba con impaciencia. Julito estaba ya muy bien y había engordado mucho[,] no tenía tos y estaba sumamente alegre[;] hacía mucho tiempo que ni su espíritu ni su cuerpo los veía yo en tan buena disposición. Hacía tres días que venía acá desde las dos o las tres de la tarde y nos pasábamos el tiempo riendo de media Habana. El día de la desgracia comió perfectamente. Dice Pancho Zayas que la muerte provino de la rotura de una arteria que quedó corroída de resultas del tumor. Él no tuvo tiempo para pensar en nada[,] porque la sangre después de la primer buchada salía en tal cantidad que parecía un caño reventado.

Después que todo ha pasado he pensado en lo de la corona[,] pero figúrate que apenas Julito empezó a echar la sangre Ana Mª, que tiene siete meses de embarazo, corrió para el cuarto en un estado de excitación terrible[,] después empezó a vomitar y tuvimos que engañarla y decirle que Julito estaba con su ataque nada más. Pancho Zayas le hizo creer que estaba mejor. Panchito parecía un loco enteramente[,] no hacía nada a derechas. Si le hubiese dado una congestión q hubiese muerto de ella no hubiese sido tan violenta la sorpresa; pero tú sabes que la sangre impresiona mucho.

Sobre el libro que se está imprimiendo te escribirá E. Hernández pues precisamente anoche estuvimos hablando de eso. Enrique piensa continuar la publicación y enviarles[,] después de pagados los gastos[,] el sobrante del dinero.

Sus papeles nadie los ha tocado. Yo creo que tú debes revisarlos cuidadosamente para que después se publiquen sus obras en un solo tomo. Yo tengo bastante cartas de él; algunas muy interesantes[,] por darme cuenta en ellas de acontecimientos literarios y políticos[,] de las cuales pudieran también publicarse algunos fragmentos. Eso se verá más tarde[,] lo que importa ahora es que me digas cuál es el conducto más seguro para enviarte los papeles y que no se vayan a extraviar.

Tiene muchos libros y muy buenos. Los muebles son: el escritorio[,] el sillón[,] una mesita redonda y una bañadora y dos baúles. Uno de los baúles contiene los objetos que había en el cuarto[,] el otro no sé por qué no lo hemos abierto[,] pero supongo que serán libros porque pesa mucho.

Yo creo que el panteón donde está enterrado es de cripta y hay que entrar dentro, así que de fuera no se ve el letrero. Yo lo averiguaré y haré lo que me dices en caso que se pueda. De los libros tomaré algunos.

Manuel de la Cruz desea que le den alguno como recuerdo y Miyares también. Eso queda a tu voluntad. No dejes de decirme cómo es el mejor medio de enviar los papeles con seguridad[,] pues me figuro que habrá algo en ellos que no se ha publicado.

A mí hace mucho tiempo ya que la Humanidad solo me inspira desprecio[,] tanto que desde que vine de Nueva York a la única persona que veía y la única con quien hablaba era Julito. Él estaba misántropo y yo lo estoy más[,] pero después de su enfermedad y su muerte me he convencido que las almas bajas y rastreras abundan más de lo que yo creía. Yo espero que cada día se reconocerán más sus méritos como poeta porque en lengua española *nadie* ha sido más poeta que él y el único artista *nato* que había en Cuba era él. Tenía la intuición de lo Bello como nadie, lo adivinaba y jamás pudo vencer la repulsión que le inspiraba lo común y la gente vulgar.

Todos esos literatos pretenciosos que hay aquí lo aburrían de una manera extraordinaria.

Él le tomó mucho cariño a Zayas y este a él, a tal extremo que ya él necesitaba ver a Zayas y Zayas a él todos los días.

Pancho Zayas se reía mucho porque siempre le besaba la mano.

Adiós[,] recuerdos a Manolo y sabes te quiere tu afma.

Magdalena

octubre 29 de 1893

&

Sra. Carmela del Casal de Peláez
Yaguajay. [Sin fecha.]

Mi querida Carmela:
Nada me dices de si encontraste el reló de Julito entre los objetos que iban en el baule [sic].

Los papeles los tenía Julito muy en orden empaquetados y en el escritorio, así que yo no he hecho más que sacarlos de allí y meterlos en un baúl que está cerrado. No he leído ninguno así que entre esos papeles deben estar las cartas de esos autores franceses que de todos modos se hubieran tenido que quedar aquí porque es una de las cosas que Miyares quiere que se publique en el nuevo libro. El recorte de periódico que me mandaste es mío. El baúl se lo regalé yo a Julito cuando se iba a mudar de casa de Dª Fernanda y como ya tenía en él algunos papeles ese quedó rezagado.

Te incluyo tres cartas llegadas después de la muerte de Julito.

Isabelita sigue algo mejor pero no bien del todo.

Deseo que la niñita esté buena ya y con recuerdos para Manolo se despide tu afma.

M. Peñarredonda

&

La Habana, noviembre 25 de 1893

Sra Dª Carmen del Casal de Peláez.

Mi distinguida y triste amiga:

Cuando yo estaba impaciente, y extrañando que Ud. no contestara mi primera y extensa carta después de la muerte de Julito, ayer me escribió Magdalena advirtiéndome que de seguro Ud. no había recibido mi carta, porque también demostraba extrañeza no haber recibido ninguna mía.

Extensamente y con toda la amargura, el inmenso dolor que me causó aquella muerte inesperada y rápida, porque yo tenía ciega confianza en su curación, le escribí a Ud. Casi me alegro que no recibiera aquella carta que leí a Magdalena y que la hubiera entristecido más; pero solo lo siento porque le hablaba en ella de negocios que se relacionan con lo que todos los que lo amábamos debemos a la memoria del gran poeta desaparecido.

A esto me referiré rogándole que me conteste detalladamente y que siempre me hable con franqueza de hermano, como yo quería a Julito.

Como Ud. sabe, Casal dejó en las primeras páginas de impresión su nuevo libro *Bustos y rimas*, el cual se decidió a publicar a mis instancias, porque yo ideé, viéndolo tan malo en uno de los ataques, que ese era un medio para distraerlo y además podía ser un recurso pecuniario si el libro tenía suerte. Yo logré de mis socios en la imprenta que se procediera a la impresión de la obra por solo su costo, y que las utilidades fueran para él.

De *Bustos y rimas* solo se imprimirán 500 ejemplares, que fue lo que él dispuso; de manera que deducidos de la venta los gastos, lo demás a Ud. le pertenece.

En mi anterior me atreví a indicarle lo siguiente: Julito ha dejado impresos en diferentes periódicos y en el mío, muchos y notables trabajos que luego pensaba ir compaginando en diferentes libros en proyecto. Como quiera que Dios lo ha llamado a sí y esos proyectos se los llevó con su alma pura, el deber de nosotros sus hermanos, para con su memoria sagrada y para consagrar la fama de su genio que ha de perdurar en la literatura, quiero que nos pongamos de acuerdo, y que Udes me autoricen para publicar todos sus demás trabajos que no forman libro, en un nuevo tomo que el público pide y que sería criminal no publicar. Para ello, cuento con la cooperación de Magdalena y de Manuel de la Cruz, que se hallan dispuestos a ayudarme en preparar el nuevo libro, escogiendo los trabajos, haciendo la debida selección y amontonando todos los que salieron de su cabeza de privilegiado.

A otra cosa. Yo he iniciado la idea de levantarle un modesto mausoleo en el cementerio, y para dicho fin cuento con su aprobación desde luego. Es necesario que el poeta tenga su busto y su poesía «Fatuidad póstuma» en su lecho eterno, para memoria de su paso por esta tierra en que tanto sufrió.

El lunes habrá una junta en mi casa con el objeto de nombrar un Comité que entienda en la realización del proyecto. Yo cuento con que por ejemplo los primeros recursos los dé *Bustos y rimas*, que costará dos pesos en vez de uno en que se había de vender; y por supuesto, contando con que Udes así lo dispongan. Además pienso ofrecer tan pronto como sea oportuno una gran velada en el gran Teatro de Tacón –que podrá producir algún dinero– y por último, si faltan cantidades hasta 1500 pesos oro que se calcula ha de costar el mausoleo, recurrir a una suscripción para la cual se me han brindado muchos amigos y entusiastas fervientes del poeta.

Para hacer el nuevo libro que le propongo[,] creo casi indispensable que Ud. le diga a Magdalena y a Panchito que demoren el envío a Yaguajay de los papeles y libros de Casal, pues sin ellos aquí, a mano, nos expondríamos a no hacer las cosas bien. Magdalena y yo inventariaremos sus libros y papeles, copiaremos los que se requieran y desde luego le aseguramos con toda formalidad *que no se perderá ni un solo papel, ni un solo libro o cuaderno,* y que se lo remitiremos cuando estén terminados los trabajos.

También tenemos el proyecto[,] para más adelante y si Dios me da vida y recursos, [de] publicar en un solo tomo sus obras completas.

En mi anterior, donde le hablaba a Ud. de mil detalles de los últimos días de nuestro hermano, le dije que cuando se mudó de casa de Valdivia, se apareció en mi casa en un coche, con el cuadro de *El Gólgota,* que le llevaba a Panchita, mi esposa, de cuelga [sic]. Yo lo insté mucho para que no se lo regalara y se lo remitiera a Ud; pero me dijo que de ninguna manera, que le llevaría a Ud. otro gran regalo y que el cuadro se hubiera roto en el viaje hasta Yaguajay. Como quiera que Ud. tendrá deseos de poseer el cuadro, a pesar de que es un recuerdo para nosotros tan estimado, se lo cederemos a Ud., solamente a Ud. a quien tanto él quería, si así me lo dice con franqueza.

Por Magdalena he sabido que tenía Ud. muy malita una niña. Celebraré que ya esté buena y que siempre tengan salud robusta esos pedacitos de su alma.

Mi señora y mi bebé me encargan mil cariños para Ud. y Manolo.

No deje de escribirme siempre y largo, recordando que la memoria de Casal es hoy para mí un culto.

Un abrazo cariñoso a Manolo, mi querido amigo, besos a los niños, y Ud. cuente con el invariable afecto y respetuoso cariño de su amigo y hermano en el dolor que le besa los pies.

Enriq. Hernández Miyares

[Membrete: «La Habana Elegante / Semanario Ilustrado / Compostela 69».]

La Habana, diciembre 23 de 1893
Sra. Da. Carmen del Casal de Peláez.

Mi distinguida amiga y hermana en el dolor:

Su carta de Ud. tan cariñosa, tan noble y tan honrosa para mí por la confianza que me dispensa atendiendo mis peticiones referentes a las obras y papeles de mi inolvidable hermano Julito, la guardo con verdadero cariño.

Mucho tiempo he tardado en contestarla, por mis muchas ocupaciones y porque quería hacerlo remitiéndole el primer ejemplar de *Bustos y rimas*. El libro está ya listo, solo falta la encuadernación y la portada. Lleva el retrato del poeta, y todo el tomo presenta sello de elegancia, severa.

Ya Ud. sabrá por Llellena que hemos formado un Comité q^e entienda en la realización del proyecto de monumento, y que el Comité ha dispuesto vender la obra y dedicar el producto al mausoleo. La obra se venderá a dos pesos el ejemplar, pero muchas personas se disponen a pagar un centén por el suyo. De manera que podemos ya contar con la base del proyecto, que se calcula costará de 1000 a 1500 pesos oro.

Después ofreceremos una gran velada en Tacón, tan pronto como se vaya la ópera, y con eso y con reunir lo que falta entre algunos amigos y admiradores que ya se han brindado, creo que pronto tendrá Julito un mausoleo que perpetúe su gloria de artista.

Toda la prensa extranjera ha hablado de la muerte de Casal, dedicándole hermosos artículos. Algunos leerá Ud. en lo sucesivo en *La H. Elegte*, y otros se los mandaré en recortes.

Dele mis recuerdos afectuosos a Manolo, junto con un abrazo; bese a sus niños en mi nombre y en el de mi familia, y Ud. cuente con el verdadero afecto de su amigo q.l.b.l.p.:

Enriq. Hernández Miyares

&

[Membrete: «La Habana Elegante / Semanario Ilustrado / Compostela 69».]

La Habana, enero 20 de 1894

Sra. Dª Carmen del Casal de Peláez.

Mi distinguida amiga:

Sin contestación a mi última carta, le escribo hoy para anunciarle que ya se ha puesto a la venta *Bustos y rimas*, y que en un paquete certificado le envío los 3 ejemplares que me encargó.

Como habrá visto Ud. por *El País*, al aparecer el libro colocamos entre los mejores amigos y admiradores de Julito 20 ejemplares a centén cada uno. La venta va bien y yo creo que la edición se agotará en seguida y que podrá quedar[,] después de cubiertos los gastos[,] una suma de alguna importancia.

Siempre la tendré al tanto del libro y su venta.

Dele mis cariñosos recuerdos a Manolo. A sus niños muchos besos, y reciban todos la expresión cariñosa de mi mujer, hermanos e hijito, a quien Casal quería tanto.

Y sabe Ud. que la distingue y le besa los pies su

atº amº.

Enriq. Hernández Miyares

Pronto le mandaré una buena fotografía de Julito, pues he tenido la suerte de encontrar la plancha original del último retrato que se hizo, cuando el cuadro de escritores de *El Fígaro*.

&

[Membrete: «La Habana Elegante / Semanario Ilustrado / Compostela 69».]

La Habana, mayo 9 de 1894

Sra. Dª Carmen del Casal de Peláez.
Yaguajay.

Mi distinguida amiga:
Mucho tiempo ha pasado sin que haya tenido el gusto de escribirle, y bien sabe el cielo que en ello ha tenido culpa principal, mi repugnancia de hablar de mis decepciones.

Diferentes concausas y tal vez el acuerdo que creímos oportuno de fijar en dos pesos cada tomo, *Bustos y rimas* no se ha vendido y ha sido un verdadero fracaso. Con la primera venta a centén el tomo, suscrito por queridos amigos de Julito, se pagó la edición sobrando algunos pocos centenes. Hace tiempo que le dije a Llellena que tan pronto como nos liquidaran del campo los ejemplares, reuniría nuevamente la Comisión para acordar la venta a peso de los numerosos ejemplares que quedan.

En vista de todo, Magdalena y yo abrigamos la esperanza de que Ud. opinará con nosotros, ya que, por ahora, nos vemos imposibilitados de levantar el proyectado monumento a nuestro hermano: que con los productos de *Bustos y rimas* procedamos a la impresión de las obras completas del gran poeta, ya que todo el tesoro que dejó regado en diferentes periódicos y algunos manuscritos, completarían su gloria. Ese libro, esas obras completas, serían mayor monumento a su memoria. A reserva de que Dios mediante pudiéramos levantarle el de mármol sobre su tumba Ud. me contestará.

Mañana domingo 10 nos embarcamos Sarachaga[5] y yo para New York, e iremos acompañados en el mismo viaje de Llellena y de Ana María que irán a esperar a Panchito allí de su regreso de Europa. ¡Figúrese Ud. cuánto hablaremos Magdalena y yo de Julito!

Hoy le incluyo su retrato. Fue la última fotografía que se hizo y he tenido la fortuna de encontrar la plancha original.

Yo iré a New York por un mes y por si quiere Ud. escribirme o encargarme alguna cosa con toda franqueza, le envío mi dirección:

Hotel Central
154 y 156 West, 14th St.

Mis afectuosos recuerdos a Manolo, besos a los chiquitines y Ud. reciba la expresión más sincera de respetuoso afecto de su amigo q l b s p

Enriq. Hernández Miyares

---

[5] Ignacio Sarachaga (1852-1900). Dramaturgo y periodista cubano. Fue fundador y director de *La Habana Elegante*. Autor de piezas como *Lo que pasa en la cocina* (1881), *Los efectos del base-ball* (1887) y *El doctor Machete* (1888), su labor teatral estuvo muy vinculada al teatro bufo y a la compañía de Miguel Salas, con la que debutó en 1880.

Apéndice

Casal niño, álbum familiar.

CARTAS RECOGIDAS EN LA
EDICIÓN DEL CENTENARIO

A Esteban Borrero Echeverría

Enero de 1890

Señor don Esteban Borrero:

Amable Señor: Hace días que pienso escribirle dándole las gracias por sus oportunos y conceptuosos versos, pero no he realizado mi pensamiento, unas veces porque me gustaba mucho no hacer nada y otras porque tengo que hacer muchas cosas.

Le confieso mi pereza no porque esté orgulloso de ella, sino para explicarle mi silencio. Además, como usted es un hombre superior, espero que cuando nos veamos no incurra usted en la vulgaridad de decirme que ahora que soy joven, debo trabajar.

Hace mucho tiempo que tenía vivísimos deseos de conocerlo, pero como no voy a ninguna parte, nunca he encontrado oportunidad.

Siento hacia usted grandes simpatías, porque en todo lo que escribe encuentro siempre cierta ironía y cierta amargura que me encanta. Los seres felices, o mejor dicho los satisfechos, me repugnan. En cambio, los tristes, o sea, los descontentos, me inspiran amor.

Si usted quiere conocerme me encontrará todos los días, en mi casa, Aguiar 55, de una a cuatro de la tarde. No tengo familia y podemos hablar a gusto. Pero si no puede venir pronto mándeme a decir en qué sitio, a qué hora y en qué día puedo encontrarle.

Le desea en el presente año el menor número posible de desdichas su apasionado admirador,

Julián del Casal

&

Enero 27 de 1891

Señor don Esteban Borrero:

Mi bondadoso amigo: Apenas nos despedimos ayer, recordé que con mi movilidad estéril de ideas había olvidado decirle dos cosas importantes, entre otras muchas que pensaba decirles: una es que copiara los imponderables y asombrosos versos de su niña, que tuvo la bondad de leerme, con algunos más; y la otra que para venirme a buscar, como me prometió desconfiando tal vez de que yo no fuera a ir solo a verle a usted, no elija un viernes, sino cualquier otro día de la semana, porque aquel lo vengo consagrando al folletín.

Perdone que interrumpa con estas líneas sus ocupaciones y tenga la seguridad de que, hoy por hoy, a nadie en el mundo, como a usted, quiere, admira y respeta su apasionadísimo amigo,

Julián del Casal

P.S. No tiene que contestarme esta carta pues siempre queda bien conmigo.

&

Febrero 2 de 1891

Mi más querido amigo:

Aunque no le he escrito en estos días, debiendo haberlo hecho, porque una vez tuvo Ud. la bondad de venirme a ver, cosa que le agradezco muchísimo, no solo por ser Ud. quien es, sino porque yo no estoy acostumbrado a que se me dispensen tantas y tales atenciones, pues como por ahí tengo fama de chiflado, todo el mundo me desdeña más o menos embozadamente, no crea que ha sido por falta de cariño o de voluntad para tomar la pluma. Mi silencio ha obedecido a que no tenía nada agradable que comunicarle, pues no conozco nada que lo sea.

Hoy todavía continúo en mi ignorancia, pero he querido escribirle a riesgo de no decirle nada, porque lo contrario sería demostrarle que usted me es tan indiferente como con las cosas que conozco y hasta las que no he llegado a conocer.

Réstame solo, pues, pedirle perdón, por la tardanza en escribirle y manifestarle que la amistad de usted es la única dicha actual de su fiel amigo,

Julián del Casal

P.S. Lo mismo que le dije en la anterior, es decir, que no me la contestara, le digo en esta. 1.–Porque no tiene contestación. Y 2.–Porque estoy perfectamente convencido de que usted necesita el tiempo para otras cosas.

No olvide los versos ofrecidos.

La Habana, febrero 14 de 1891

Mi buen amigo:

A consecuencia de unas fiebres que tuve a principios de semana, me he quedado tan débil, tan enervado y, sobre todo, tan triste, que pienso salir mañana para el campo, con objeto de que la tristeza me abandone o me extermine de una vez.

Yo no le he avisado porque cuando quiero a un amigo tanto como le quiero a usted, nunca le pido el más insignificante favor, porque esta es la única manera que tengo para demostrarle la pureza de mi amistad. Además, si hubiera quebrado ahora esta costumbre, usted no hubiera sabido nada tampoco, porque estoy seguro de que no se me hubiera ocurrido un medio fácil de avisarle.

Tan pronto regrese, le escribiré. Pienso pasarme fuera todo el resto del mes, pero como yo nunca he realizado un solo proyecto, quizás vuelva antes de que se cumpla ese plazo.

Hasta la vuelta, pues, se despide de usted, con todo el cariño de que es capaz su affmo.

Julián del Casal

&

Marzo 15 de 1891

Mi inolvidado amigo:

Desde que llegué del campo (hará unos veinte días) me acuesto todas las noches con el propósito de escribir a usted, participándole mi regreso a La Habana, porque tengo nostalgia de su presencia, de su bondad, de su conversación.

Creo que nadie me comprende como usted, pues todos los que veo me dejan mala impresión.

Aunque mi silencio le haya demostrado a usted lo contrario, yo le suplico que crea en la sinceridad de lo que acabo de decir.

No le he escrito hasta hoy porque todos los días se me presenta alguna pesadez en la cabeza, algún cosquilleo en la médula, algún escozor en la cintura, alguna punzada incesante en el corazón o alguna dolencia insignificante que me entenebrece el espíritu y me asesina la voluntad. Cuando se me presentan esas insignificancias mi único deseo es estar solo, escondido, sin hablar.

A pesar de esto creo que su presencia me ha de fortificar.

Cuando tenga usted una hora que perder, no se olvide que la aprovechará con mucho gusto su amigo de corazón.

Julián del Casal

&

Marzo 19 de 1891

Mi muy admirado y querido amigo

Varias veces he leído su adolorida y cariñosa carta, recibida anoche. No se puede figurar el bien que me ha hecho. La he encontrado muy halagüeña, tanto por las frases benévolas que me dedica, cuanto por la prueba de aprecio que me da, dirigiéndome un grito de su corazón que se ahoga hoy oprimido por el dolor.

Mucho le agradezco que después de mi ida al campo estuviera a enterarse de mi salud. Creo que no le darían informe alguno, porque yo no conozco aquí más que el dueño, y, como pasé las fiebres en pie, no le dije por qué me marchaba fuera de la ciudad. Tampoco se extrañe de que en lo sucesivo no aparezca mi firma al pie de los folletines de *El País*. He renunciado al puesto porque los suscriptores se quejaban de que nunca me ocupaba de fiestas, salones, teatros y cosas propias del folletín. Aunque el director no me dijo nunca una palabra acerca de esto y me suplicó que no abandonara el destino, resolví dejarlo de una vez, porque no estaba dispuesto a complacer a los suscriptores ni a tolerarles sus quejas. Después de todo, veo que tenían razón. Todo lo que yo escribía se resentía de mi sombrío estado de ánimo, muy distinto al de ellos, resultando luego que cada domingo les aplicaba con mi folletín una inyección de fastidio. Después de esa consideración me decidió también a abandonar el puesto la circunstancia de que muchos amigos y compañeros míos lo deseaban desde que yo lo obtuve (sin pretenderlo, por supuesto, porque soy incapaz de pretender nada y porque Del Monte me lo brindó una vez que Fornaris trató de dejarlo, motivo por el cual le dediqué mi tomo de versos, único medio que poseía de demostrarle, aunque deficientemente mi gratitud), observaba siempre con profunda tristeza que me trataban de una manera cariñosamente fría y se alejaban de mi lado cada vez más lejos. Por una parte, la observación de este hecho me entristecía porque mi afecto hacia ellos era sincero y, por otra parte, me alegraba, porque así me demostraban hasta qué límites llegaba su amistad. Todo esto no debo atribuirlo más que a un error: al de creer ellos que por el hecho de estar en un periódico de gran reputación se es un buen escritor, como si los periódicos pudieran dar o quitar talento. Yo comprendo que dan prestigio, pero creo que el verdadero artista no se debe ocupar del prestigio que le concede el público, sino de perfeccionarse en su arte y nada más. Si no fueran todavía bastante poderosos esos motivos, tenía para dejar el folletín el de que no me gusta estar a la vista de todo el mundo, como allí lo estaba, porque mi ideal consiste hoy en vivir obscurecido, solo, arrinconado e invisible para todos, excepto para usted y dos o tres personas.

Todas mis necesidades, que son muy pocas, las tengo por hoy cubiertas con un destino que conseguí antes de renunciar al folletín de *El País*, como ese destino no da prestigio, nadie me lo pretende quitar ni nadie se ocupa de mí.

Ahora pienso buscar una habitación alta, aislada en una azotea, abierta a los cuatro vientos, porque pienso aprender a pintar y porque creo que mi neurosis, o como se llame mi enfermedad, depende en gran parte de vivir en la ciudad, es decir, rodeado de paredes altas, de calles adoquinadas, oyendo incesantemente estrépito de coches, ómnibus y carretones. Procuraré irme a vivir en un barrio lejano, cerca del mar, para aguardar allí la muerte, que no tardará muchos años en venir. Mientras llegue, viviré entre libros y cuadros, trabajando todo lo que pueda literariamente, sin pretender alcanzar nada con mis trabajos, como no sea matar el tiempo.

Para vivir, si pierdo lo que tengo, buscaré otra cosa. El dinero no me preocupa. He conocido la opulencia porque mi familia fue rica y la pobreza porque yo no he sabido trabajar. En ambas situaciones me he encontrado igualmente mal, porque la dicha consiste, por lo que he observado, en estar satisfecho de sí mismo y yo no lo he estado, ni lo estoy ni lo estaré nunca.

Si me llego a mudar, porque si no encuentro lo que busco no me mudo, le avisaré en seguida, por si algún día usted quiere honrarme con su visita o por si le puedo ser útil por casualidad.

Múdeme o no, pienso terminar un tomo de versos que tengo a más de la mitad y otro de cuentos que está en el mismo estado. Cuando descanse, me entregaré a la pintura. Después quiero escribir algunas impresiones literarias y dos novelas que ya se están convirtiendo para mí en una verdadera obsesión.

Una será la historia de un joven inmensamente rico, cansado de todo, dotado de clara inteligencia y de gran corazón, es decir, un tipo no muy vulgar ni muy excepcional. Tiene aficiones artísticas y bastante cultura. Ha probado todos los placeres y queda huérfano a los veinticinco años. Después de recoger su fortuna, sale de su país a reconocer el mundo. La excursión durará quince o veinte años. Al cabo de algún tiempo de permanencia en un país, donde pretenderá establecerse, tendrá que emigrar a otro, porque encontrará defectos que le serán insoportables. Así irá de país en país llegando al fin a adquirir la convicción de que unas veces por deficiencias del medio y otras por suficiencias, el mundo civilizado es inhabitable, porque en todas partes los hombres son iguales y concebirá la idea de suicidarse, pero al realizar su pensamiento, pensará como Hamlet «ser o no ser», etc., y así terminará la novela, dejando al lector la solución.

Para hacerla bástanme unos cuantos meses de lectura incesante de libros de viaje. Tres o cuatro de distintos autores sobre cada nación. El protagonista no hará más que asomarse primero a un país, vivir algún tiempo en él y anotar luego, sin decir si es bueno o malo, lo que le desagrada y le obligue a marchar.

El asunto se presta para grandes cuadros y como no hablará más que de los mejores o de los que pasan por tales, se podrá desarrollar en unas quinientas páginas.

La otra será la historia de dos artistas, un literato y un pintor. Son ricos, célebres y han vuelto de todo. No han querido casarse jamás pero conocen perfectamente la mujer. Se comprenden mutuamente, tienen los mismos gustos, resuelven vivir y trabajar juntos, pero poco a poco se van cansando uno del otro, a fuerza de comprenderse bien se les hace insoportable la vida unidos y resuelven separarse para siempre, convencidos de que si la diferencia de caracteres hace dura la existencia, mucho más dura aún la hace la casi absoluta igualdad. Al despedirse se enternecen y lloran porque saben que han apurado el último goce de los escépticos, el de la amistad, pero, sin embargo, se separan, sin decirse a donde van, con objeto de vivir solos, cada uno lejos del otro, como si la muerte los hubiera separado y se hubiera olvidado de enterrarlos.

En fin, usted no tiene tiempo para leer cartas de tres pliegos, pero la pluma se me ha ido de la mano y ahora me doy cuenta de ello.

Pienso hacer unas poesías patrióticas, solo por complacer a usted, aunque siempre he temido mucho hacer algo en ese sentido, pues creo que deben hacerse a la perfección o no hacerse. Así se explica, me parece que escaseen tanto en todos los Parnasos.

Deseo que se ponga usted bueno pronto, mucho más pronto que yo, porque le aprecio más que a mí mismo y porque usted le es necesario a su familia, mientras que yo no sirvo ni siquiera para hacer una carta tan larga como esta. Suyo de corazón.

Julián del Casal

&

La Habana, mayo 25 de 1891

Mi querido amigo:

Estaba un poco resentido con usted, no por su silencio, porque supongo que está siempre muy ocupado, ni por su tardanza en acusarme recibo de los periódicos, porque eso no tiene importancia para mí, sino por haber enviado a *La Habana Elegante* sin decirme una palabra, el magnífico soneto de su admirable niña, cuando su cariñosa carta, a la manera de la luz de la luna sobre las olas intranquilas, vino a calmar la inquietud que la lectura inesperada del soneto me había llegado a producir.

Antes de seguir adelante yo le suplico anticipadamente que me perdone esta franqueza, pero yo no puedo dejar de ser así.

Desde el día que tuvo usted la bondad de leerme el soneto y tres o cuatro composiciones más, concebí el proyecto de escribir un artículo sobre ellas pintando las sensaciones que me habían sugerido y teniendo así el honor, que para mí hubiera sido insuperable, de darlas a conocer. No sé si le dejé entrever mi propósito, pero en vista de que usted no me daba las composiciones, me resigné a dejar de escribir el artículo que ya tenía totalmente concebido. Después me conformé también con que fuera Varona el que diese a conocer esos versos encantadores, porque su juicio sería más valioso para su niña que mi artículo impresionista; pero como viera publicado el soneto sin una sola línea de presentación, me figuré que Varona, por falta de tiempo o por cualquier otra causa, mas nunca porque dejara de comprender el mérito del soneto, había desistido de publicarlo y que usted entonces, sin acordarse de mí, se lo había entregado a algún amigo que se lo pidió con más exigencias que yo, y que este era el que lo había llevado a *La Habana Elegante* donde lo he leído ya muchas veces, sin que su repetida lectura modificase en nada mi primera impresión.

No creo que haya habido aquí, en ninguna época, un solo poeta que haya escrito un soneto tan perfecto a esa edad, ni creo que entre los que hoy escriben versos, no siendo Varona, exista quien la pueda igualar. El soneto de un extremo a otro está saturado de verdadera poesía. Allí se respira una ráfaga de melancolía infinita y majestuosa que perfuma el espíritu de inefable bienestar. Da la sensación que daría un ramo de rosas blancas aspirado en una honda de éter. Tiene el colorido de un crepúsculo de otoño, la armonía silenciosa de un ejército de nubes fugitivas y a través de los versos una luz semejante a la que vierten las estrellas sobre las ramas de los árboles. Me ha hecho la misma impresión que algunos paisajes de Sanz. Además tiene para mí el mérito de no estar escrito con más objeto que el de producir una sensación de belleza en el ánimo del lector.

Como supongo que usted no tendrá más que un número de La Habana Elegante, le mando estos tres por si acaso quiere usted mandárselos a algún amigo.

Y antes de terminar esta carta, vuelvo a suplicarle que me perdone que yo haya sido tan quisquilloso y creo firmemente, que con su carta de ayer, han desaparecido los motivos que tenía para estar cariñosamente agraviado con usted, a quien tanto quiero, admiro y respeto.

Suyo afectísimo.

Julián del Casal

P.S. Al ir a cerrar esta carta, he sabido que el soneto fue sustraído de un álbum y llevado a La Habana Elegante por el Sr. Codina, sin que usted supiera nada del particular.

Vuelvo a pedir a usted mil perdones y a enviarle, con estas líneas la mayor prueba de cariño que mi corazón puede dar.

De Esteban Borrero Echeverría

Mayo 27 de 1891

Mi generoso amigo:

Si dijera a usted que la publicación del soneto de mi niña me ha causado profundo y penosísimo disgusto no exageraría, ciertamente el sentimiento que me produjo la lectura de la crítica por todo extremo depresiva que de la composición hace el «Gil Blas» César de Madrid. Ni la niña pensó nunca ni quise yo que viese la luz ese juguete literario; bien sabe usted que no cedí a las benevolentes insinuaciones suyas, como no cedí ante las de Justo de Lara, que quería publicarlo haciéndolo preceder de un estudio literario serio. Mis versos para mí han sido siempre cosa íntima; solo a mis amigos los he mostrado y este sentimiento de reserva me subía de punto al pensar en la publicación de los primeros versos de un hijo mío; de una niña casi, pues no cuenta más que 13 años de edad; y no hubiera querido dar a nadie el derecho de lastimar su personalidad artística –para mí deficiente y todo–, muy cara. Conociendo como conozco las corrientes de crítica espuria que circulan hoy entre nosotros, hubiera querido esconder esos ensayos literarios, que revelan sin duda alguna, facultades excepcionales, pero que no han alcanzado ni pueden prometer su madurez a los 13 años. Mostré a usted los versos; los conoció Pepito de Armas, como los había oído Varona en la intimidad llena de reservas, deferente a la sincera amistad que nos une. ¿Cómo fueron a parar a un álbum de donde alguien los tomó para publicarlos? Lo diré a usted: la Srta. Cecilia Arizti tuvo la bondad de pedirme un paisaje pintado por mi niña y esta en el momento de ofrecérselo me pidió permiso para dedicar a la Srta. Teresa el soneto que desde entonces poseía. Gustó a Sanguily como había gustado a usted la composición; y yo entendí que no pasarían de allí; de lo demás nada puedo decir a usted porque no he visto desde aquel día al Sr. Sanguily ni conozco siquiera al Sr. Codina por usted mencionado. No he visto tampoco el número de *La Habana Elegante* en que aparece inserto el soneto pues los números del periódico que usted dice haberme enviado no han llegado todavía a mis manos.

Yo no he hecho saber a la niña que su composición ha sido objeto de severa censura; y he de ocultárselo para ahorrarle la natural desazón que habría de experimentar con ello; que goce, por otra parte de su triunfo el crítico, ya que no solo me está vedado a mí el salir en defensa de mi hija, sino aún pudiendo hacerlo, no sabría cómo en el terreno de esa crítica, profundamente antipática para mí, y que no quiero ni debo juzgar ahora. Consuélame del disgusto que este accidente me ha hecho sufrir la seguridad que tengo que ni la niña ni yo lo hemos provocado. Pudiera también creer que no lo merecemos, y es lo cierto, pero pues, para el que anduvo en ello desatinado o impertinente.

¡Quédese todo esto entre nosotros; no será el último sinsabor que por dignidad callemos el uno y el otro!

Adiós; y crea siempre que siente por usted afecto desinteresado y cordial,

Esteban Borrero E.

[DESTINATARIO SIN IDENTIFICAR]

La Habana, agosto 15 de 1892

Mi querido amigo:

Tengo en mi poder, desde hace días, un trabajo de Montoro para usted, pero como es de carácter económico no se lo he llevado aún. Además, todos los días me promete traer el índice y queriendo llevarle las dos cosas juntas, no le he llevado ninguna todavía. De todos modos no ha perdido usted nada, pues no creo que tenga usted tan mal gusto que se lea un folleto empedrado de números y estadísticas.

Ahora bien, como usted no se deja ver, le ruego que me traiga *À rebours*, *Les artistes litteraires*, *Les soirées de Medan*, el tomo primero de *La filosofía del arte* y un cuaderno en que iban pegados dos trabajos míos sobre Rubén y Varona.

Todo me hace muchísima falta. *La filosofía del arte* se la regalaré más adelante, pero hoy la necesito.

Venga por los libros de Merón que ya me estorban.

Consérvese bueno y disponga de su affmo.,

Julián del Casal

[Destinatario sin identificar]

Mi más ilustre y fogoso amigo: No pude ir el domingo pasado porque estaba atacado, y aún lo estoy, de crueles dolores —no sé si reumático o nerviosos, porque no he querido ver ningún médico, temiendo que ensayen en mí los alcaloides de que habla Guy de Maupassant–, que me asesinan el ánimo y me clavan en mi desvencijado sillón. Creo que tengo el lado izquierdo del cuerpo, desde el hombro hasta la rodilla, en peligro de muerte. Esta mañana sufrí un gran susto porque no lo podía mover. Además tengo frecuentes vahídos y pérdida total de vista. En fin, todos los signos de una gran anemia que me amenaza devorar.

Pienso ir a verlo el domingo por la mañana para volver a las dos porque espero a mi cuñado en el tren de la una. Le llevaré el retrato de D. Ricardo y las poesías. Le pedí a Montoro el suyo y, según comprendí, el único que le gusta es el del grupo que publicó *La H. Literaria*. Si le sirve ese, se lo pediré. Mañana iré por casa de Ricoy.

Hasta mediados de abril no estará mi cuaderno de versos. Se titula *Nieve*, porque la nieve, como mi poesía, es pasajera, porque es cosa de invierno y yo me encuentro en el de mi vida y, por último, porque sobre el fondo claro, casi transparente de mis condiciones, lo que me aleja de los decadentes, se descubren los mismos tonos que tiene los témpanos a la luz. Todo esto lo digo en verso en la Introducción, pero si no le bastase tengo una carga de argumentos irrefutables.

Hoy le hablo a Enrique de lo de *El País*.

Celebro que haya entrado en la convalecencia y hasta el domingo se repite affmo. amigo,

Julián del Casal

CARTAS PUBLICADAS
POR SANDRA GONZÁLEZ

A Ezequiel García Enseñat

Septiembre 30 de 1889

Mi buen amigo Ezequiel:

El hastío es mi único amigo. Sigue en pos de mí como la sombra al cuerpo, obligándome a cambiar incesantemente de domicilio, porque me hace insoportable la permanencia mensual en un mismo hotel, rodeado de los mismos muebles y de los mismos servidores.

Así te explicarás el hecho de no ver mi divisa al frente de esta carta que lleva el timbre del hotel Inglaterra, donde me albergo en la actualidad. A pesar de esto, sígueme dirigiendo las cartas a la redacción de *La Habana Elegante*; donde tendré que refugiarme al llegar la hora de las expiaciones.

Ya no estoy en *La Discusión*, ni tampoco están Enrique y Benjamín. Este último ha hecho las amistades con San Miguel que se batió el sábado con Santos Villa, a consecuencia de un artículo que este le dirigió llamándole canalla, cobarde, etc. Santos es el Bauer del periodismo habanero, pero un Bauer de Cárdenas. San Miguel salió herido en el brazo derecho y en la yema de los dedos. Aunque lamento sus heridas, me alegro de que se haya batido porque su fama de cobarde (injustificada, me parece) volaba por La Habana entera.

Te mando por separado, las dos primeras correspondencias que hice *desde* París. Por ellas te enterarás de que el rey de Grecia llevó una corona a la tumba de Barbey d'Aurevilly y de otros hechos que he presenciado… imaginariamente.

He hablado mucho de ti, en estos días, porque Carlos se encuentra accidentalmente en La Habana. Ha tenido un hijo y lo ha traído a bautizar.

Yo soy tío desde el 1º de septiembre, para que se cumpla el refrán: al que Dios no le da hijos, le da sobrinos.

Saluda en mi nombre a toda tu familia y recibe un fuerte abrazo de Julián del Casal

P.S. Reviendras-tu?

&

La Habana, enero 6 de 1889

Mi querido Ezequiel:

Acabo de recibir tu última carta y me apresuro a contestarla porque hoy es día de fiesta y tengo varias horas desocupadas.

Aunque mucho te extrañe esto último, debo advertirte que trabajo mucho, y… gano poco dinero. Pero estoy contentísimo ¡ya vivo de la literatura! Vivir de la literatura, en un país como el nuestro, donde todos viven del comercio, de la industria, del robo y de… lo demás, significa algo y reviste los caracteres de un gran acontecimiento que no debes ignorar ¡ay! ni el buen doctor, tan amado como olvidadizo…

Ahora estoy de cronista en *La Discusión*, donde gano y me pagan religiosamente veinticinco pesos semanales. Estos 25 unidos a 5 de *La Caricatura*, suman 120 al mes; pero como hay meses, como el pasado y el presente, de cinco semanas, reúno entonces… saca la cuenta porque no me sale de repente y no puedo interrumpir la carta.

Ya sabrás que he escrito el adiós de D. Pedro al Brasil, que se lo he remitido y que, por lo menos, me manda a buscar. Si esto sucede, que no lo dudo, ¿por qué? me iré a Lisboa y trataré, en el próximo verano de restaurar la monarquía en el Brasil y colocar a los Orleans en el trono de Francia. Quiero devolverles lo que les pertenece o derramar mi sangre por ellos. ¡Qué papel tan envidiable pretendo jugar en este siglo de Sadis-Carnots Da-Fonsecas y otros mamarrachos!

Espero el retrato de Barbey d'Aureville y la descripción de la boda de la duquesa de Uzés. Supongo que llevarías un *ojito* rojo en la *botonera* del *frac*.

Espero que nos veamos pronto, que te *enregistres* en las filas de mis inspiradores y que demuestres tu valor. Yo estoy acumulando el mío y lo reservo para entonces.

Hasta la vista, pues, si me voy a Lisboa, que no lo dudo, se despide de ti, deseándote buen año lo mismo que a toda tu familia

Julián del Casal

Ahora ando siempre vestido de negro y prendido de amatistas, prendas que nadie usa en este siglo de brillantes, torre Eiffel, etc.

A EULOGIO HORTA

La Habana, agosto 31 de 1893

Mi inolvidable amigo:

Esta mañana, al llegar a la imprenta, tuve la dicha de encontrarme una carta tuya, acompañada de un magnífico trabajo sobre «Los Decadentes». Este artículo, como todos los tuyos, es una obra maestra y creo que muy pocas plumas habrán disecado el alma moderna con tanta habilidad. Tan pronto como reciba los artículos para el volumen, me pondré a hacer el prólogo, si es que te empeñas en que lo haga, cosa que, según me figuro, te va a perjudicar. Yo percibo en la atmósfera literaria cierta hostilidad contra mis escritos y temo que, por reflejo, se inclinen hacia los tuyos. Por lo demás no solo tengo gusto en prologarte el volumen, sino que me honra tan delicada misión.

Cumpliendo mi promesa, desde el día que te fuiste comencé a llevar al ánimo de Enrique la convicción de que tu obra debía inaugurar la biblioteca de *La Habana Elegante* y enseguida que se lo dije le comunicó el proyecto a su socio Miranda, quien no opuso la más mínima dificultad. Hoy le he dicho que los materiales están próximos a llegar y hasta ahora no ha cambiado de opinión. Así, pues, procura mandarlos cuanto antes, para que comiencen a imprimirlos.

Mándamelo todo, si no lo haces a mano, en paquete certificado, incluyéndome las *Flammes mortes* de Mourey, pues ardo en deseos de leerlas. Eso sí, si no certificas el paquete, no me mandes nada.

¿Has recibido los últimos números de *La Habana Elegante*? El domingo salen «Los Decadentes» y ya he dado a Miranda tu nueva dirección. Avísame si no los recibes.

Valdivia espera tu carta, Enrique te abraza y otro tanto hace tu fraternal amigo

Julián del Casal

RECORTES Y ORIGINALES DE LAS CARTAS
PUBLICADAS POR ROBERT JAY GLICKMAN

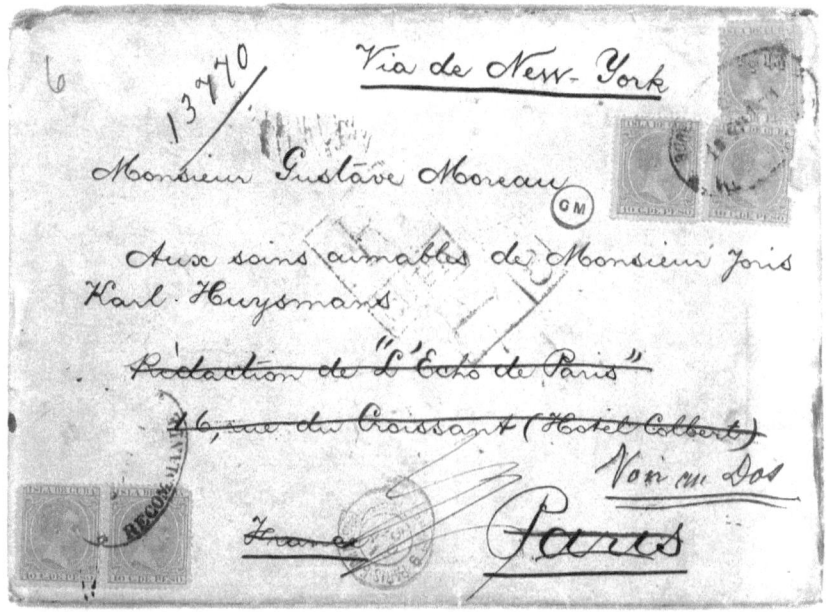

Sueño de Gloria

Apoteósis de Gustavo Moreau (GM)

Sombra glacial de bordes argentados
Enluta la estensión del firmamento,
Donde vagan los discos apagados
De los astros nocturnos. Duerme el viento
Entre las ondas del Cedrón, plomizas,
Que hasta el sombrío Josafat descienden
Como á un foso inundado de cenizas,
Y en rápida carrera luego ascienden
Salpicando las rocas erizadas
En que, lanzando pavorosas quejas,
Llegan, por las tinieblas ahuyentadas,
Entreabiertas sus alas, las cornejas.

Da mortecina luz á los reflejos
Que clarean el lóbrego horizonte,
Jerusalén destácase á lo lejos,
Dormida al pié del solitario Monte
De los Olivos. Ramas erigidas
En la aspereza de sus firmes flancos

2

Parecen lanzas de metal hundidas
En cuerpos que á sus ásperos barrancos
Tintos en sangre fueron. Mortal frio
Del valle solitario se evapora,
El bosque ostenta fúnebre atavío,
Siente el mundo nostálgia de la aurora,
Silencio aterrador el aire puebla,
Y semeja la bóveda del cielo
Encresponada de hórrida tiniebla
Un pálio de sombrio terciopelo.

**   ⒼⓂ

Chispas brillantes, como perlas de oro,
Enciéndense en la gélida negrura
De la celeste inmensidad. Sonoro
Rumor de dias de nítida blancura
Oyese resonar en el espacio
Que se vela de nubes coloreadas
De nácar, de granate, de tópacio
Y amatista. De estrellas coronadas
Las sienes y la rubia cabellera
Esparcida en las vestes azuladas,
Como flores de extraña primavera
Legiones de rosados serafines,
Con el clarín de plata entre las manos,

/ 3

Anuncian, de la tierra en los confines,
El juicio universal de los humanos.

Tras ellos, entre brumas opalinas
De matinal crepúsculo radioso,
Como un ídolo antiguo sobre ruinas,
Divino, patriarcal y esplendoroso
Asoma el Creador. Nimbo candente,
Cuajado de brillantes y rubíes,
Centellea en el mármol de su frente;
Dalmática de pliegues carmesíes
Rameados de oro, envuelve sus espaldas;
Haz de luces agita entre la diestra,
Y chispea erigido en su siniestra
Aureo globo, esmaltado de esmeraldas,
Perlas, zafiros y ópalos. Frisa
El haz la seda de su barba cana,
Vaga en sus labios paternal sonrisa,
Brilla en sus ojos la piedad cristiana
Y parece, flotando en la serena
Atmósfera de luz que lo corona,
Mas que el Dios iracundo que condena
El Dios omnipotente que perdona.

4.

* * *

Al son de los clarines celestiales
Dilatado en los ámbitos del mundo,
Alzanse de sus lechos sepulcrales,
Como visiones de entre lodo inmundo,
Revestidos de formas corporales,
Los míseros humanos. Se respira
De Josafat en el espacio inmenso
Acre olor de sepulcros, y se mira
Revolotear en el ambiente denso
Enjambre zumbador de verdes moscas
Que, cual fúlgidas chispas de metales,
Surgen del fondo de las tumbas hoscas,
Donde, bajo las capas terrenales
En que está la materia amortajada,
Del gusano cruel bajo los besos,
Atónita descubre la mirada
La blancura amarilla de los huesos.

* * * (GM)

Bajo el dosel de verdinegro olivo
Que al brillo de la luz se tornasola,
Bella y sombría, con el rostro altivo
Tornado á los mortales, brilla sola
Entre las flores de belleza humana,

5

Elena, la cruenta soberana
De la inmortal Ylión. A los destellos
Deslumbradores de la luz celeste,
Fórmanle por la espalda sus cabellos
De gasa de oro esplendorosa veste
Que esparce por los hombros sonrosados
Para cubrir su desnudez. Deshoja
Nívea flor en sus dedos nacarados
Y al viento vagabundo luego arroja
Los pétalos fragantes.
            (GM)   Cerca de ella
Aparece del valle en la pendiente
La figura grandiosa, sacra y bella
Del divino Moreau. Lleva en la frente
El laurel de los genios triunfadores,
Baña su rostro angélica dulzura
Y brilla en su mirada la ternura
Del alma de los santos soñadores.

Elena, al contemplar la faz augusta
Del genio colosal, baja los ojos,
Plácida torna su mirada adusta,
Colorean su tez matices rojos,
Intensa conmoción su seno agita,

6

Arde la sangre en sus azules venas,
El amor en su alma resucita
Y olvidando la imagen de las penas
Que le están por sus culpas reservadas,
Del valle tumultuoso en el proscenio,
Húmedas por el llanto las mejillas
Balbucea, postrada de rodillas,
Frases de amor ante los piés del Genio.
                    * * *

Dios, al mirar desde el azul del cielo
La Belleza del Genio enamorada,
Sus culpas perdonó, sació su anhelo
Y, rosando los límites del suelo,
Descendió á bendecir la unión sagrada.
                    * * * (OM)

Oscurece. Celajes enlutados
Tapizan el azul del firmamento
Y, cual fragantes lirios enlazados,
Por la región magnífica del viento
Ascienden los eternos desposados
A olvidar sus miserias terrenales
Donde las almas sin cansancios aman
Bañadas de fulgores siderales,

Y el ambiente lumínico embalsaman
Las rosas de jardines celestiales

Julián del Casal

Habana, 8 Diciembre 1891

Mi Museo Ydeal
Vestíbulo G.M

Retrato de Gustavo Moreau

Rostro que desafía los crueles
Rigores del destino; frente austera
Aureolada de larga cabellera,
Donde al mirto se enlazan los laureles.

Creador luminoso como Apeles,
Si en la Grecia inmortal nacido hubiera
Cual diós entre los dióses estuviera
Por el sacro poder de sus pinceles.

Del Ydeal divino á los fulgores
Vive de lo pasado entre las ruinas,

Resucitando mágicas deidades;

Y dormita en sus ojos soñadores,
Como estrella entre brumas opalinas,
La nostalgia febril de otras edades.

(CM) Julián del Casal

Habana, 12 Diciembre 1891

Salomé

(Cuadro de Gustavo Moreau.)

Soneto

A ENRIQUE FONTANILLS.

En el palacio hebráico, donde el suave
Humo fragante, por el sol deshecho,
Sube á perderse en el calado techo
O se dilata en la anchurosa nave;

Está el tetrarca de mirada grave,
Barba canosa y extenuado pecho
Sobre el trono, hierático y derecho,
Como adormido por canciones de ave.

Delante de él, con veste de brocado
Estrellada de rica pedrería,
Al dulce son del bandolín sonoro,

Salomé baila y en la diestra alzado
Muestra siempre, radiante de alegría,
Un loto blanco de pistilos de oro.

Julián del Casal.

ELENA.

(Cuadro de Gustavo Moreau.

A Edouard Cornelius Price.

Luz fosfórica entreabre claras brechas
En la nocturna obscuridad, y alumbra
Del foso en la fatídica penumbra
Cuerpos hendidos por doradas flechas.

Cual humo frio de homicidas mechas
En la atmósfera opaca se vislumbra
Vapor disuelto que la brisa encumbra
A las torres de Ylión, escombros hechas.

Envuelta en veste de opalina gasa,
Recamada de oro, desde el monte
De ruinas hacinadas en el llano,

Indiferente á lo que en torno pasa,
Mira Elena hácia el lívido horizonte,
Irguiendo un lirio en la rosada mano.

Julián del Casal.

GALATEA.

(Cuadro de Gustavo Moreau.)

Á MANUEL GUTIÉRREZ NÁJERA.

En el seno radioso de su gruta
Alfombrada de anémonas marinas,
Verdes algas y ramas coralinas,
Galatea, del sueño el bien disfruta.

Desde la orilla de dorada ruta
Donde baten las ondas cristalinas,
Salpicando de espumas diamantinas
El pico negro de la roca bruta,

Polifemo, extasiado ante el desnudo
Cuerpo gentil de la dormida diosa,
Olvida su fiereza, el vigor pierde.

Y mientras permanece, absorto y mudo,
Mirando aquella piel color de rosa,
Incendia la lujuria su ojo verde.

JULIÁN DEL CASAL.

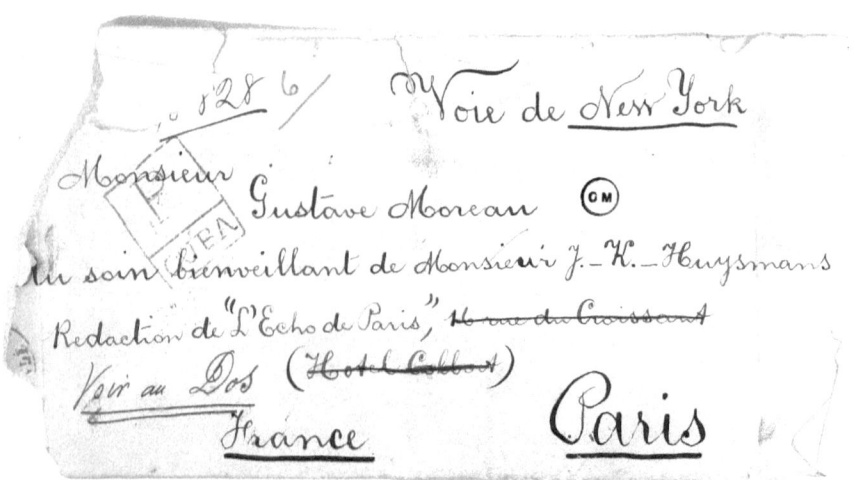

I. MISA.

A
Gustave Moreau, (GM)
au
maître vénérable et impeccable,
en témoignage de profond'admiration et de reconnaissance infinie,
cet portrait est respectueusement-
dedie, par son fervent et obscur
admirateur   Julián del Casal.

Ygnacio Moisa.

HABANA.

Año IX   Habana, 30 de Agosto de 1891   Núm. 31

Semanario Ilustrado, Literario y Artístico

Director: Enrique Hernández Miyares.

ESTANCIAS.

Este es el muro, y en la ventana,
Que tiene un marco de enredadera,
Dejó mis versos una mañana,
Una mañana de primavera.

Dejó mis versos en que decía
Con frase ingenua cuitas de amores;
Dejó mis versos que al otro día
Su blanca mano pagó con flores.

Este es el huerto, y en la arboleda,
En el recodo de aquel sendero,
Ella me dijo con voz muy queda,
"Tú no comprendes lo que te quiero."

Junto á las tapias de aquel molino,
Bajo la sombra de aquellas vides,
Cuando el carruaje tomó el camino,
Grité llorando: "¡Qué no me olvides!"

Todo es lo mismo: ventana y hiedra,
Sitios umbrosos, fresco emparrado
Gala de un muro de tosca piedra,
Y aunque es lo mismo, todo ha cambiado.

No hay en la casa seres queridos,
Entre las ramas hay otras flores,
Hay nuevas hojas y nuevos nidos,
Y en nuestras almas, nuevos amores.

Francisco A. de Icaza.

(Mejicano.)

Mi Museo Ideal.

(CUADROS DE GUSTAVO MOREAU.)

Pour nous, fils de l'Art, rien ne vaut
Le mythe et sa legende rose;
Nous mourons de la vie en prose
On le merveilleuse fait défaut.

JOSEPHIN SOULARY.

A EDUARDO ROSELL.

SALOMÉ

En el palacio hebreo, donde el suave
Humo fragante, por el sol deshecho,
Sube á perderse en el calado techo
O se dilata en la anchurosa nave,

Está el Tetrarca de mirada grave,
Barba canosa y extenuado pecho,
Sobre el trono, hierático y derecho,
Como adormido por canciones de ave.

Delante de él, con veste de brocado
Estrellada de ardiente pedrería,
Al dulce son del bandolín sonoro,

Salomé baila y, en la diestra alzado,
Muestra siempre, radiante de alegría,
Un loto blanco de pistilos de oro.

LA APARICION

Nube fragante y cálida tamiza
El fulgor del palacio de granito,
Onix, pórfido y nácar. Infinito
Deleite invade á Herodes. La rojiza

Espada fulgurante inmoviliza
Hierático el verdugo, y hondo grito
Arroja Salomé, frente al maldito
Espectro que sus miembros paraliza.

Despójase del traje de brocado
Y, quedando vestida en un momento
De oro y perlas, zafiros y rubíes,

Huye del Precursor decapitado
Que esparce en el marmóreo pavimento
Lluvia de sangre en gotas carmesíes.

PROMETEO.

Bajo el dosel de gigantesca roca
Yace el titán, cual Cristo en el Calvario,
Marmóreo, indiferente y solitario,
Sin que brote el gemido de su boca.

Su pié desnudo en el peñasco toca
Donde agoniza un buitre sanguinario
Que ni atrae su ojo visionario,
Ni compasión en su ánimo provoca.

Escuchando el hervor de las espumas
Que se deshacen en musgosas peñas,
Ve de su redención luces extrañas.

Junto á otro buitre de nevadas plumas,
Negras pupilas y uñas marfileñas,
Que ha extinguido la sed en sus entrañas.

GALATEA.

En el seno radioso de su gruta
Alfombrada de anémonas marinas,
Verdes algas y ramas coralinas,
Galatea, del sueño el bien disfruta.

Desde la orilla de dorada ruta
Donde baten las ondas cristalinas,
Salpicando de espumas diamantinas
El pico negro de la roca bruta,

Polifemo, extasiado ante el desnudo
Cuerpo ideal de la dormida diosa,
Olvida su fiereza, el vigor pierde,

Y mientras permanece, absorto y mudo,
Mirando aquella piel color de rosa,
Incendia la lujuria su ojo verde.

ELENA.

Luz fosfórica entreabre claras brechas
En la azulada oscuridad, y alumbra
Del foso en la fatídica penumbra
Cuerpos hendidos por doradas flechas.

Cual humo frío de homicidas mechas
En la atmósfera opaca se vislumbra
Vapor disuelto que la brisa encumbra
A las torres de Ilión, escombros hechas.

Envuelta en veste de opalina gasa,
Recamada de oro, desde el monte
De ruinas hacinadas en el llano,

Indiferente á lo que en torno pasa,
Mira Elena hacia el lívido horizonte,
Irguiendo un lirio en la rosada mano.

HÉRCULES ANTE LA HIDRA.

En el umbral de lóbrega caverna
Y á las purpúreas luces del ocaso,
Surge, acechando del viajero el paso,
Invencible y mortal, la Hidra de Lerna.

Mientras se extasía su maldad interna
En mirar, esparcidos al acaso,
Cuerpos de piel brillante como el raso,
Torso viril ó ensangrentada pierna;

Hércules, coronado de laureles,
Repleto el cárcaj en el aureo cinto,
Firme en la diestra la potente maza,

Ante las sierpes de viscosas pieles,
Detiénese en mitad del laberinto,
Fulminando en sus ojos la amenaza.

VENUS ANADYOMENA.

Sentada al pié de verdinegras moles
Sobre la espalda de un delfín cetrino
Que de la aurora el rayo purpurino
Jaspea de brillantes tornasoles;

Envuelta en luminosos arreboles,
Venus emerge el cuerpo alabastrino,
Frente al húmedo borde del camino
Alfombrado de róseos caracoles.

Moviendo al aire las plateadas colas,
Blancas nereidas surgen de las olas
Y á la deidad de formas virginales

Llevan, entre las manos elevadas,
Níveas conchas de perlas nacaradas,
Igneas ramas de fúlgidos corales.

UNA PERI.

Sobre alto promontorio en que dardea
La aurora sus fulgores de topacio,
Pálido el rostro y el cabello lacio,
Lánguida Peri el cuerpo balancea.

Al rojo brillo de la luz febea
Aléjase del célico palacio,
Abrazada á su lira en el espacio,
Reflejada en la fúlgida marea.

Y al descender en silencioso giro,
Como visión lunática de plata,
Ansiosa de encontrar á la Desdicha,

Vaga en sus labios gélido suspiro,
Y en sus violáceos ojos se retrata
El cansancio infinito de la Dicha.

JUPITER Y EUROPA.

En la playa fenicia, á las boreales
Radiaciones del astro matutino,
Surge Europa del piélago marino,
Envuelta de la espuma en los cendales.

Júpiter, tras los ásperos breñales,
Acéchala á la orilla del camino,
Y elevando su cuerpo alabastrino
Intérnanse entre oscuros chaparrales.

Mientras al borde de la ruta larga
Alza la plebe su clamor sonoro,
Mirándola surgir de la honda amarga,

Desnuda va sobre su blanco toro
Que, enardecido por la amante carga,
Erige hacia el azul los cuernos de oro.

HÉRCULES Y LAS ESTINFALIDES.

Rosada claridad de luz febea
Baña el cielo de Arcadia. Entre gigantes
Rocas negras de pico fulgurantes
El dormido Estínfalo centellea.

Desde abrupto peñasco que azulea
Hércules, con miradas fulminantes,
El casco verde de álamos fragantes
Y la piel del león de la Nemea,

Apoya el arco en el robusto pecho
Y las candentes flechas desprendidas
Rápidas vuelan á las verdes frondas,

Hasta que mira su viril despecho
Caer las Estinfálides heridas,
Goteando sangre en las plateadas ondas.

JULIÁN DEL CASAL.

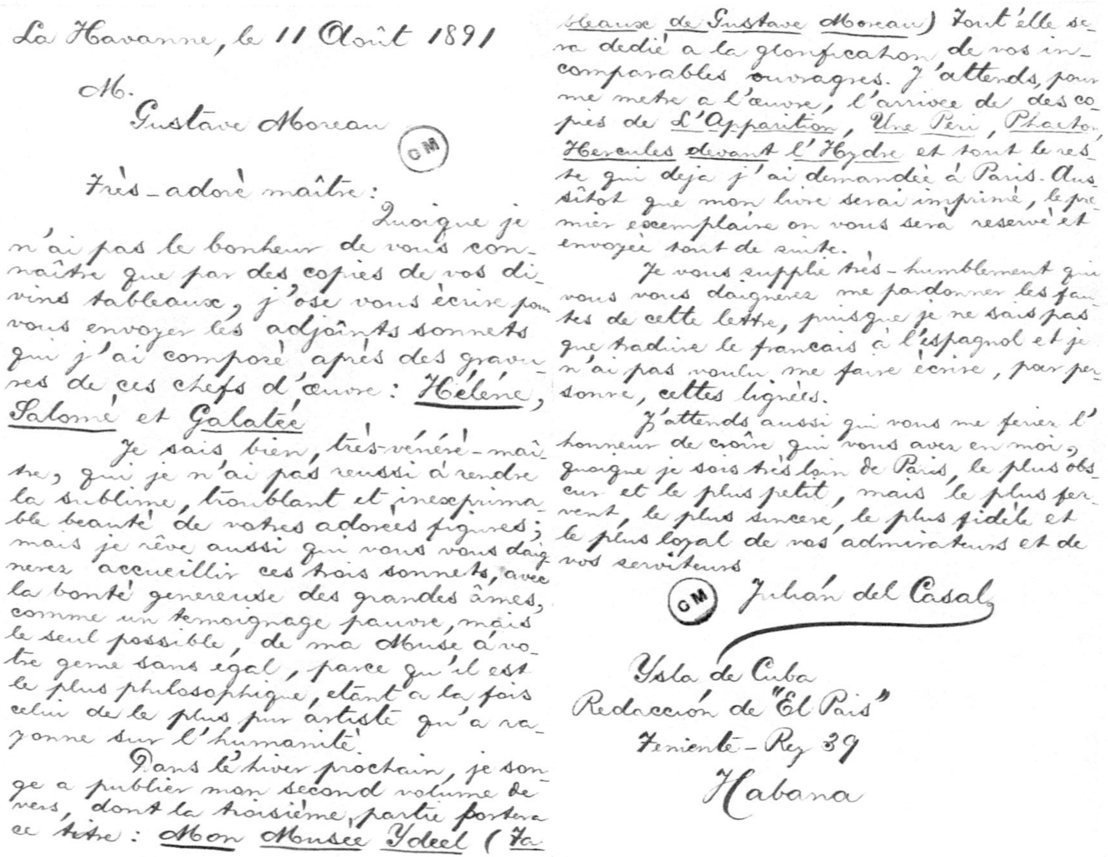

La Havanne, le 11 Août 1891

M.
Gustave Moreau

Très_adoré maître:

Quoique je n'ai pas le bonheur de vous connaître que par des copies de vos divins tableaux, j'ose vous écrire pour vous envoyer les adjoints sonnets qui j'ai composé après des gravures de ces chefs d'œuvre: Hélène, Salomé et Galatée.

Je sais bien, très-vénéré-maître, qui je n'ai pas reussi á rendre la sublime, troublant et inexprimable beauté de votres adorées figures; mais je rêve aussi qui vous vous daignerez accueillir ces trois sonnets, avec la bonté generense des grandes âmes, comme un temoignage pauvre, mais le seul possible, de ma Muse á votre geme sans égal, parce qu'il est le plus philosophique, étant a la fois celui de le plus pur artiste qu'a rayonne sur l'humanité.

Dans le hiver prochain, je songe a publier mon second volume de vers, dont la troisième partie portera ce titre: Mon Musée Ydeel (Tableaux de Gustave Moreau) Tout'elle sera dedié a la glorificaton de vos incomparables ouvragres. J'attends, pour me mettre a l'œuvre, l'arrivée des copies de L'Apparition, Une Peri, Phaeton, Hercules devant l'Hydre et tout le reste qui deja j'ai demandée á Paris. Aussitot que mon livre serai imprimé, le premier exemplaire on vous sera reservé et envoyée tout de suite.

Je vous supplie très-humblement qui vous vous daignerez me pardonner les fautes de cette lettre, puisque je ne sais pas que tradire le francais á l'espagnol et je n'ai pas voulu me faire écrire, par personne, cettes lignées.

J'attends aussi qui vous me ferier l'honneur de croire qui vous avez en moi, quoique je sois très loin de Paris, le plus obscur et le plus petit, mais le plus fervent, le plus sincere, le plus fidèle et le plus loyal de vos admirateurs et de vos serviteurs

Julián del Casal

Ysla de Cuba
Redacción de "El País"
Teniente-Rey 39
Habana

Le Havre, le 1er Novembre 1891   /

Idolâtre, très-idolâtre, de plus en plus idolâtre, maître: (GM)

, Cet matin, au revoir les yeux, je m'au croje le plus humine des hommes, parce que le courrier m'a apporté la magnifique lettre que vous — toujours noble, toujours magnanime, toujours extraordinairement étonnant, m'avez fait la suprême charité de me écrire. Je viens d'acquérir la preuve de conviction, déjà présentée par moi, que qui vous avez, non seulement le genie plus fort des créatures, mais aussi le cœur plus saint qui ait jen sur la terre. Combien vous devez souffrir dans cet dégoûtant monde y!.. Maintenant, (je n'ai pas besoin de vous dire à quel point je vous serai reconnaissant par notre divine humanité) mon bonheur serait complet, si je pouvais d' aller à Paris, vous tenir dans té mains, tomber à genoux devant vous, adorer les sublimes beau- tés de vos tableaux, je me convaincrai

(GM) Je vous suis intimement re- connaissant, l'as douce mathe, car vous avez appris, c'est-à-dire, deux m;, — imprudent que je suis pour m'enfermer dans notre caressant et voluptueuse langue — tout ce que je sens par vous. C'est un sentiment, presque divin et très peu d'humain, qui me suffit pour me faire aimer la vie. Je vous verrai, comme on verrai un dieu et je vous aime comme on aime un rêve. Votre genie sans égal, autant que votre sans sevre, m'ont saisi tout entier, écoute notre mon par tout. où je prends un journal ou nulle me je lui quette à chaque ligne, lorsque je lui donne y mon cœur tout à se brise. Il y a des jours que je lu où lu dans le livre de Monsieur Charles Bnet sur le regrette Barbey d'Aurevi —

doucement tout de suite, sans regret, ter rien de tout de ce qui je laisse, vous donner moi dans la vie.

victoire du genie sur la beauté, ou, mieux dit, la beauté
vaincue par le genie et la
joie ineffable de Dieu à la
vue de cet evenement. Apres
qu'il soit fini, peut-etre vous
lui trouverez acceptable, car
je lui composerai avec amour.
Si je suis affamé de vivre
c'est par vous et par l'Art,
les seules choses qui me sou-
rient encore.

Avant de finir, je vous
prie très-humblement de me
pardonner qui j'ose vous
deranger de nouveau avec
mes lettres banales, autant
qu'à monsieur Huysmans
dont la bonté infinie ne
pourrait jamais etre pa-
yee par moi, avec rien de
tout. Si je vous ecris, je
lui fais par un besoin de
mon ame. Excusez-moi,
très genereux maître, les elans
de mon cœur. Je ne songe
pas à correspondre avec vous.
Ceci serait une vanité ridicule, dont je tiens à me
garder. J'ai la mesure de
votre grandeur et celle de
ma petitesse. Vos lettres à
moi n'ont pas eté lues
par personne. Si j'ose un
jour les lire à quelqu'un,
serait pour lui incruster
la preuve de votre extrate-
rrestre magnanimité. Ma
admiration est solitaire et
n'a pas besoin des temoins.
Si vous ne pouvez pas me
répondre, je vous adorerai
egalement et je vous serai
toujours très reconnaissant,
toujours aussi, quand mê-
me. J'aimerai tout ce
qui sortirà de vous, jus

que le silence. Les dieux
s ne sont-ils pas silen-
cieux?

Soyez heureuse! Très
heureuse et très aimée maître!
Soyez heureuse et daignez
vous croire toujours com-
me vous avez depuis croy...!
— ce que je ne pourrais
pas vous lui remercier
dans la plus absolue
sincérité de votre cha-
que jour, chaque heure
et presque chaque minute
plus chaud et loyal
et profonde admira teur

GM Julián del Casal

Habana 15 de Agosto de 1891

Sr. Gustavo Moreau (GM)

Muy venerado maestro:

Hace algunos días que tuve el atrevimiento, a la par que el honor, de dirigirme, por conducto del Sr. Huysmans, — a quince de la inmensa dote de conocernos— una carta certificada incluyéndoos tres sonetos escritos por mí ante copias de vuestras obras y sugestivas figuras de Elena y Salomé llegado ya a nuestras manos.

Tres días después, recibí de París catorce copias fotográficas de otras tantas obras vuestras, compradas en la Photographie des Beaux Arts, 8, rue de Bonaparte, 8, de las que las solo reconocí, con seguidas, tres: L'Apparition, Hercule et l'Hydre...

... de Leda et Prometheus. Ninguna tenía título y solo tenía el dorso el número del catálogo. (GM)

De las once restantes, he reconocido el asunto de las marcadas con los números 16.933 La Licorne, 17.986, 17.984, Hércules, de las Estínfálidas, 17.984, Hércules, 19.869, La Vuelta de Europa, 16.772, Los Caballos de Diomedes, y 19.692, El Nacimiento de Venus.

La marcada con el número 18.000 de la serie Pedro 7 Ados modelo, acaso que de seguro que no, mi ilustre confraternidad José María de Heredia uno de sus admirables sonetos.

Y, mismamente, Une Pein lleva el número 17.987.

2 Idéntico por reconocer las que ostenten los números 18.875, 19.152 y 15.730.

Terminado el proyecto, que ya debía yo de comenzarlos, de dedicar sonetos a aquellos cuadros vuestros, que yo alcance a comprender, mucho a temer el atrevimiento, y por el os pido mil perdones— de escribiros esta vez, confiado en la amabilidad del Sr. Huysmans.

para que tengais la bondad de resolver las dudas expuestas y de comunicarme a la vez a qué casa podia dirigirme para adquirir el resto de vuestras obras, especialmente *Le jeune Homme et la Mort*, *Phaëton* y *David*. (M)

Al mismo tiempo, deseo participaros, no por vanidad, sino por satisfacción, que estoy asombrado de vuestras justas, originales y artísticas concepciones de mis Dioses favoritos, de nuestros Venus y de nuestro Prometeo. Al ver de lo que imagina la fantasía humana, nuestros Heráclides son portentos, tan bellos; nuestro Prometeo es un Cristo pagano, tal como los hombres; y nuestras Redentor de los hombres, hermosas, pero son divinamente hermosas, y no son, no obstante, nostálgicas y domadoras. Ellas me traen a la memoria aquellos versos de mi maestro en poesía, del gran Baudelaire:

"Je trône dans l'azur comme un sphinx incompris;
J'unis un cœur de neige à la blancheur des cygnes;
Je hais le mouvement qui déplace les lignes,
Et jamais je ne pleure et jamais je ne ris."

Aunque, por ahora, no pienso en el País, deseara saber, porque soy

muy joven y tengo la esperanza de ir, en que museo se encuentran vuestros cuadros, que tanto me han hecho amar, y que tanto me han hecho vivir.

Y pidiéndoos mil excusas por haber hurtado un momento a vuestra sagrada quietud, tiene el honor de ofreceros sus servicios vuestro apasionado y parecido admirador (M) Julián del Casal

Ysla de Cuba
Redacción de "El País"
Teniente-Rey, 39
Habana

La Havane, le 15 Décembre 1891

(GM) Cher maître: Il y a plus d'un mois, j'ai pris l'honneur de vous envoyer un poème que je venais d'écrire. Au même temps, je vous envoyais l'ennui d'une autre que j'ébauchais en rêves. Aujourd'hui il est remis et vous lui trouverez à côté de ces lignes. Lorsque vous lui laissez, ayez la bonté de me dire pas que je n'ai pas le sot orgueil d'avoir fait un chef d'œuvre. Je lui trouve, — et je vous dis de ce— ci avec le cœur dans la plume — seulement lisible. Outre cela, je dois vous dire que je ne fais pas l'illusion d'avoir apporté, avec ce poème, un rayon de gloire à votre nom immortel, pas même dans mon pays; car je ne suis pas ici, contrairement à ce qui nous font vous nous imagez, qu'un rêveur malade sans valeur, je m'attends pas non plus vous enivrer, puis que j'ai la conviction de que vous devez être bien habitué à déshonorer images plus hauts, plus précieux que les plus autorisés. (GM)

Après le poème, vous lisez un sonnet que j'ai fait pour le vestibule de mon Oeuvre Ideal, devant vous. Aussi bien le poème que le sonnet sont encore inédits. Il est fort probable que vous voyez dans le second des incorrectitudes; mais comme je n'ai pas le bonheur, trop grand pour moi, de voir votre portrait, j'ai dû tarder dès sur vous et je vous ai rêvé comme ça. Peut-être vous vous sentiez la honte d'avoir mon âge à ces choses insignifiantes; mais dans ce cas, je vous prie très-humblement de me pardonner si ja... mes fautes involontaires. Ainsi, donc, je vous envoie

le poème Reine de Gloire et le sonnet vestibule avec le seul but de vous donner une petite preuve de la grande adoration que ne cache pour vous dans le plus pur de mon coeur.

Gagnez-vous, très-aimé et très-vénéré maître, promenez votre regard sur mes pauvres fantaisies et vous enivrez soit fait la seule aspiration de votre fanatique et très humble adorateur.

(GM) Julián del Casal

P.S. Au soussigné est cette lettre, j'ai envie de ne vous avoir pas pu m'excuser après du grand maître Monsieur Huysmans par l'avoir de nouveau avec cette lettre, que j'ai osé vous écrire en français. Faites-moi le plaisir de me remercier — je vous lui remercie de tout coeur.

La Havane, le 16 Septembre de 1891

Très-cher et très vénéré maître

...chant toute chose, je vous demande mille pardons par troubler
de nouveau le calme majesté de
votre sacrée vie, avec mes lettres que
j'ose vous écrire dans la volupteuse
et délicat notion que vous rappeler,
si ... nous avec été si noble,
si ... grand avec moi, que me
croire la plus exécrable des hu-
mains si je le laissais sans réponse
votre précieuse lettre, plus précieuse
pour moi que tous les bonheurs
de la terre et du ciel.

¿Comment répondre avec phra-
ses copieuses de votre lettre? ¿Comment
vous dire la joie ressentie en par-
courant ces lignes inondées de bonté, de grandeur, de génie et de la
plus sublime générosité? Je m'avoue
incapable de vous exprimer toute
ma gratitude et toute ma admiration.

Au même temps qu'une joie
inexprimable remplissait mon âme
à la lecture de votre sacrée lettre, une
même tristesse me serrait le cœur
à la fine de les lignes de deuil qui
... parce que cela m'a devoi-

... la qui vous plonge maintenant et la
disposition de im être aimé
... que ... il soit ... nous
... sincère à notre douleur,
mais qui, des mes premières années,
je m'disparaître tous les êtres que
j'ai aimé, que j'aime encore et que
j'aimerai toujours, toujours.

Je voudrais être à l'Paris pour
vous passer avec ma tendresse ...
fraternel et mon dévouement filial
la cruelle blessure qui fait saig-
ner ... excellent cœur.

(GM)

... j'ai aussi l'honneur de vous
envoyer sept nouveaux sonnets que
j'ai composés et que j'ai publiés
avec les autres que vous avez reçu, ...
... je ne garde pas l'espoir d'a-
voir ... la divine bonheur de
vous connaître, parce que je suis très
si de mort par une maladie car-
diaque que m'emporte tôt, je ne ...
le tombe, sans me laisser vivre tant
le temps que je ...
... mon portrait, copie photogra-
phique de un portrait à l'huile qui
m'a fait mon meilleur ami.

Croyez-vous, très adoré maître, croyez-vous que vous êtes le
genre que je plus aime ... et que je
garderai par votre lettre une reconnaissance éternel. Peut-être à vo-
nerez-vous le mot trop fort, ...

qui m'importe. De mon côté je vous
serai une impérissable affection.
Je ne suis pas un·... a demi,
et par mon rang de Cubain qui
me brûle ou par notre genre qui
me raffole, vous pourrez être certain
que mon cœur gardera, quand
même et pour toujours, la fleur
d'amour, d'admiration et de gratitude que je vous avez fait éclore
dans l'âme de notre fanatique
admirateur et très humble serviteur

Julián del Casal

P.S. Faites-moi le plaisir de me
mercier à Mr. Yous- Karl Heys-
mans, dont le genie m'étonne, des
exquises faveurs et de l'inoffrir
mes très humbles devices

La Havane, le 17 Février 1892

Divin maître : (GM)

Je suis tellement ému de bonheur, car vous revers en l'inoffensible bonté de m'écrire de nouveau et pas d'un long silence qui me coûtait de nous préoccupations et me faisait pleurer à chaudes larmes. J'avais le pressentiment de votre maladie et je croyais d'éclater de désespoir, me fourait pas d'y aller pour vous soigner comme un bon enfant et son bon tendre malade. Pendant ce temps, j'ai eu vous abuti comme un enfant pore et ombrage, comme un chien enchaîné, en vous imaginant ainsi, un aigle blessé sur une flaque désolée. Mais, aujourd'hui, vous

m'avez rendu la vie avec votre sacrée lettre que je porte religieusement, comme les choses antérieures, sur mon cœur.

Cette lettre dont la réception est la seule joie qui j'ai éprouvé dans cette comme m'a comblé d'une imposante satisfaction, car vous m'y envoyez votre adresse en m'autorisant ainsi très de l'écritement, pour vous écrire. Mon cri donc, très bien aimé grand maître, merci beaucoup.

Mais il faut je dois vous confesser que si je ne osé vous écrire, cela a été car j'avais la vie de trop vous mettre le bon Hau (m'ayant d'aucun égard) de à mon tournage confie aussi en vous dans cette Sibérie torride) qu'il était si eminent et si bon comme nous êtes. Je nous laisse

... car son magnétique sourire, son clibre, pourront mes
regards vers Dieu, le seul
qui me consolerait d'avoir
vécu.

Puis cettes confessions
je dois vous avouer aussi que
je suis vraiment surpris de lire
que vous avez le désir de vous
faire traduire mon petit poème
par Monsieur de Heredia.
en suis-je? très-aimé maître!
mais à cœur ouvert je ne m'en
suis pas digne. Monsieur de
Heredia — dont les magis-
traux sonnets me sont bien
connus, jusqu'au point d'a-
voir tenté de les imiter, malheureusement, hélas, dans
Mon Moïse! Idéal! est
aussi un de mes dieux. Je
suis d'adorations, comme d'autres de mépriser. Je suis par

... et Jason et Orphée qu'il
vous a dédié! Dans mon
premier recueil de vers, l'u-
tile au commencement de de
mon année? Ai traduit sa

<u>Chanson de Torero</u> mais je
n'ai pas osé en l'envoyer; on
en refusa à mes vers les
si trouve très mauvais. Je
me souviens aujourd'hui
comme un père solitaire de
ses petits enfants morts.
Je n'ai pas besoin de
vous dire qu'il je souhaite
qui est aimé soit pour vous
le plus heureux de votre vie
complaire. Au même temps
je vous prie de me donner
toujours des nouvelles de votre état de santé et de m'
oublier point de votre ami

—dévot, très-humble et très-re-
connaissant admirateur qui
baise respectueusement vos
sacrées mains.

(GM) Julián del Casal

P.S. Il y a beaucoup de temps,
j'ai une grâce à vous demander. Si vous avez dans un ti-
roir un portrait à vous, je vous
prie qu'il soit très ancien, je vous
prie de me l'envoyer et de
me pardonner si haute! mais
mal seule! l'intention. Je vous
ai envoyé le mien avec l'espoir d'obtenir le vôtre. Et, quand
j'ose vous lui demander, c'est
car je ne pense pas plus
de temps sans lui. Je serai
très-même même me fais
digne de cet honneur. J. del C.

La Havane, le 5 Mars 1892

Monsieur

Ⓖⓜ Gustave Moreau

Très-cher grand maître:

J'ai l'honneur de vous présenter au porteur de ces quelques lignes, Monsieur Edouard Cornelius Price, un de mes meilleurs amis et un grand poète cubain-français, comme Mr de Heredia, qui s'est établi, depuis des mois, à Paris.

Bientôt il débutera dans les lettres françaises sous la protection de Mr François Coppée, par un très magnifique volume de vers, dont j'enverrai quelques-uns.

Je n'ai pas besoin de vous louer ses très-hautes qualités, car, aussitôt comme vous apprenez qu'il est doué comme moi, un enfant, tendre comme une vierge, fin comme un ange et bon comme un vrai artiste. J'en parle et des meilleurs, en éprouvant le charme de blesser sa modestie, stable et sincère modestie.

Au même temps, je vous prie, à cœur ouvert, de ne croire point de tout qu'il vous disse sur moi.

Il s'est chargé très volontiers d'aller, en mon nom, chez vous et de me donner des nouvelles de votre état de santé.

Si vous vous daignez lui faire un bon accueil, vous ouvriez des nouveaux titres à l'infinie gratitude de votre très-dévot admirateur et très-humble serviteur

Ⓖⓜ Julián del Casal

Julián del Casal

La Havane, le 20 Avril 1892

Très-divin maître.

Je n'ai pas le bonheur, depuis longtemps, de recevoir d'aucune lettre à vous, mais je ne m'en plains pas, car je sais que vous n'avez pas le temps de répondre mes enfantillages et mes sottises, mais seulement de me les pardonner. Abusant de votre bonté, ai que vous m'excuserez aussi, très-cher et très-vénéré maître, j'ose vous écrire de nouveau pour vous remettre quatre exemplaires de mon dernier volume de vers. Je vous prie très-humblement d'accepter le premier pour vous et d'offrir le deuxième au Monsieur Henys mais, le troisième au Monsieur de Heredia et le quatrième au Monsieur Verlaine, s'ils vont un jour chez vous. Cha

que volume porte sa dedica-
ce. D'abord, je songeais les
écrire, mais j'ai changé tout
de suite cette pensée, parce (GM)
que, en me me connaissant ils
pas, ils pourraient me pren-
dre par un rechercheur d'au-
tographes ou d'autre chose
plus horripilante encore. Au
si, donc, faites-moi le plaisir, très-bon maître, de les
dire que je n'ai pas d'autre
but, avec la remission de
mon cahier de vers, que celui
de les prouver qu'ils ont en
moi, dans ce coin du monde
le plus obscur, le plus petit,

le plus pauvre, mais – quoique
pas autant que vous, sans
flatterie – le plus fervent de
ses admirateurs. (GM)
J'aurais voulu, Ami-doux
... vous envoyer d'autre
présent plus digne à vous, mais
cela m'a été impossible et
j'ai du me resigner bien habi-
tuée que je suis à l'avorte-
ment de mes désirs et de
mes rêves. J'attends que vous
trouverez plus acceptable un
bouquet de ballades – dont
je vous ai parlé – que j'aurais l'honneur de vous offrir
plus dans l'hiver de cette
année.

Je vous aime de plus en plus, /
non seulement par votre génie, /
que je trouve de jour en jour /
plus colossal, et par votre /
ne exemplaire, que je cherche /
d'imiter, mais parce que /
vous m'avez écrit: "Je ne /
possède rien d'autre ... mon /
amour, que un grand amour /
de l'art et des belles choses /
de la pensée..."

Laissez-moi vous féliciter /
de tout cœur par le magnifi- /
que sonnet que, avec votre /
"bonne trouble", avez vous /
inspiré au Monsieur Noël

L'homme, et par votre nouveau /
nom de "chef d'atelier de /
peinture". Je sais que je vous /
êtes digne d'autre place /
plus haute, mais je sais /
aussi que dans la vie n'est /
jamais apprécié l'œuvre du /
génie.

Soyez heureux, très-cher /
et très-grand maître, soyez /
heureux et recevez toute /
l'âme de votre enragé admi- /
rateur —

Julián del Casal

P.S. Je m'ai oublié toujours

vous dire que je vous enverai
mes lettres recomandées pour
avoir la securité de sa réception, mais mon pour vous
obliger avec réponses. Je suis
pour des défauts, mais
je n'ai ché jamais interessé
et je n'attends d'être non
plus, car je suis habitué à
me priver de tout. J. del C.

La Havane, le 5 juin 1892

(GM) Bien cher grandmère. Je n'ai pas reçu de nouvelles à vous dire, mais je venais me donner aujourd'hui l'honneur de vous écrire, pour vous montrer que je ne vous ai oublié et qui, malgré d'un long silence, je suis toujours le même.

Si je vous dérange, je vous prie de briser ce papier-ci, ou vous ne trouverez pas que la trop pâle expression d'un cœur reconnaissant envers vous, d'un cœur profondément épris de votre puissant génie, de un cœur qui, pour vous, cultive ses meilleurs et ses plus fins sentiments.

Voilà bien, de temps que je m'avais proposé vous écrire, mais ma ignorance de votre belle langue

que, d'un côté, et ma impression de pour vous être agréable, de l'autre côté, m'avaient fait remettre au lendemain la réalisation de mon projet. Je vous avais écris pour vous remercier l'envoi de "La Habana Literaria" au grandmère Heya... mais. Et, grâce si tard, je vous prie de croire a ma gratitude éternelle. (GM)

Je n'ai été jamais vous parler de vos merveilleux tableaux! Bien convaincu que je suis de la nullité de mes opinions, mais je dois vous confesser que, dans ces derniers temps, j'ai écrit des odelettes qui m'ont été inspirées par votre façon? en ou parle dans mes vers, com- me d'une bien-aimée réel. En fin, bien cher grand-mère, je suis spendidement amoureux de cette divine création de

votre pinceau. J'attends que vous
ne me trouverez pas ridicule par
ces aveux, car vous êtes un grand
artiste et peut-être vous avez aussi
aussi ressentie un amour sem-
blable. Et je n'ajoute pas un
seul mot sur ce point, car je
me égarerais. . . . .
Adieu, bien cher grand-maî-
tre, jusque bientôt. Mes souvenirs au Monsieur Huysmans
et j'envoie vous tout le cœur de

(GM) Julian del Casal

P.S. Si N'avez pas vous reçu une
lettre à moi? Son envoi vous
votre portrait? Son envoi vous
enverrai si peu et me rendre
au heureux, si heureux!

La Havane, le 19 Octobre 1892

Très cher grand-mère: Vous
de bonheur, par la réception de
votre magnifique lettre, mais
empoisonné d'angoisse, par
toute la tristesse qu'elle ren-
ferme! J'ose vous croire
quelques lignes sur l'espoir
folles! d'alléger vos amertumes et
profonds souffrances.

Après la lecture de si
tendre, si touchant et si sublime hommage de votre sympathie! J'ai resté plongé dans
le plus noir des douleurs, son
grand a la crainte du destin
qui vous blesse si injustement!,
a vous qui êtes, très-bon-aime-
maître, le plus grand, le plus

noble et le plus pur des hommes. Mais au même temps
- si dois-je vous dire toute la
vérité - j'ai ressenti grandi
mon amour envers vous! car
j'ai appris que vous êtes.
souffrant et je n'aime pas
que les malades ou les tristes,
bien disposé? que je suis des
gens heureux. Ainsi, cher, très
cher - grand-maître, j'ai vous
fois de croire davantage
mon [...]ible, mais [...] et tendre
re dévouement.

Quoique j'ai regretté son
vent votre silence! je ne vous
ai adressé mentalement des
reproches jamais! parce que
je sais que vous êtes toujours
fort occupé et que vous avez
besoin du temps pour repo-

des vos longs et sacrés travaux. Je suis fier de l'intérêt que vous montrez sur mon état de santé, mais je suis plus malade de jour en jour et bien résigné à tout. (GM)

Au sujet de mon ami Cornelius Price, je suis heureux de savoir l'impression qui vous avez l'impression que j'attendais d'avance et par cela même j'avais osé vous lui présenter. Je dois l'écrire très-prochainement et alors je l'écrirai tout ce que vous pour- sez de son personne et de son talent.

Comme vous pouvez ima- ger, je regrette profondement

n'avoir pas votre portrait, car je n'ai pas l'espoir de vous connaître jamais, mais je respect votre goût et je prie j'en vous complimente.

Ne me parlez pas de nos poésies. Je suis honté de vous avoir envoyé sur si peu me hommage de mon admi- ration.

Adieu, très-bon-ame! grand-maître, daignez vous accueillir tout l'amour, toute la tendresse et toute la vénération de notre humble et devot admirateur

Julian del Casal (GM)

La Havane, le 1er Janvier 1893

Très-cher maître (GM)

Vous songe-
rez peut-être que je vous ai oublié, n'ayant pas reçu une
seule ligne a moi, il y a depuis beaucoup de temps. Mais
je ne vous oublie pas non seul
pour. Vous êtes toujours très
avant dans mon cœur, et,
pendant mes longues heures
de mon mélancolie, je tends
ma pensée envers vous, en cher-
vant tout de suite une intime
consolation.

Il y a des heures, Très-
cher maître, où je ressens un
violent désir de m'adresser

à vous, en vous disant tout
ce que je vous aime, tout ce
que je vous admire, tout ce
que je vous... Mais, com-
me il y a dans mon deux êtes,
l'un rêveur et l'autre analy-ti
que, je chasse tout a coup
cette pensée, car je crains vous
déranger, o vous obliger avec re-
ponces. (GM)

Si je vous ecris aujourd'hui
ces quelques lignes, c'est sim-
lement pour vous envoyer tous
mes vœux de bonne année
et pour vous montrer de cette
manière, certainement très
sincère, mais la seule possible
pour moi, que je suis toujours
le même, malgré le temps
et malgré la distance.
J'ai une espé...

espoir d'aller, dans cette année, à Paris, quoique il ne soit pas que par deux mois. Je n'ai pas besoin de vous dire, très-cher maître, que je ne veux faire seulement ce vo-

page pour vous connaître et pour écrire un livre sur notre me et sur notre œuvre. Com-me je suis un ignorant que me je suis un ignorant que sont toujours par une vague intention qu'a-t-il des bel-les choses; je vous montre-rai toujours mes manus-crits avant de les livrer au public et je vous de-manderai toujours votre sévère et franche opinion.

Si je ne peux pas vous tra-duire mes pensées, un de mes amis, Monsieur Conne-luis Price, par exemple, vous traduira ce que je dois écri-re dans l'espagnol.

Adieu, très-cher maî-tre, soyez heureux et dong-rez vous vous souvenir de votre très fidèle, très loyal et très passionné admirateur

(GM) julian del Casal

Nieve. Poesías de Julián del Casal

Salvador Rueda

NIEVE. POESÍAS DE JULIÁN DEL CASAL

SALVADOR RUEDA

Si por la obra de un poeta se deduce el último movimiento de la civilización del país en que ese poeta vive, hay que convenir que en la actualidad los chispazos más característicos de esta civilización *fin de siglo*, en punto a arte poético castellano, vienen del lado de América donde se escribe y habla nuestra lengua. Me explicaré.

Existe en cada nación la literatura que es producto espontáneo del temperamento *colectivo*, la que labra la tradición contribuyendo cada artista con su nota, literatura que puede llamarse típica de una raza; hay otra cuya vida parece haber brotado de los estremecimientos neuróticos del último tercio de siglo, la cual no caracteriza a pueblo ninguno, ni se sujeta al molde de la tradición, ni da fisonomía a un pueblo determinado. Es una literatura con plétora de sensaciones de vida, audaz, atrevidísima, dislocada, con todas las grandezas e intuiciones del genio y también con sus caídas. Ese arte literario es cosmopolita, universal.

Pueden decir en contra de él los clásicos de estrecho criterio, que se funda en la arbitrariedad de toda ley, en el desprecio de toda regla, y que es perjudicial y malsano para las letras reposadas y patriarcales, para las que cultiva el académico en el plácido remanso de la vida, armado de paciencia, de buen gusto *externo*, de tranquilidad y beatitud, e insensible al grito que en estos momentos arroja la humanidad hondamente sacudida por medio de la novela, de la escultura, de la lira y del lienzo.

Esa literatura se produce en los pueblos de civilización muy adelantada, y España, que tiene atrofia de nervios y de cerebros, y que gusta más recordar «el sol que no se ponía en sus estados» y los chafarotazos que dieron sus ejércitos al mundo, que meterse en el *drama* e ir con el alma *a toda llave*, no puede admitir del todo esa literatura moderna.

Encajo aquí este exordio para demostrar, con datos, que Julián del Casal, poeta americano, cultiva la segunda de las dos literaturas retratadas; es un neurótico, un audaz, un hombre que, como diría cualquier *clásicomaníaco*, no tiene perdón de Dios. Si uno de nuestros partidarios de la *oda* lee el libro *Nieve*, del poeta de quien hablo, abre desmesuradamente los ojos, se palpa a ver si es el mismo de antes de empezar la lectura, estira la pata, y muere.

Y sin embargo, Casal es un poeta todo nervios, todo fantasía, todo resplandores.

Su libro *Nieve* figúraseme escrito a la luz violácea de un arco voltaico. En algunas páginas, en no pocas, el endecasílabo está cincelado sobre el mármol clásico, pero sin *vistas* a Quintana. Casal tiene su cincel, el suyo propio, y con él *pone marca* a sus obras. Es una personalidad que, si aspira a *cuajarse* por completo, creo que debe leer mucho a esos clásicos a quienes me figuro que odia; me refiero a los buenos escritores de nuestro siglo xvii, a los justamente gloriosos, a los que no puede pasar sin leerlos ni estudiarlos el poeta joven que aspire a ser escritor de raza y a tener gusto acrisolado y levadura artística. Casal posee cultura, pero es cultura *cosmopolita*, como su literatura; sus poesías tienen algo de exposición universal, de cosa parisién, de obra hecha a la vista de la humanidad de ahora mismo. Cierto que el buen Jerez, con ser bueno, de nada más necesita; pero si se le *educa* en la *bota* clásica, será mucho mejor. Además –y voy a echar todos los cargos por delante para luego hartarme de aplaudir–, Casal tiene una sintaxis algo confusa y un léxico digno de dioses, sí, pero reducido; y nuestros buenos clásicos son los grandes arquitectos del idioma y los enriquecedores de todo estilo; padecen congestión de voces, de frases gráficas y escultóricas, de construcciones variadas, de idioma y ciencia de escribirlo, en una palabra.

Esa detenida lectura daría a mi desconocido amigo una amplitud de forma artística inapreciable; haría afluir a su pluma mil voces para cada concepto; haría más ordenado, más flexible su estilo y fortificaría hasta *acerarla*, si preciso fuera, su sintaxis. Yo ruego al Sr. Casal, valga por lo que valga el ruego, que se lea toda nuestra novela picaresca y muchos poetas del siglo de oro, para hacerse de sedimentos que luego le han de durar toda la vida. Otra de las cosas que hay que echar en cara a este poeta es que tiene demasiado amor a algunas de las típicas palabras de su vocabulario, tales como alabastro, purpúreo, cuervo, fosa, etc., las cuales repite con demasiada frecuencia.

Yo sé que ese es defecto propio de los artistas geniales (sobre todo modernos y que se distingan por la *forma*). Lo mismo pudiera decirse de los pintores a favor de determinados matices, de músicos enamorados de motivos idénticos.

Pero nunca es mal año por mucho trigo, y entre poseer un léxico reducido o un léxico rico y vario, mejor es lo segundo.

Otra observación que tengo que apuntar es la de las sinalefas pero esto mejor sería, quizás, cargárselo en cuenta al idioma y no al brillantísimo poeta americano, o al modo de *oprimir* o de *alargar* los diptongos en cada país.

Si fuéramos a fijarnos en eso, nuestros versos ofrecerán el mismo defecto a nuestros hermanos de América, solo que en sentido contrario.

La última observación de orden *no artístico* me queda que hacer al autor cuyos versos doy a conocer a este público: Casal es un alma triste, hastiada, que lleva el contagio del siglo; no siente el calor benéfico del espíritu humano, y lleva un nimbo de sombra que, al considerar la juventud del poeta, no puede por menos de despertar sentimientos de profunda piedad.

Pues bien, si la buena acogida a un libro en que el autor pone toda su alma, si el aplauso tributado a una obra, aplauso franco, entusiasta, sincero, son capaces de llevar a un espíritu algún consuelo, alégrese y vuelva a la vida llena de fe el Sr. Casal, porque su libro ha rodado por manos de muchos de mis amigos, personas de buen gusto, artistas, poetas, etc., y a todos ha arrancado frases de encomio, elogios ardientes, a no pocos exclamaciones de entusiasmo.

Y como se trata de un poeta que hace versos como aquí no se acostumbra (dado el corte especial de ellos), mejor que hacer una semblanza crítica de cada poesía, copiaré trozos de las composiciones mismas para que el público las lea y juzgue.

Habla Casal de la agonía de Petronio, y dice:

> Tendido en la bañera de alabastro
> donde serpea el purísimo rastro
> de la sangre que corre de sus venas,
> yace Petronio, el bardo decadente,
> mostrando coronada la ancha frente
> de rosas, terebintos y azucenas.
>   Mientras los magistrados le interrogan,
> sus jóvenes discípulos dialogan
> o recitan sus dáctilos de oro,
> y al ver que aquellos en tropel se alejan,
> ante el maestro ensangrentado, dejan
> caer las gotas de su amargo lloro.
> Envueltas en sus peplos vaporosos
> y tendidos los cuerpos voluptuosos
> en la muelle extensión de los triclinios,
> alrededor, sombrías y livianas,
> agrúpanse las bellas cortesanas
> que habitan del imperio en los dominios.
>   Desde el fragante baño en que aún respira,
> el bardo pensativo las admira,
> fija en la más hermosa la mirada,
> y le demanda con arrullo tierno
> la postrimera copa de Falerno
> por sus marmóreas manos escanciadas.
> ....

Este creo que no es mármol labrado a fuerza de paciencia, sino natural; limpio, terso, y de la cantera que el poeta lleva dentro.

Vaya otro trozo:

Salomé

En el palacio hebreo, donde el suave
humo fragante por el sol deshecho
sube a perderse en el calado techo
o se dilata en la anchurosa nave,
está el Tetrarca de mirada grave,
barba canosa y extenuado pecho,
sobre el trono, hierático y derecho,
como adormido por canciones de ave.
Delante de él con veste de brocado
estrellada de ardiente pedrería
al dulce son del bandolín sonoro,
Salomé baila, y en la diestra alzado,
muestra siempre, radiante de alegría,
un loto blanco con pistilos de oro.

Si de lo clásico pasamos, en el libro, a lo elegante, a lo gracioso, nos encontramos con este *arbitrario* soneto, no hecho con el sentido de la realidad que le daría un vate español, sino como lo trazaría un cosmopolita de la pluma:

Una maja

Muerden su pelo negro, sedoso y rizo,
los dientes nacarados de alta peineta,
y surge de sus dedos la castañeta
cual mariposa negra de entre el granizo.
Pañolón de Manila, fondo pajizo,
que a su talle ondulante firme sujeta,
echa reflejos de ámbar, rosa y violeta,
moldeando de sus carnes todo el hechizo.
Cual tímidas palomas por el follaje,
asoman sus chapines bajo su traje,
hecho de blondas negras y verde raso;

y al choque de las copas de manzanilla,
riman con los tacones la seguidilla,
perfumes enervantes dejando al paso.

Por no hacer muy largo este artículo, no copio íntegra la poesía «Kake-mono», de un corte elegantísimo y de una brillantez ofuscadora.

«La reina de la sombra», también demasiado larga para transcrita, es de otro corte; vaga, impalpable, delicadísima y llena de misterio.

La lira de Casal tiene muchas cuerdas, y cuando traza algún cuadro de Naturaleza se expresa de este modo.

Paisaje de verano

Polvo y moscas. Atmósfera plomiza
donde retumba el tabletear del trueno,
y como cisnes entre inmundo cieno,
nubes blancas en cielo de ceniza,
El mar sus ondas glaucas paraliza,
y el relámpago, encima de su seno,
del horizonte en el confín sereno
traza su rauda exhalación rojiza.
El árbol soñoliento cabecea,
honda calma se cierne largo instante,
hienden el aire rápidas gaviotas,
el rayo en el espacio centellea,
y sobre el dorso de la tierra humeante
baja la lluvia en crepitantes gotas.

A pesar de sus defectos, el soneto es de una gran fuerza, y de una salvaje espontaneidad.

Daría a conocer más notas del arpa de este original poeta, lleno de inspiración y de fuego; pero es preciso terminar este artículo, y solo transcribiré versos de la cuerda robusta y trágica. Encuentro estos versos en la composición

Sueño de gloria

　　　… Duerme el viento
entre las ondas del Cedrón plomizas,
que hasta el sombrío Josafat descienden
como a un foso inundado de cenizas,
y en rápida carrera luego ascienden
salpicando las rocas erizadas,
adonde, dando pavorosas quejas,
llegan, por las tinieblas ahuyentadas,
entreabriendo sus alas las cornejas.
....
　　　　…Se respiran
de Josafat en el espacio inmenso
acre olor de sepulcros, y se mira
revolotear en el ambiente denso
enjambre zumbador de verdes moscas,
que cual fúlgidas chispas de metales
surgen del fondo de las tumbas hoscas.

Léanse estas otras estrofas de la poesía[1]

　　Mas un día –¡oh Rembrandt! no ha trazado
tu pincel otro cuadro más negro–
agrupados en ronda dantesca
de la fiebre los rojos espectros,
al rumor de canciones malditas
arrojaron mi lánguido cuerpo
en el fondo de fétido foso
donde airados croajaban los cuervos.
....
　　Y al fulgor que esparcía en el aire,

---

[1] Los versos a continuación no pertenecen, como se infiere del texto de Rueda, a «Sueño de gloria. Apoteosis de Gustave Moreau» sino a «Horridum somnium» [nota del compilador].

yo sentí deshacerse mis miembros
entre chorros de sangre violácea,
sobre capas humeantes de cieno,
el viscoso licor amarillo
que goteaban mis lívidos huesos.
Alredor de mis fríos despojos,
en el aire, zumbaban insectos
que, ensanchados los húmedos vientres
por la sangre absorbida en mi cuerpo,
ya ascendían en rápido impulso,
ya embriagados caían al suelo.
    De mi cráneo, que un globo formaba
erizado de rojos cabellos,
descendían al rostro deforme,
saboreando el licor purulento,
largas sierpes de piel solferina
que llegaban al borde del pecho,
donde un cuervo de pico acerado
implacable roíame el seso [sic].[2]
    Junto al foso, espectrales mendigos,
sumergidos los pies en el cieno
y rasgadas las ropas mugrientas,
contemplaban el largo tormento,
mientras grupos de impuras mujeres,
en unión de aterrados mancebos,
retorcían los cuerpos lascivos
exhalando alaridos siniestros.

Todo esto es hermoso, con sus incorrecciones y todo, y tiene resplandores de genio. Casal me parece un poeta excelente, y puede serlo muy grande si él mismo se enfrena en las trabas de la buena sintaxis, que

---

2 «implacable roíame el sexo» («Horridum somnium». En Casal, Julián del (1963): *Poesías*. Edición del Centenario. La Habana: Consejo Nacional de Cultura, 150) [nota del compilador].

en nada perjudican a la imaginación, por brillante y calurosa que sea. Además, repito que debe de estudiar a los clásicos.

Y basta con lo dicho, y suelto la pluma para romperme las manos aplaudiendo.

25 junio 92

RUEDA, Salvador (1894): «Nieve. Poesías de Julián del Casal». En *El ritmo: crítica contemporánea*. Madrid: Hijos de M. G. Hernández, 71-79.

Documentos del Fondo Casal de la Biblioteca Nacional José Martí

Foto autografiada de Antonio Maceo.

Habana 22 de Mayo de 1890

Sr. D.

Luis G. Urbina

Aunque no nos
hemos encontrado nunca, ni nos
encontraremos tal vez, como tenemos los mismos gustos, las
mismas nostalgias y los mismos años y sobre todo, como
la vida ha echado tanta sombra
en nuestras inteligencias y en
nuestros corazones: me parece
que somos hermanos desco-
nocidos pero que, desde lejos,
nos podemos amar.

Así, pues, mi querido
hermano, reciba usted, con
el adjunto ejemplar de mis
primeros versos, la pri-

mera prueba del profun-
do cariño que le profesa
su hermano espiritual y
su verdadero admirador

Julián del Casal

S/c Teniente—Rey 102

Carta de Julián del Casal.

Facsímil de carta a Luis G. Urbina, publicado en *Revista Moderna de México*.

Foto autografiada de Rubén Darío.

CARTA DE RUBÉN DARÍO

HÔTEL
DE LAS
CUATRO NACIONES
MADRID

Vía Cádiz

Sr. Dⁿ

Julián del Casal

Redacción de El País

La Habana

Isla de Cuba

CARTA DE ENRIQUE GÓMEZ CARRILLO

HÔTEL
DE LAS
CUATRO NACIONES
MADRID

Vva Cadiz   20-

Sr. Dn

Julian del Casal

Redacción de El País

La Habana

Isla de Cuba

Ayer, mi querido Julián, fuí
á buscar á Verlaine para darle su
libro de Uds.; y después de recorrer
inútilmente todos los cafés humildes del barrio latino, logré
encontrarlo en la esquina de la
rue Racine y de la plaza del
Odéon. Eran las dos de la tarde
y el maestro acababa de levantarse: su aspecto tenía algo de heróico
y de burlesco y al verle habría
podido tomársele por un guerrero japonés disfrazado de Pierrot
parisiense. Su sombrero de copa era
nuevo; su levita estaba entera;
su camisa era limpia y su gran
barba rubia cobraba reflejos
brillantes sobre el fondo rojo
de la corbata

Lo primero que se me ocurrió
preguntarle fué:

— ¿De donde sale, maestro, tanto

lujo, tanto elegancia?... ¿Y que ha-
beis hecho, sobre todo de vuestra
pobreza más cara que un imperio?.
    —La pobreza se quedó en el
Norte...
        Y haciendo un gesto hierático
y misterioso comenzó á explicarme
elocuentemente la historia de su
opulencia momentanea:
    —Un empresario holandés quiso,
ha unos quince días, dar en Amster-
dam un espectáculo singular para
llamar la atención del público, y nada le pareció tan propio para conseguir
su intento como buscar en París un
gran poeta que fuese á contar á los
holandeses la historia de su vida...
Ahora bien: como el primer poeta
de Francia es el Pobre Lelain vino
~~vino~~ á ofrecerme unos millares de francos por que yo ~~fuese~~
dijese á sus compatriotas mi leyenda
privada... Y yo se las dije; y aquí
está el resultado... Mas de loque
ahora se trata es de almorzar;
entremos á casa de Polidoro y ahí

hablaremos
= largamente de Góngora...
— Está bien, entremos, pero
mas no para hablar de Góngora
sino de otro poeta español que acaba
de enviarme su libro para Ud.
— Perfectamente... Yo pago...
Cuando estuvimos instalados ante
una mesilla de mármol, Verlaine
comenzó á hojear su Nieve; y como
yo estaba frente á él, me fué
fácil ver en su rostro la impresión que los poemas de Ud. le
iban produciendo. Y, ó yo soy muy
mal psicólogo, ó la verdad es
esta: el primer poema le dejó
indiferente, los siguientes tampoco
lo conmovieron, pero los sonetos
de mi museo ideal le parecieron
encantadores. Tanto le gustó, en
efecto esa parte de su libro de
Ud.., que durante la media hora
que duró nuestro almuerzo, no
hizo sino repetir con su acento
bizarro algunos hemistiquios de
Salomé. —
Luego, á la hora del café,

y cerró el volumen, y resumió sus
impresiones en las siguientes frases lapidarias:

       — El talento de Julián del Casal
tiene 25 años: es un talento sólido
y fresco, pero mal educado. Sí, le
diré á Ud.: yo no sé ni cuales fueron
sus maestros ni cuales son sus aficiones, pero estoy seguro de que los poetas que más han influido en él, son
mis viejos amigos, los parnasianos.
Eso se vé fácilmente entre todas las
páginas de Nieve — nieve de Cuba, nieve morena — y especialmente en
los cuadros de Moreau y en cromos
Españoles. Su factura es preciosa,
pero demasiado igual ... Creo, sin embargo, que el misticismo contemporáneo llegará hasta él y que cuando la Fé terrible haya bañado su
alma joven, los poemas brotarán de
sus labios como flores sagradas. Es uno
de esos jóvenes basos de ciencia, que necesitan reposar sus cabezas sobre el regazo perfumado de la virgen. Lo que le
hace falta es creer; cuando crea será

CARTA DE GUSTAVE MOREAU

Monsieur Julian del Casal
            "El Pais"
    teniente-Rey. 39.
Ile de Cuba
            Havanne

DO.257

Paris, 16 Octobre 1891.

Cher monsieur,

Je me trouve bien en retard avec vous, mais il m'a été impossible de répondre plus tôt à votre bonne & charmante lettre, ayant été très souffrant tous ces temps derniers.

J'aurais voulu pourtant vous dire de suite toute ma gratitude pour ce précieux envoi de vos dix Sonnets.

Je ne puis, hélas, jouir pleinement des beautés qu'ils renferment, ignorant que je suis de votre belle langue

tous les deux, & je m'en réjouis pour
vous comme pour moi, car c'est la
source de bien grandes joies, et il
faut bien le dire aussi de quelques
souffrances, souffrances, qu'il ne
faudrait pas pourtant répudier,
sous peine de s'amoindrir et
de déchoir.

     Adieu, cher Monsieur.
Croyez, je vous prie, à tous mes
sentiments les meilleurs &
recevez ici de nouveau l'expression
de ma profonde & bien véritable
sympathie —

       Gustave Moreau.

P.S.
Votre commission auprès de
Monsieur Huysmans est faite.
Je l'ai vivement remercié de
votre part, pour sa gracieuse
et aimable obligeance.

— Que je suis touché, cher monsieur,
et cette délicate pensée que vous avez
eue de m'envoyer cette petite photographie
de vous !. vous en suis bien reconnaissant

Je veux croire, que comme tous
les gens de grande & de vive
imagination, vous vous exagerez
très certainement, le sérieux de
votre état de santé, et que vous
n'êtes pas menacé d'une autre
grave atteinte que celle dont
vous me parlez.

Malgré tout, vous savez combien
ces affections du cœur sont variées,
& combien il y en a de peu
menaçantes, j'en ai eu sous les
yeux bien des exemples —

Vraiment, vous me gâtez
trop, cher monsieur, & j'en
suis tout confus.

Je ne possède rien d'autre
en mon avoir, qu'un grand amour
de l'art & des belles choses, de
la pensée, cet amour nous l'avons

main, ce que je prie
d'apprécier, lorsque ces
sonnets me sont traduits
par un de mes amis poète
aussi. C'est combien, en
vous, la pensée et l'imagination
sont nobles et élevées —

Merci donc, cher
Monsieur, et d'un cœur
reconnaissant, touché
plus que je ne saurais dire
de si précieux et de si
doux témoignages d'une
sympathie d'art comme la vôtre,
et en outre des preuves
d'affectueux intérêt que
dans votre lui me donnez —

Je veux croire, que comme tous
les gens de grande & de vive
imagination, vous vous exagérez,
très certainement, le sérieux de
votre état de santé, et que vous
n'êtes pas menacé d'une aussi
grave atteinte que celle dont
vous me parlez.

Malgré tout, vous savez combien
ces affections du cœur sont variées
& combien il y en a de peu
menaçantes, j'en ai eu sous les
yeux bien des exemples —

Vraiment, vous me gâtez
trop, cher monsieur, & j'en
suis tout confus.

Je ne possède rien d'autre
ou moins à mon avis, qu'un grand amour
de l'art & des belles choses, de
la pensée, cet amour nous l'avons

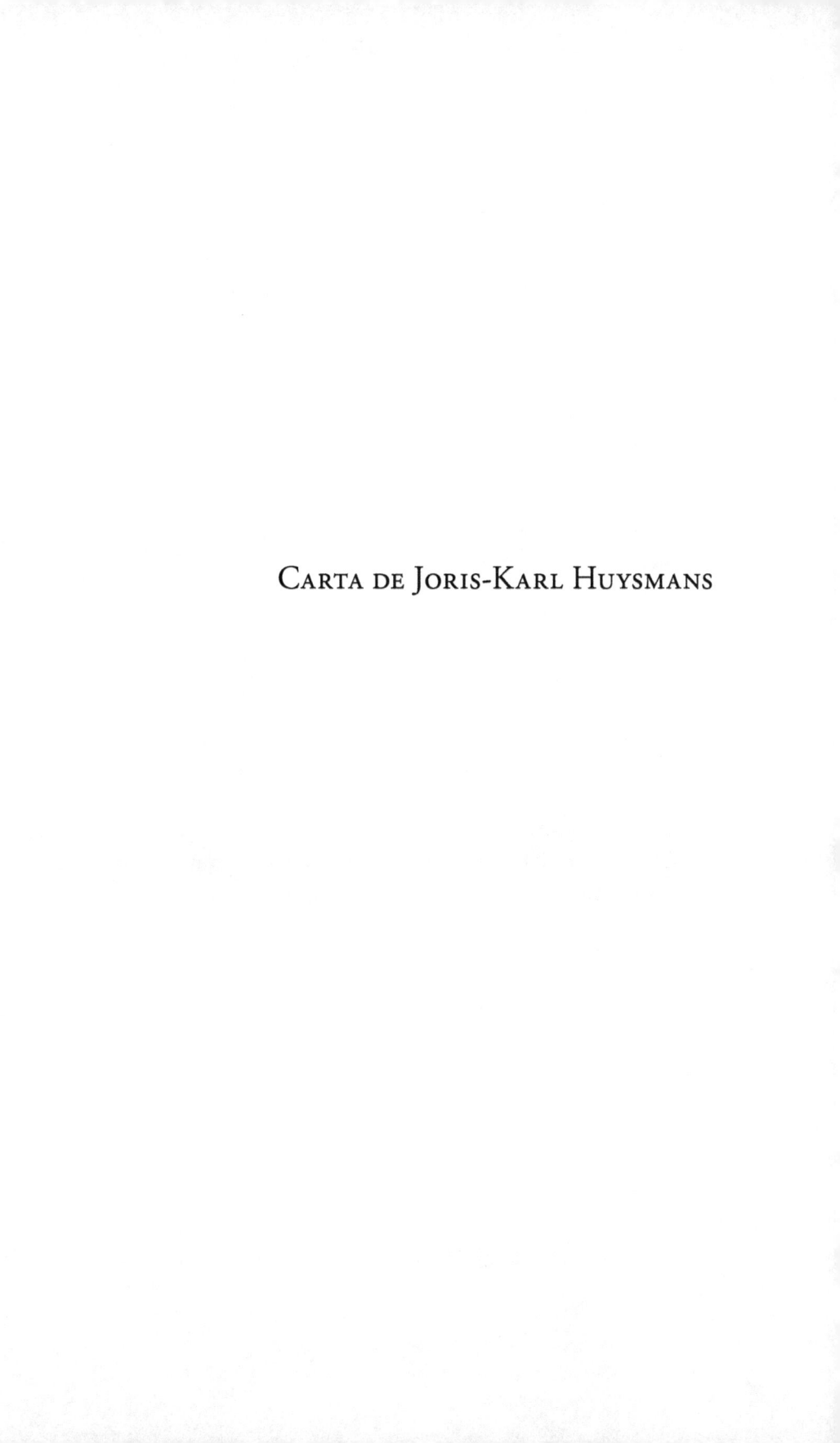

CARTA DE JORIS-KARL HUYSMANS

DD-201

Monsieur Julian del Casal

Teniente Rey 39

à La Havane

Île de Cuba

DO-201

Paris, 22 avril 1892

Monsieur et cher confrère,

Je vous remercie de l'article que vous
avez bien voulu me consacrer dans la
Habana Literaria que j'ai vaguement
compris, en raison du grand nombre de mots
derivés du latin dont vous usez.

C'est toujours avec une certaine surprise
qu'à Paris où, en somme, tout le monde
méprise l'art et garde ses sympathies pour
les gens qui, dans la banque et le commerce
gagnent beaucoup d'argent, les gens isolés
dans l'art apprennent qu'au loin, ils
ont des esprits similaires et des amis

inconnus que préoccupent des haines
et des joies pareilles.

Aussi votre lettre m'a-t-elle réjoui,
en m'annonçant que, si loin, vous connaissiez
mes livres et en parliez dans les revues
de La Havane.

À ce propos, que je vous donne et mon
adresse exacte et celle de Gustave
Moreau, pour éviter les longueurs de
transmission des lettres que vous pourriez
écrire.

Gustave Moreau demeure 14 rue
de La Rochefoucauld.

et moi 11 rue de Sèvres.

Que vous avez raison, Monsieur, et

DO-201

cher confrère, d'aimer l'œuvre de cet
artiste! – Lui, quelques uns, comme Degas,
Redon nous consolent des médiocres expositions
de peinture qui, maintenant ici, nous
encombrent.

Peut-être, un jour, le public finira-t-il,
par y croire.

Je me figure qu'à La Havane, vous vivez
littérairement, forcément exilé dans un
petit cercle, car il est peu probable que
les Havanais raffolent plus que les Parisiens,
d'art.

Le niveau spirituel doit être le même.
Aussi ai-je une réelle sympathie pour
ceux qui, comme vous, en sortent.

Je vous envoie, Monsieur et cher

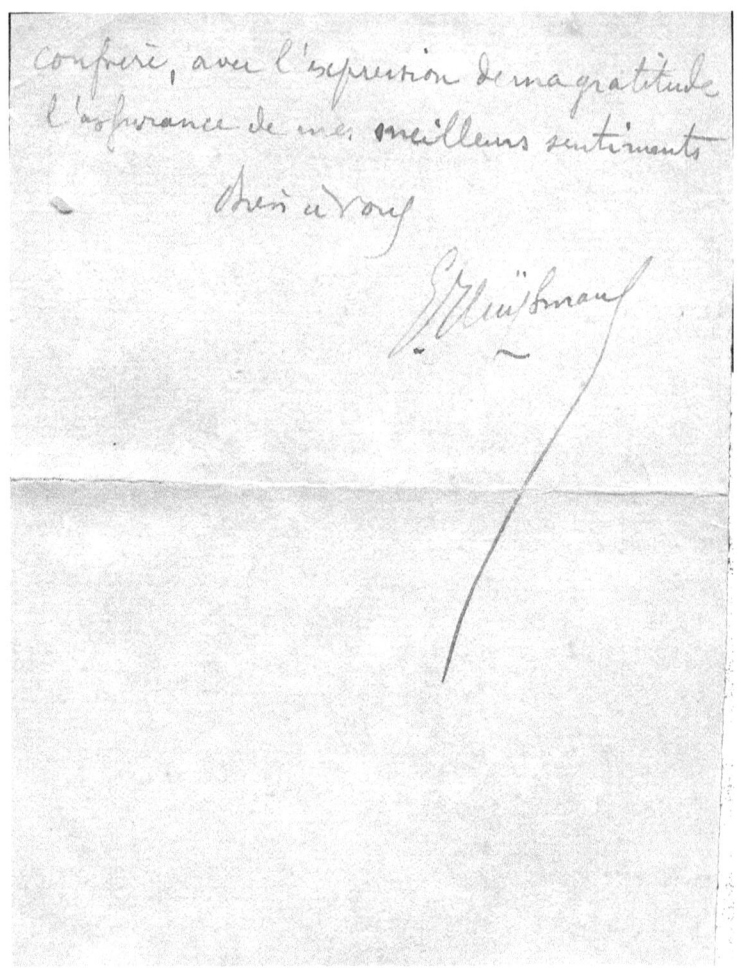

confrère, avec l'expression de ma gratitude
l'assurance de mes meilleurs sentiments

Bien à vous

E. Meunier

CARTA DE SALVADOR RUEDA

América.

Sor. Don

Julian del Casal . Poeta

Galería Artística. Calle del Obispo.

Habana

179

S. D. Julián del Casal.

Mi querido poeta.

A su debido tiempo llegó á mis manos su carta, y agradezco á V. los elogios inmerecidos que en ella me dedica, más por venir esos elogios de un americano.

Me he retrasado en escribir á V., y le pido perdón por la falta, pero si contra mi voluntad no se he escrito antes, en cambio su nombre de V. y sus brillantes versos no se han caído, ~~~~ mucho tiempo, de nuestros labios. De nuestros labios digo, por que durante la estancia de Rubén Darío en Madrid, nuestra ocupación predilecta y casi constante es hablar de los poetas y escritores americanos. La emprendemos con V. hasta no dejar poesía de su libro sin recitar; luego nos deleitamos con los versos que por casualidad recordamos del exquisito Nágera (yo no poseo sus libros), y encontramos más poesía en él, y más originalidad, y más arte, que en casi todo este parnaso español resonante, hueco, rutinario, gastado, y momificado, en una palabra. Pasamos inmediatamente revista a Obligado, á Meroa, á Savidia, á Acosta, á Tacis, á Pichardo, á Zorrilla San Martín, y á porción

de poetas más, los cuales solo soltamos para
admirar á los literatos y críticos; en fin, que
nuestro parnaso no es el de Madrid (en Madrid,
aparte de algún maestro viejo y de alguno que
otro joven, no hay parnaso, cosa que es tan cierta,
como cierto que en América, seducida como
está por la distancia, no se creerá así); repito que nuestro parnaso es el americano, y que
de él gozamos la variedad, la elegancia, la
delicadeza, la maestría, el refinamiento exquisito, la diversidad de escuelas, y demás me-
ritos en que Vtes nos aventajan.

Rubén está disgustado en esto que no se puede
llamar nuestro parnaso poético: vió á Madrid desde América y tenía para él el azul de la distancia: así
que llegó y ha visto que su imaginación sufrió
un espejismo, está inconsolable: se encuentra
á los viejos todavía encastillados en la vieja sim-
pleza, hueca y estúpida; quiere penetrar en la
generación nueva, en la que Rubén soñaba, equivalente á la de Vtes, y no la encuentra (salvo algún
ejemplar raro); busca atmósfera de arte, y se baña
en un ambiente de hielo; no me gusta dar malas
noticias, pero debo decir á V. y á la generación
literaria de América, que aquí no hay ni entusiasmo,

ni atmósfera literaria, ni cosa que á eso se parezca. Yo me pregunto: ¿dónde irá Darío cuando salga de España? mejor dicho ¿dónde debería de ir? ¿á qué centro propio de sus méritos de artista? Este errabundo amigo nuestro, este elegantísimo poeta, se hallaría á gusto solamente en París. París es su atracción perpetua; con la literatura de la capital de Francia, está formado su gusto, vive con sus artistas desde aquí, constituyen ellos sus recreos, y si el Gobierno de Nicaragua quisiera tener un rasgo, que en España se vería con gusto, lo que debía de hacer era enviar á Rubén Darío á París con alguna representación fija y duradera.

Así como yo ansiaría más renovar, á algunos puntos de América que ver la capital de los franceses, Rubén desea la vida de París antes que todo. Es seguro que allí haría grandísimos progresos, y que al cabo de algunos años, Nicaragua estaría mucho más orgullosa de su poeta, el cual es digno como pocos de una protección nacional.

Por supuesto, que lo que digo de Rubén con respecto á Nicaragua, lo digo de V. también con respecto de su país. En todas partes se brinda protección á los músicos, á los escultores, á los pintores, y nadie se acuerda para nada de los

poetas, que al cabo llevan en la pluma a la
vez una paleta, un cincel y un pentagrama.

Nada más digo á V. por hoy. Uno de estos
días saldrán para América ~~algunos~~ ejemplares
de mi nueva obra poética titulada En Tropel,
que está al aparecer ante el público. Mi
vivo deseo es que no desagrade á los americanos.

A Dios, amigo mío: dé V. abrazos míos
á esos compañeros, y V. sabe cuánto le
admira y quiere su afectísimo q. b. s. m.

Salvador Rueda

Carta de Aurelia Castillo

Guanabacoa, 3 Mayo 1892.

Sr. D. Julián del Casal

Mi querido amigo:

Deploro en este instante mi carencia absoluta de aptitudes para la crítica literaria, porque me gustaría mucho poder analizar á conciencia sus brillantes flores de nieve, señalar uno á uno los primores que encierran — empeño deleitoso que, por largo y delicado, no llegaría á cansarme —, indicar los puntos que me parece ganarían con ligeras correcciones que V. hiciere — tarea que no me llevaría diez minutos —; y tomando pretexto de su libro, pasaría á estudiar la escuela poética que V. inicia entre nosotros, y por último al poeta, á V. mismo, estudio difícil sobre toda ponderación, porque ya con palabras suyas le he llamado otra vez: "Ser solitario como la aurora — Ser misterioso como la nieve"; y todos los que le conocen á V. convienen conmigo, cuando á sus espaldas le cortamos un sayo, en que tiene V. mucho de excepcional y digno de estudio. ¡Es cudrivar su cerebro y su corazón! ¡Cuántas sorpresas proporcionaría esto! Sería como internarse en país alpestre. Ya nos quedaríamos extasiados ante eminencias de seductoras líneas y llenas de colores, ya sobrecogidos al sentir que nos faltaba

donde afirmarnos porque abismos profundos nos
hacían el vacío al paso.

Pero ya que no pueda razonar mi opinión
acerca de su libro, ni descubrir y demostrar cómo
piensa y cómo siente V., rindiéndole público testimonio de admiración y simpatía, que una carta confidencial le lleva por lo menos mis aplausos,
la ingenua expresión de mi pensamiento, en el
que se levantan algunas objeciones junto al más
sincero entusiasmo. Pero, no sería ingratitud
de parte mía someter á juicio al amigo que para mí no tuvo más que elogios apasionados? No,
esta consideración no me detendrá. Las circunstancias difieren en absoluto. ¿A qué conduciría señalar errores á escritos que ya concluye y de cuya mediocridad en tiempo alguno fué dable esperar grandes cosas? Pero cuando se habla á un joven en cuyas obras se han
descubierto veneros infinitos de imaginación
artística, de fuerza creadora y tan maravilloso
manejo de la rima, que parece danza de palabras
en la que cada cual viene gozosa y ligera á ocupar el sitio preciso en el instante exacto marcado por mágico instrumental á que el poeta da
sonoridades desconocidas; entonces los elogios casi están demás: se saben en murmullo de la
multitud entera, que le aclama, que le discute,
que le ataca y le defiende; pero que le lee, que no
puede pasar su nombre por alto, que busca en
cada arpegio que brota la emoción de una no-

se experimenta es una sensación de pesar, de temor: la mutilación de la obra artística mutila
nuestra emoción. Viene después la curiosidad
de inquirir por qué se ha hecho la variante y cómo se ha hecho. El apego á lo conocido y admirado
con anterioridad nos previene en contra, y es una
buena victoria del artista si nos seduce y nos convence, como lo hace V. en distintas ocasiones.

El libro entero ha obtenido una muy cumplida victoria sobre mi espíritu. Porque ha de saber V., amigo mío, que yo estaba así, como enojada con V. Parecíame que me había defraudado,
que me había despojado de algo que ya me pertenecía. Este algo era mi admiración casi sin reservas, mi confiado entusiasmo por sus versos
y su prosa. Y aun más que eso. Todos somos copartícipes por derecho propio en una gloria nacional,
y el que la lleva vinculada en su persona, nos
parece obligado á mantenerla en toda su integridad. Ahora bien, el cuerpo del delito está en La
Habana Literaria y se llama Joris Karl Huysmans.
Después de haber leído ese escrito no he hablado con
V. Yo le hubiera dicho con la franqueza á que me
obligan el afecto y la convicción de que es V. una
gloria de Cuba, que ese autor le ha hechizado con
artes maléficas; que leer sus libros (no los conozco sino
es por lo que V. dice de ellos) no equivale en mi concepto á "recibir una ducha de ideas sanas y elevadas",
sino más bien á sumergirse en una de aquellas lagunas romanas de triste celebridad. Perdone, Casal;

pero á mí me parece indudable que V. salió de
esa lectura con una malaria en el alma que
le mareaba, fingiéndole ronda dantesca de espectros más atroces, si cabe, que aquellos tan admirablemente animados por V. en *Horridum
Somnium*, la soberbia composición con que cierra su libro. Le juro á V. que haría con su biblioteca lo que con la de D. Quijote hizo el discreto
Cura, y dudo mucho que de la quema escapase
algún volumen.

Usted se reirá de esto (si no es que se enfada)
y me dirá: "Pues si tanto le gustan mis versos
¿cómo condena mis procedimientos? Buenas serán las aguas con que riego mi cerebro cuando
produce esas flores con que triunfo en toda la lírica". Niego, niego en absoluto, y le contestaría á
V. como Voltaire á los que le argüían en pro de
la religión católica con los progresos realizados
desde Cristo á nuestros días. Esas bellezas poéticas
no las produce V. por las influencias que recibe
de cierta literatura francesa, sino á pesar de ellas;
porque la naturaleza le ha dotado á V. abundosamente para producirlas. Todo lo hermoso que hay
en sus obras procede de V.; algún verso, alguna
frase, algún período que yo tacharía con lápiz
rojo, eso no es de V., eso es el contagio, eso es lo
enfermizo, eso es el extravío, el tributo á la moda que pasará. Lo permanente, que le consagra
á V. poeta y le señala lugar de etapa en nuestro
parnaso, es exclusivamente suyo.

Usted sabe que los *Cromos Españoles* habían
elevado mi entusiasmo á un grado máximo. Ni
asomos hay en ellos del mal de época. La poesía moderna, aparece allí sin sus afeites, sin la falta de
espontaneidad, que es quizá su defecto capital, y
con todas sus gracias pictóricas y todos los ápices
del estilo. Casal está salvado, dije yo: estos tres sonetos serán gala de toda antología castellana.
¿Cuál es más bello? El último que se lee. La Maja
y el *Fraile* superan quizás al *Torero*, y para hacer
pendant con el cuadro en que vibra aquella mujer, toda fuego y seducción, escogería yo, antes que
el de su compañero natural en la vida, el del fraile
borrachón, cuyos esfuerzos mejores consisten en
forjar en su mente cestas de provisiones, pues la
harmonía por contraste parece que añade á la una
provocación y ligereza, al otro prosaísmo y mansedumbre. En estos arrobos estaba yo cuando vino
Joris Karl Huysmans á ponerme sombría y
disgustada, haciéndome desconfiar de todo. Pero llegó el libro á su ver, y según avanzaba en los *Bocetos Antiguos*, iba olvidando aquella pesadilla; la admiración me reconquistaba por grados. ¡Magnífico! ¡Magnífico! murmuraba rendida ya á
cada nuevo lienzo del *Museo ideal*. ¡Milenna-
rio! decía leyendo la *Apoteosis de Gustavo Moreau*.
Los *Marfiles Viejos* continuaron el encanto: ellos
han dado su nombre al poeta; y al llegar á *La
Gruta del Ensueño*, parecióme que mis rodillas tocaban el suelo..... ¿Por ser baja la entrada? No lo

ré. Pero lo que sí aseguro es que el deslumbramiento fué completo. ¡Cuántas maravillas encontré
allí! Retratos de hermosuras desconocidas, exquisitos Camafeos, contrastes de luz y sombras, extrañas Flores nacidas en un corazón y sorprendentes Flores de Eter, Kakemonos incomparables, soberbios leones en agreste panorama, gráficos Paisajes
de Verano.... y en medio de todo, fantástica, divina, triste y soñadora, con mirada de brillos astrales, la hada de la gruta, la que ha operado todos
los milagros, La Reina de la sombra, la musa
de Casal, la que te hace mostrarte tal cual es,
cuando exclama en arranque de verdadero lirismo, de verdadero poeta, sin acordarse para nada
del decadentismo ni de cosa alguna convencional y pegadiza:

"¡Cómo al verla, reinando en la sombra,
Donde sólo en vivir se complace,
Se despierta en mi mente nublada
De los sueños el vívido enjambre!
¡Cómo agita mis nervios dormidos!
¡Disipando mis tedios mortales!
¡Cuántas cosas me dice en silencio!
¡Qué dulzura en mi ánimo esparce!
¡Cuántas penas del mundo me lleva!
¡Cuántas dichas del cielo me trae!
Esa diosa es mi musa adorada,
La que inspira mis cantos fugaces,
Donde sangran mis viejas heridas

Y sollozan mis nuevos pesares.
Ora muestre su rostro de virgen
O su torso de extraña bacante,
Yo con ella sereno y gozoso,
Mientras venga en la sombra á mirarme
Cruzaré los desiertos terrestres
Sin que nunca mi paso desmaye,
Ya me lleve por senda de rosas,
Ya me interne entre abrojos punzantes."

Sin que nunca mi paso desmaye. Así, amigo mío, así habla un poeta. La frente alta, el cuerpo erguido, el ánimo pronto á la lucha. Los privilegios no se reciben gratuitamente. Como los candeleros de plata de Monseñor Bienvenido, son ellos precio de almas. Los ojos del poeta están dispuestos para mirar al porvenir; su voz puede ser heraldo de grandes cosas; la fascinación que ejerce puede ser generadora de epopeyas en acción. Quédese para la mujer de Lot el mirar constantemente hacia atrás. El poeta no puede ser esta tua. Es un ser eminentemente eléctrico. Su mirada debe abarcarlo todo. Fíjese investigadora y meditabunda en las ruinas de lo que fué, fulgurante y atrevida en el torbellino de lo que es, beatífica y confiada en los esplendores que sólo á ella es dado contemplar de lo que está por venir.

Llena de temores le mando á V. esta carta. Oh, que no pierda yo su amistad por ser la mía demasiado entrañable y sincera. No estaré tran

Sepa

quita hasta que ~~venga~~ V. á ~~dejarme leer en~~
~~su semblante~~ que no le han herido mis oficiosas observaciones, que no ha encontrado veneno en mi lápiz rojo. ¿Ni quién osaría ver
ter ponzoña en alma como la suya? La
única persona que se atreve á veces contra
ella calumniándola es V. mismo. Todos los
demás reconocemos que es de naturaleza deli
cada, y por eso ~~amamos~~ estimamos al poeta á par que
le admiramos, y entre los primeros que por V.
sienten así, cuente siempre á su amiga

                    Aurelia Castillo de González.

V., Barreto 62.

CARTA DE BONIFACIO BYRNE

Sr. D.

Julián del Casal

Compostela, 69.

Habana.

DO-192

Mat.z Mayo 3 de 1892.

Sr. D. Julián del Casal.

Hab.ª

Mi distinguido amigo:

Antes que otra cosa, permítame V. que, á través de la distancia que nos separa, le envíe un estrecho abrazo y un fuerte apretón de manos. Mientras viva, le agradeceré en el alma el juicio, altamente benévolo y lisonjero, que ha hecho V. de mis pobres "Excéntricas". V., entre los que me han distinguido ocupándose en mis versos, es sin duda el que me ha desdoblado el alma. Nada me importa ahora que me zahieran y que me ~~encieren~~... La

opinión de V. será siempre
mi salvo conducto litera-
rio. Pero así como le
digo esto, debo también
advertirle que ha sido V.
injusto. Y lo ha sido
V. á sabiendas. Aunque
mucho me halaga que V.
me haya llamado el pri-
mer poeta de la actual
generación, yo, no obstante, reconozco que otros
van delante de mí. Y
el que marcha á la ca-
beza de todos, escribió primero "Hojas al viento", y
después "Nieve". Tengo
la profunda convicción
de lo que digo, y he de
morir me aferrado á mis
trece, como suele decirse.
Aquí, en Matanzas, los

que bien me quieren, ha-
cen vivos elogios de su brillante artículo; y los que
no me profesan un buen
afecto, lo envidian á V.
y.... me envidian. ¿Por-
qué no confesarlo? ¡Ah!
Estos jornaleros de la prensa, sudan á mares y ~~fue~~
~~son~~ sufren inauditas torturas, antes de hacer el
elogio más insignificante,
sin tener en cuenta que
aquí tienen sus lectores
en la Plaza del Mercado
y allá en la del Vapor.
¡Pobres diablos! Ovidio supo
pintar de mano maes-
tra lo que ellos experi-
mentan de continuo.
          Volviendo al hermoso ar-
tículo de V. ingénuamente

le confieso que me dice
V. en él cosas muy hala-
güeñas; cosas que me estimulan y animan á
proseguir en mis esfuer-
zos literarios. Ha sido
V. muy bueno y generoso
conmigo, y si antes lo admiraba por sus cincela-
dos y maravillosos versos,
hoy le quiero con toda
la efusión de mi alma;
de mi alma que ha sa-
bido V. desdoblar como
nadie.....

Téngame por el prime-
ro de sus admiradores y por
el más adicto de sus ami-
gos, y aunque nada valgo,
disponga de mí en cuanto
quiera, sabiendo que será para mí un gran placer el
serle útil.

B. Byrne.

Calzada de Tiry, 72.

CARTA DE CASAL A CARMELA

DO-168

Habana 26 de Diciembre de 1890

Mi queridísima Carme-
la: Hoy, después de Noche
Buena, té escribo esta carta
sin tener ninguna tuya á
la cual responder, para
que veas que te quiero y
me acuerdo mucho de tí,
sí, mucho más que de na-
die.

Anoche cené en casa
de Hubert de Blanch y
me acordé mucho de uste-
des, porque hubiera deseado pasar esa noche en compañía de vosotros. Esto no
es mentira. Hasta de
Julia, á quien apenas
reconoceré el día que la
vea, me he acordado
muchísimo mientras me
servían pavo con trufas

y otras cosas buenas que
no mel sabian á nada, porque pensaba en ustedes. Pero no sigo, porque no quiero que te entristezcas.

Antes de que se me
olvide, te recomiendo en-
carecidisimamente que le
escribas á Malpica feli-
citandole las Pascuas y
haciendo estensiva á toda
la familia la felicitación.
Hazlo hoy mismo.

Ya tengo "El Figa-
ro Ilustrado" y espero
que el sabado venga
El "Paris Navidad" para
mandarte los dos. Como
tienen muy bonitas las cubiertas, te los manda-
ré en un paquete certi-
ficado para que en él

correo no se los vayan á
cojer. Si viene el sábado
el "París Noël" te los envió el lunes. Estate alerta. Tus cartas tardan
seis ó siete días en ve-
nir. No sé lo que tarda-
rá un certificado.

Siento mucho el per-
cance de la mudada y
espero que, al recibir esta, todo se haya arregla-
do. Yo iré tan pronto co-
mo puede. No atribuyas
la demora de mi viaje
mas que á falta de
dinero y á esceso de
trabajo. Temo perder
el destino de _La Carica-
tura_ que es casi mas
seguro que el de _El
País_. Esta quiebra el

dia menos pensado, porque
el partido autonomista tie
ne pronto que morir y aquel
periódico sube cada dia
más.

¿Te ha escrito Delmon
te?

Escríbeme pronto y
recíban todos el cariño
que es capaz de conte
ner mi corazón.

Julián del Casal

Carta de Casal a Magdalena Peñarredonda

[Oficina de Asuntos Históricos del Consejo de Estado]

Habana Enero 10 de 1889

Mi inolvidable amiga: Aca
bo de levantarme del lecho del do_
lor, donde me ha tenido postra_
do varios dias una fiebre ma_
ligna que llegó una noche á 41°
y qué me ha abandonado (¡que rara
coincidencia! ó ¡qué falso es ese
Julito! dirá usted) al recibir la
carta que me ha escrito usted
y que anoche me entregaron.

Durante los cuatro dias que
estuve en cama, he tenido la in_
mensa satisfacción de ver á la
cabecera de mi lecho á muchísi_
mas personas de diversas posiciones y de reconocido valer. San
guily y Figueroa han sido de

lor mar constantes. La joven
Cuba no se ha separado un momento de mí. Otras personas, como
Varona y Montoro, han enviado recado. En casa de Panchito Chacón
y en casa de Aróstegui se han encendido velas por mi salud. Como
usted es algo bohemia, le contaré
una escena graciosa que ocurrió
la última noche. Yo no tengo más
que un sillón y una silla en el
cuarto; estos muebles estaban ~~éstos~~
~~por~~ ocupados; el resto de los visitantes, que eran cinco ó seis, se
sentaron alrededor de mi cate,
donde yo estaba incorporado, y de
repente se oye un crujido de
lona, (se rompió el forro) y no fuimos todos al suelo
porque el cate estaba muy bajo.

Respecto á mi nueva vida, ya
me he hecho mi hueco, como usted
decía. Estoy en La Discusión, periódico que ha prosperado mucho; me
pagan religiosamente 30 p⁄s b⁄s semanales, por escribir diariamente
un artículo literario sobre ~~el~~ asunto de actualidad. Me firmo Hernani. Aunque todos los días
lo escribo algunas veces me los

dejan fuera por exceso de material. También gano 5 pesos en
La Caricatura, semanalmente,
como usted sabe. La contra de
tienda literaria se la doy al
Fígaro ó á La Habana Elegante.

Ya ve usted que con lo que
reuno puedo vivir perfectamente;
pero como soy un inquieto, según
dice usted, quisiera irme á Nueva
York por aprender el inglés y sobre
todo por estar al lado de usted.

No le ha mandado "El adios
al Brasil" porque supongo que
Elica lo habrá hecho ya. También
he escrito unos versos á la
memoria de la mujer de Figueroa, que han gustado mucho,
hasta el punto de que Enrique
José Varona dijo la otra noche, en casa de las Delmonte, que era la mejor poesia
que se habia escrito en Cuba
despues de la guerra. Yo no
estaba delante, pero me lo
contaron y se lo cuento solamente á usted porque sose

con mis triunfos. Dichos ver
sos se publicarán en una
corona fúnebre que Figue
roa proyecta hacerle á su
mujer; yo creo que no la hará
al fin, apesar de que le han
escrito todos los literatos
y tiene ya el papel y las
pastas, ambos riquísimos.

Tengo que hablarle
de muchas cosas, pero la
pluma me tiembla porque
estoy muy debil todavia. En
otra carta lo haré.

Desea que la grippe
la haga volver á estar
plazar y que pase feliz año
              su adorador
        Julián del Casal

P. D. Contésteme pronto y no
sea morosa. Yo tengo ahora
la neurosis del trabajo y quiero
comunicársela á todo el mundo.

De los correspondientes

ALJESNO, COMTE DE (¿?-¿?). No se ha encontrado información sobre este autor.

ARBURU, JOSÉ (¿?-¿?). Padre del pintor cubano José Arburu Morell (1864-1889).

ARCINIEGAS, ISMAEL ENRIQUE (1865-1938). Poeta, traductor y abogado colombiano. Fundó y dirigió los diarios *La Pluma* y *El Nuevo Tiempo*. Desempeñó cargos diplomáticos en América y Europa, como encargado de negocios y ministro plenipotenciario. Tradujo las *Odas* de Horacio y *Les trophées* de José María de Heredia. Reunió sus versos en *Poesías* (1897), *Cien poesías* (1911) y *Antología poética* (1932).

BYRNE, BONIFACIO (1861-1936). Poeta cubano, célebre sobre todo por su poesía de carácter patriótico y especialmente por su poema de 1899 «Mi bandera». Su obra poética comprende, entre otros, los cuadernos *Excéntricas* (1893), *Efigies* (1897), *Lira y espada* (1901) y *En medio del camino* (1914). Fue miembro fundador del Grupo Índice y socio correspondiente de la Academia Nacional de Artes y Letras.

CARMEN DEL CASAL, MARÍA DEL (CARMELA) (1867-1964). Hermana de Julián del Casal y madre de la pintora Amelia Peláez (1896-1968).

CASTILLO DE GONZÁLEZ, AURELIA (1842-1920). Escritora e intelectual cubana. Colaboró con prestigiosas publicaciones periódicas de la Isla como *Revista de Cuba, Revista Cubana, La Habana Elegante, Bohemia, Social* y *Cuba contemporánea*. Participó en la fundación de la Academia Nacional de Artes y Letras, de cuya sección de Literatura fue vicedirectora y presidió la comisión editora de las obras de Gertrudis Gómez de Avellaneda. Compiló sus textos en *Escritos de Aurelia Castillo de González, de la Academia Nacional de Artes y Letras, y algunos de Francisco González del Hoyo* (1913-1918).

CAY, MARÍA (¿?-¿?). Hermana del escritor cubano Raoul Cay y esposa del general español José Lachambre.

CORNÉLIUS PRICE, ÉDOUARD (1870-¿?). Poeta cubano-francés. De niño aban-
donó su Puerto Príncipe natal y se radicó con su padre en Burdeos, de
donde se trasladaría más tarde a París. Colaboró con *Revista Cubana*, *La
Habana Elegante*, *El Fígaro* y es autor del cuaderno de poesía *Pour l'amour
des verses* (1892).

DARÍO, RUBÉN (1867-1916). Poeta, periodista y diplomático nicaragüense.
Figura cimera del modernismo y uno de los mayores renovadores de la
poesía en lengua española. Entre su extensa y notable producción lírica
sobresalen los libros *Azul* (1888), *Prosas profanas* (1896) y *Cantos de vida y
esperanza* (1905).

DU BOUCHET Y BARRIOL, AMÉRICA (¿?-¿?). Amiga y ferviente admiradora de
Casal. De ella se dice en la Edición del Centenario que durante toda su
vida, en recuerdo de la amistad que le unió a este, «llevó rosas a la tumba
del poeta».

ESCOBAR, LUIS. No se ha encontrado información sobre este autor.

FACIO, JUSTO ANTONIO (1860-1931). Educador y escritor panameño. Fue el
primer rector del Instituto Nacional de Panamá y ministro de Educación
y de Relaciones Exteriores de Costa Rica, país en el que residió la mayor
parte de su vida.

FONSECA, DOROTEO (¿?-¿?). Poeta salvadoreño. Varios de sus poemas aparecieron en *La Juventud Salvadoreña*, órgano de la sociedad científico-literaria
de igual nombre, del que fue redactor.

GARCÍA MÉROU, MARTIN (1862-1905). Escritor y diplomático argentino. Fue
ministro plenipotenciario ante varios gobiernos americanos. Entre sus cuadernos de poesía se cuentan *Poesías* (1880), *Nuevas poesías* (1881), *Varias
poesías* (1882), y, entre sus volúmenes de prosa, *Reflejos* (1881), *Estudios
literarios* (1884) y *Libros y autores* (1886).

GAUTIER, JUDITH (1846-1917). Novelista, poeta, traductora y compositora
francesa, hija del destacado escritor Théophile Gautier (1811-1872). Fue la
primera mujer en ingresar a la Academia Goncourt. Conocedora del chino
y el japonés, escribió novelas de asuntos orientales. Fue esposa de Catulle
Mendès y amiga de Richard Wagner.

GÓMEZ CARRILLO, ENRIQUE (1873-1927). Escritor y periodista guatemalteco. Se dio a conocer fundamentalmente en los círculos artísticos parisinos, donde trató a Verlaine e hizo amistad con Moréas y Maeterlinck. Escribió múltiples crónicas y libros de viajes –*De Marsella a Tokio* (1905), *Grecia* (1907), *Jerusalem y la Tierra Santa* (1913), *El Japón heroico y galante* (1922)–, además de novelas y trabajos críticos e impresiones como *Esquisses* (1892), *Sensaciones de arte* (1893) y *El modernismo* (1905).

GÓMEZ RESTREPO, ANTONIO (1869-1947). Crítico literario y poeta colombiano. En 1886 se dio a conocer con su *Ensayo sobre los estudios críticos de Merchán* y en 1893 publicó en París el poemario *Ecos perdidos*. Tradujo, según Raimundo Lazo, «con destacado acierto los *Cantos* de [Giosuè] Carducci» y escribió una *Historia de la literatura colombiana* (1945).

GOYRI Y ADOT, INÉS (1842-1911). Marquesa de Balboa y Dama Noble de la Orden de María-Luisa. En 1894 fue retratada por el pintor español Joaquín Sorolla.

GRILLO, MAXIMILIANO (1868-¿?). Poeta y dramaturgo colombiano. Fundó en 1892, en compañía de Salomón Ponce Aguilera y Ricardo Tirado Macías, la *Revista Gris*. Estrenó en 1908 la pieza *Raza vencida*, y un año después *Vida nueva*.

HERNÁNDEZ MIYARES, ENRIQUE (1859-1914). Poeta y periodista cubano. Fue director de *La Habana Elegante* y codirector, junto con Alfredo Zayas, de *La Habana Literaria*. Miembro de número de la Academia Nacional de Artes y Letras, a su iniciativa se debió la institución del «día de Casal». Como poeta es principalmente conocido por su soneto «La más fermosa».

HORTA, EULOGIO (1865-1912). Periodista cubano. En 1885 fundó y dirigió en Cienfuegos la revista *La Nueva Alianza*, órgano del centro espiritista Lazo de Unión. Aficionado al ocultismo, fue delegado en Cuba de la Sociedad de Estudios Esotéricos de París. Tradujo poemas de Baudelaire, Verlaine y Mallarmé, y colaboró con importantes revistas nacionales como *El Fígaro*, *La Habana Elegante* y *Social*.

HUYSMANS, JORIS-KARL (1848-1907). Poeta y novelista francés. Autor del cuaderno de poemas en prosa *Le drageoir à épices* (1874), se le conoce eminentemente por sus novelas *À rebours* (1884) y *Là-bas* (1891). Su obra, que atravesó por diversas etapas, fue del naturalismo, pasando por el «naturalismo espiritualista» que él mismo creó, hasta el catolicismo de títulos como *En route* (1895) y *Les foules de Lourdes* (1906). Fue el primer presidente de la Academia Goncourt y en 1907 nombrado Oficial de la Legión de Honor.

ICAZA, FRANCISCO ASÍS DE (1863-1925). Escritor y diplomático mexicano. Fungió como presidente de la sección de literatura del Ateneo de Madrid y secretario de la Legación de México en esa misma ciudad. Fue miembro correspondiente de las Academias de la Lengua, de la Historia y de las Bellas Artes de San Fernando. Publicó los libros de poesía *Efímeras* (1892), *Lejanías* (1899), *La canción del camino* (1902), *Cancionero de la vida honda y de la emoción fugitiva* (1925), así como numerosos estudios sobre literatura española.

LAMBER, JULIETTE (1836-1936). Escritora francesa. Después de su matrimonio con Edmond Adam: Juliette Adam. En 1858 publicó *Idees antiproudhoniennes sur l'amour, la femme et le marriage* en defensa de Marie d'Agoult y George Sand. En 1879 fundó la *Nouvelle Revue*, donde ejerció notable influencia hasta 1899, y en la que aparecieron textos de Guy de Maupassant, Octave Mirbeau, Pierre Loti, Paul Bourget y Paul Valéry.

LASTRA, MATILDE DE LA (MATITÍ) (¿?-¿?). Tía materna de Julián y María del Carmen del Casal.

MALPICA LA-BARCA, DOMINGO (1836-1909). Mecenas cubano, gran conocedor de artes plásticas y autor de la novela *En el cafetal* (1890). Tío de Eduardo Rosell, brindó albergue a Casal, entre enero y octubre de 1893, en uno de los cuartos de su residencia en Virtudes n. 2.

MONTE Y VARONA, HORTENSIA J. DEL (¿?-¿?). Dama de la aristocracia habanera, sobrina del escritor y periodista Ricardo del Monte. Casó con Eduardo Díez de Ulzurrun y Alonso, VII marqués de San Miguel de Aguayo.

MOREAU, GUSTAVE (1826-1898). Pintor francés. Su obra, en la que se ha señalado la influencia de Théodore Chassériau y los pintores del renacimiento italiano, se distingue por su condición simbólica y su recreación de temas mitológicos. Profesor de la Escuela de Bellas Artes de París, entre sus trabajos más famosos se encuentran *Œdipe et le Sphinx* (1864), *Prométhée* (1869), *Salomé dansant* (1876), *L'Apparition* (1876) *Orphée sur la tombe d'Euridydice* (1890) y *Jupiter et Sémélé* (1895).

NAVARRETE Y ROMAY, CARLOS (1837-1893). Abogado y escritor cubano. Fue presidente del Liceo de Guanabacoa y vicepresidente de la Sociedad Económica de Amigos del País. Colaboró con *Brisas de Cuba*, *La Piragua*, *Revista Habanera*, *Revista de la Habana* y *Revista de Cuba*.

PALMA, RICARDO (1833-1918). Escritor, historiador y lingüista peruano. Fue miembro correspondiente de la Academia de la Historia y de la Real Academia Española. Autor de *Anales de la Inquisición en Lima* (1863) y de varios trabajos lingüísticos –*Verbos y gerundios* (1877), *Neologismos y americanismos* (1896) y *Papeletas lexicográficas* (1903)–, su obra más significativa es, sin duda, *Tradiciones peruanas* (1872-1910), la cual continuó escribiendo casi hasta el final de su vida y le hizo merecedor de una amplia popularidad.

PAPILA 2°. Seudónimo. No se ha identificado al autor.

PARDO BAZÁN, EMILIA (1852-1921). Novelista, poeta y crítica española, introdujo el naturalismo en España, cuyas teorías divulgó en *La cuestión palpitante* (1883). Fue de los primeros escritores de la Península en asimilar las influencias de la novelística rusa y de 1831 a 1893 trabajó en la revista *Nuevo Teatro Crítico*, creada y redactada íntegramente por ella. En el conjunto de sus novelas destacan *Viaje de novios* (1881), *La tribuna* (1883), *Los pazos de Ulloa* (1886), *La madre naturaleza* (1887), *La quimera* (1905) y *La sirena negra* (1908).

PELÁEZ Y LAREDO, MANUEL (¿?-1916). Médico, esposo de Carmela del Casal. Fue Presidente del Comité Liberal Histórico de Yaguajay.

PEÑARREDONDA Y DOLLEY, MAGDALENA (1846-1937). Heroína cubana de la lucha por la independencia. Fue Delegada del Partido Revolucionario Cubano en Pinar del Río, cargo que simultaneó con sus labores como correo y agente de las tropas mambisas. En 1898, víctima de una delación, se le confinó en la Casa de las Recogidas, donde permanecería hasta el fin de la guerra, luego de la cual recibió el grado de Comandante del Ejército Libertador.

PICÓN FEBRES, GONZALO (1860-1818). Novelista, poeta y crítico venezolano. En 1895 se tituló de abogado por la Universidad de Mérida. A su pluma se deben las novelas *Fidelia* (1893) y *El sargento Felipe* (1899); el poemario *Caléndulas* (1893) y el ensayo *La literatura venezolana en el siglo XIX* (1906).

PONCE AGUILERA, SALOMÓN (1868-1945). Escritor y periodista panameño. Dirigió también, como Maximiliano Grillo, la *Revista Gris*, en la que incluyó algunos de sus cuentos y publicó en 1914 *De la gleba*.

ROSELL Y MALPICA, EDUARDO (1870-1897). Teniente Coronel del Ejército Libertador y uno de los más cercanos amigos de Casal. Se doctoró de Leyes en Madrid y estudió Ingeniería Química en Nueva Orleáns. Dejó escritos dos diarios de campaña *En camino* y *En la guerra*, que narran sus avatares en la insurrección, a la que se unió en agosto de 1895 y en la que llegaría a ser Jefe de Estado Mayor de la Brigada Oeste de Matanzas. Cayó en la emboscada del Ohito, Matanzas, el 3 de febrero de 1897.

ROSELL, MANUEL (¿?-¿?). Hermano de Eduardo Rosell.

RUEDA, SALVADOR (1857-1933). Poeta español, autor, entre otros poemarios, de *En tropel. Cantos españoles* (1893), que prologó Rubén Darío, y del volumen de crítica *El ritmo: crítica contemporánea* (1894). Es considerado, por las imágenes coloristas de su poesía y la variedad de sus experimentos métricos, un precursor del modernismo en España.

SÁNCHEZ PESQUERA, MIGUEL (1851-1920). Poeta venezolano. Siendo niño se trasladó con su madre a Puerto Rico, donde cursó estudios filosóficos en el Instituto de Jesuitas. Luego, en Madrid, se tituló en Jurisprudencia Civil y Canónica. En Cuba, fue Magistrado de la Audiencia de Matanzas y asiduo colaborador de *El Fígaro*.

SANTOS DE LAMADRID Y RIBALTA, FRANCISCO (¿?-1932). Médico cubano. Fue en 1860 concejal del Ayuntamiento de Sagua la Grande. Estudió Farmacia en la Universidad Central de Madrid entre 1883 y 1884, año en que prosiguió sus estudios en la Universidad de La Habana, donde debió graduarse de Medicina.

VALLETTE, ALFRED (1858-1935). Editor francés. Dirigió desde 1890 el *Mercure de France*. Fue esposo de la escritora Rachilde.

VARONA, ENRIQUE JOSÉ (1849-1933). Pedagogo, político e intelectual cubano. Dirigió de 1885 a 1895 la *Revista Cubana*. Licenciado y Doctor en Filosofía y Letras por la Universidad de La Habana, en 1892 y 1893 respectivamente, asumió la dirección del periódico *Patria* tras la muerte de José Martí. En 1900 tomó posesión de la cátedra de Lógica, Psicología, Ética y Sociología en la Universidad de La Habana, institución de la cual sería nombrado luego, en 1918, catedrático honorario. Fue asimismo presidente de honor de la Academia de la Historia y miembro de la Academia Nacional de Artes y Letras.

Bibliografía citada

Augier, Ángel (1989): «Presencia de Julián del Casal. Rubén Darío en Cuba». En *Cuba en Darío y Darío en Cuba*. La Habana: Letras Cubanas, 101-170.

— (2007): «Julián del Casal en el contexto del modernismo hispanoamericano». En Casal, Julián del: *Páginas de vida. Poesía y prosa*. Caracas: Biblioteca Ayacucho, ix-xlviii.

Borbón, Eulalia de (1949): *Cartas a Isabel II, 1893: mi viaje a Cuba y Estados Unidos*. Barcelona: Editorial Juventud.

— (1958): *Memorias de doña Eulalia de Borbón, Infanta de España*. Introducción de Alberto Lamar Schweyer. Barcelona: Editorial Juventud.

Casal, Julián del (1963): «José Fornaris». En *Prosas*, vol. I. La Habana: Consejo Nacional de Cultura.

— (1979): *Prosas*. Compilación, prólogo y notas de Emilio de Armas. La Habana: Letras Cubanas.

— (2012): *Cartas a Gustave Moreau*. Selec. y traducción de Amparo Barrero Morell. Santiago de Cuba: Ediciones Santiago.

Cruz, Manuel de la (1975): *Cromitos cubanos*. La Habana: Letras Cubanas.

Darío, Rubén (1952): «José Martí». En *Los raros*. Buenos Aires: Espasa-Calpe.

Rubén Darío (1989): *Poesía*. La Habana: Arte y Literatura.

Duplessis, Gustavo (1944): «Julián del Casal». En *Revista bimestre cubana* LIV (1), julio-agosto.

Fernández de Castro, José Antonio (1933): «Sobre Julián del Casal». En *Barraca de feria*. La Habana: Jesús Montero.

Franqueza, Juan (1833): *Directorio criticón de La Habana. Descripción de las cosas notables que encierra esta capital; caracteres, instituciones, establecimientos, etc., etc.* Parte primera. La Habana: Imprenta de Montiel.

García Galán, Gabriel (1951): *Magdalena Peñarredonda, La Delegada*. La Habana: Academia de la Historia de Cuba.

Giordano, Jaime A. (1999): «Casal y Darío: hacia una teoría de la imitación». *El sol en la nieve: Julián del Casal (1863-1893)*. La Habana: Casa de las Américas, 115-121.

Henríquez Ureña, Max (1941): «Poetas cubanos de expresión francesa». En *Revista Iberoamericana* III (6): 45.

Laguna Enrique, Martha Elizabeth (2013): *El museo nacional de bellas artes de La Habana y la colección de retratos de la pintura española del siglo xix.* Salamanca: Ediciones Universidad de Salamanca.

Santa Cruz y Mallén, Francisco Javier de (1940-1950): *Historia de familias cubanas.* 6 tomos. La Habana: Hércules.

Seoane Gallo, José (1987): *Palmas reales en el Sena.* La Habana: Letras Cubanas.

Zamudio, Luz Elena (1999): «Casal y Darío, dos caras del héroe modernista». En Campuzano, Luisa (ed.): *El sol en la nieve: Julián del Casal (1863-1893)*. La Habana: Casa de las Américas, 107-113.

ÍNDICE ONOMÁSTICO

CATÁLOGO ALMENARA

AGUILAR, Paula & BASILE, Teresa (eds.) (2015): *Bolaño en sus cuentos*. Leiden: Almenara.

AGUILERA, Carlos A. (2016): *La Patria Albina. Exilio, escritura y conversación en Lorenzo García Vega*. Leiden: Almenara.

AMAR Sánchez, Ana María (2017): *Juegos de seducción y traición. Literatura y cultura de masas*. Leiden: Almenara.

ARROYO, Jossianna (2020): *Travestismos culturales. Literatura y etnografía en Cuba y el Brasil*. Leiden: Almenara.

BARRÓN Rosas, León Felipe & PACHECO CHÁVEZ, Víctor Hugo (eds.) (2017): *Confluencias barrocas. Los pliegues de la modernidad en América Latina*. Leiden: Almenara.

BLANCO, María Elena (2016): *Devoraciones. Ensayos de periodo especial*. Leiden: Almenara.

BURNEO Salazar, Cristina (2017): Acrobacia del cuerpo bilingüe. La poesía de Alfredo Gangotena. Leiden: Almenara.

BUSTAMANTE, Fernanda & GUERRERO, Eva & RODRÍGUEZ, Néstor E. (eds.) (2021): *Escribir otra isla. La República Dominicana en su literatura*. Leiden: Almenara.

CABALLERO Vázquez, Miguel & RODRÍGUEZ CARRANZA, Luz & SOTO VAN DER PLAS, Christina (eds.) (2014): *Imágenes y realismos en América Latina*. Leiden: Almenara.

CALOMARDE, Nancy (2015): *El diálogo oblicuo: Orígenes y Sur, fragmentos de una escena de lectura latinoamericana, 1944-1956*. Leiden: Almenara.

CAMPUZANO, Luisa (2016): *Las muchachas de La Habana no tienen temor de dios. Escritoras cubanas (siglos XVIII-XXI)*. Leiden: Almenara.

CASAL, Julián del (2017): *Epistolario. Edición y notas de Leonardo Sarría*. Leiden: Almenara.

CASTRO, Juan Cristóbal (2020): *El sacrificio de la página. José Antonio Ramos Sucre y el* arkhé *republicano*. Leiden: Almenara.

CUESTA, Mabel & SKLODOWSKA, Elzbieta (eds.) (2019): *Lecturas atentas. Una visita desde la ficción y la crítica a las narradoras cubanas contemporáneas*. Leiden: Almenara.

CHURAMPI Ramírez, Adriana (2014): *Heraldos del Pachakuti. La Pentalogía de Manuel Scorza*. Leiden: Almenara.

DEYMONNAZ, Santiago (2015): *Lacan en el cuarto contiguo. Usos de la teoría en la literatura argentina de los años setenta*. Leiden: Almenara.

DÍAZ Infante, Duanel (2014): *Días de fuego, años de humo. Ensayos sobre la Revolución cubana*. Leiden: Almenara.

ECHEMENDÍA, Ambrosio (2019): *Poesía completa. Edición, estudio introductorio y apéndices documentales de Amauri Gutiérrez Coto*. Leiden: Almenara.

FIELBAUM, Alejandro (2017): *Los bordes de la letra. Ensayos sobre teoría literaria latinoamericana en clave cosmopolita*. Leiden: Almenara.

GARCÍA Vega, Lorenzo (2018): *Rabo de anti-nube. Diarios 2002-2009. Edición y prólogo de Carlos A. Aguilera*. Leiden: Almenara.

GARRANDÉS, Alberto (2015): *El concierto de las fábulas. Discursos, historia e imaginación en la narrativa cubana de los años sesenta*. Leiden: Almenara.

GILLER, Diego & OUVIÑA, Hernán (eds.) (2018): *Reinventar a los clásicos. Las aventuras de René Zavaleta Mercado en los marxismos latinoamericanos*. Leiden: Almenara.

GREINER, Clemens & HERNÁNDEZ, Henry Eric (eds.) (2019): *Pan fresco. Textos críticos en torno al arte cubano*. Leiden: Almenara.

GONZÁLEZ Echevarría, Roberto (2017): *La ruta de Severo Sarduy*. Leiden: Almenara.

GOTERA, Johan (2016): *Deslindes del barroco. Erosión y archivo en Octavio Armand y Severo Sarduy*. Leiden: Almenara.

HERNÁNDEZ, Henry Eric (2017): *Mártir, líder y pachanga. El cine de peregrinaje político hacia la Revolución cubana*. Leiden: Almenara.

INZAURRALDE, Gabriel (2016): *La escritura y la furia. Ensayos sobre la imaginación latinoamericana*. Leiden: Almenara.

KRAUS, Anna (2018): *sin título. operaciones de lo visual en 2666 de Roberto Bolaño*. Leiden: Almenara.

LOSS, Jacqueline (2019): Soñar en ruso. El imaginario cubano-soviético. Leiden: Almenara.

LUPI, Juan Pablo & SALGADO, César A. (eds.) (2019): La futuridad del naufragio. Orígenes, estelas y derivas. Leiden: Almenara.

MACHADO, Mailyn (2016): *Fuera de revoluciones. Dos décadas de arte en Cuba*. Leiden: Almenara.

— (2018): *El circuito del arte cubano. Open Studio I.* Leiden: Almenara.

— (2018): *Los años del participacionismo. Open Studio II.* Leiden: Almenara.

— (2018): *La institución emergente. Entrevistas. Open Studio III.* Leiden: Almenara.

MONTERO, Oscar J. (2019): *Erotismo y representación en Julián del Casal.* Leiden: Almenara.

— (2022): *Azares de lo cubano. Lecturas al margen de la nación.* Leiden: Almenara.

MOREJÓN Arnaiz, Idalia (2017): *Política y polémica en América Latina. Las revistas* Casa de las Américas *y* Mundo Nuevo. Leiden: Almenara.

PÉREZ-HERNÁNDEZ, Reinier (2014): *Indisciplinas críticas. La estrategia poscrítica en Margarita Mateo Palmer y Julio Ramos.* Leiden: Almenara.

PÉREZ Cano, Tania (2016): *Imposibilidad del beatus ille. Representaciones de la crisis ecológica en España y América Latina.* Leiden: Almenara.

PÉREZ Cino, Waldo (2014): *El tiempo contraído. Canon, discurso y circunstancia de la narrativa cubana (1959-2000).* Leiden: Almenara.

PUÑALES Alpízar, Damaris (2020): *La maldita circunstancia. Ensayos sobre literatura cubana.* Leiden: Almenara.

QUINTERO Herencia, Juan Carlos (2016): *La hoja de mar (:) Efecto archipiélago I.* Leiden: Almenara.

RAMOS, Julio & ROBBINS, Dylon (eds.) (2019): *Guillén Landrián o los límites del cine documental.* Leiden: Almenara.

ROBYN, Ingrid (2020): *Márgenes del reverso. José Lezama Lima en la encrucijada vanguardista.* Leiden: Almenara.

ROJAS, Rafael (2018): *Viajes del saber. Ensayos sobre lectura y traducción en Cuba.* Leiden: Almenara.

TIMMER, Nanne (ed.) (2016): *Ciudad y escritura. Imaginario de la ciudad latinoamericana a las puertas del siglo XXI.* Leiden: Almenara.

— (2018): *Cuerpos ilegales. Sujeto, poder y escritura en América Latina.* Leiden: Almenara.

TOLENTINO, Adriana & TOMÉ, Patricia (eds.) (2017): *La gran pantalla dominicana. Miradas críticas al cine actual.* Leiden: Almenara.

VIZCARRA, Héctor Fernando (2015): *El enigma del texto ausente. Policial y metaficción en Latinoamérica.* Leiden: Almenara.

www.ingramcontent.com/pod-product-compliance
Lightning Source LLC
Chambersburg PA
CBHW030327120726
47901CB00007B/1710